개정 교육학개론

김도진 · 송성순 · 최헌철

창지사

머리말

본서는 다양한 전공영역의 예비교사가 대학에서 교직과정을 이수하는 데 필수적인 교육학개론 과목을 수강할 때 사용할 수 있도록 집필되었다.

교육학개론은 교육철학, 교육사회학과 함께 교육학의 기본 학문이다. 특히, 예비교사가 교육학을 이해하는 데 기초가 되며, 이후 교육현장에서 교육자로서의 역할을 수행하는 데 직접적이고 다양한 교육의 영역에 필요한 교육의 원리와 방법, 교육학적 지식과 기술의 근간을 제공한다는 점에서 그 중요성이 크다.

사람과 교육이 중심이 되며, 창의력이 가치 창출의 원천이 되는 21세기 역량기반사회에서는 사람과 교육이 지식과 창의적 역량 형성에 핵심적인 역할을 할 것이다. 그런데 현재 학교교육에서는 인간과 교육이 중심이 되어야 함에도 인간교육의 기반을 구축하지 못하고 있으며, 교육을 통한 창의성도 기르지 못하고 있는 실정이다.

교육은 교사중심의 전통주의도, 아동중심의 진보주의도 아니다. 교사의 것도 학생의 것도 아니며 양자가 공유하도록 해야 한다. 양자 모두 공동의 세계를 탐색하는 경험에 공동으로 참여하게 하는 것이다.

따라서 교사는 이러한 세계로 가는 길로 학생을 이끌어서 타인의 도움 없이 혼자의 힘으로 설 수 있도록 도와야 한다.

본서는 모두 14장으로 구성되었다. 제1장 교육의 개념적 기초, 제2장 교사론, 제3장 교육의 역사적 기초, 제4장 교육의 철학적 기초, 제5장 교육의 사회적 기초, 제6장 교육 심리학의 기초, 제7장 교육과정, 제8장 교수-학습과정, 제9장 교육공학, 제10장 교육평가, 제11장 생활지도, 제12장 상담, 제13장 학교와 인성, 제14장 사회와 교육과 평생학습을 다루고 있다.

본서는 저자들의 강의 경험을 토대로 교직과목으로서 교육학개론이 꼭 다루어야 할 핵심 위주의 내용으로 최대한 간결하게 구성하고자 하였다.

본서가 나오기까지 많은 자료를 제공해 주고 격려와 조언을 아끼지 않은 창지사 관계자 여러분의 노고에 감사드린다.

교육은 일시적이 아닌 영원함을 추구하는 간절함이 내재되어야 할 것이다!

2019년 1월

저자 일동

차례

■ 머리말 2

chapter 01 교육의 개념적 기초 / 7

1. 교육의 의미 8
2. 피터스의 교육의 개념 9
3. 교육의 구성요소 14
4. 교육의 형태 15

chapter 02 교사론 / 21

1. 교직의 특성 22
2. 교사의 자질 26
3. 교사의 성장 33

chapter 03 교육의 역사적 기초 / 39

1. 한국교육사 40
2. 서양교육사 50

chapter 04 교육의 철학적 기초 / 65

1. 교육철학의 개념 66
2. 교육철학의 기능 69
3. 현대 교육철학의 사조 72

chapter 05 교육의 사회적 기초 / 85

1. 교육사회학의 의미 86
2. 교육과 사회화 95
3. 교육사회학의 이론적 관점 100
4. 인간과 사회 그리고 문화 111

chapter 06 교육 심리학의 기초 / 117

1. 교육심리학의 성격 118
2. 학습자 특성의 이해 120
3. 학습원리의 이해 125

chapter 07 교육과정 / 143

1. 교육과정의 개념 144
2. 교육과정의 유형 148
3. 교육과정의 개발 157

chapter 08 교수-학습과정 / 163

1. 교수-학습과정의 이해 164
2. 교수-학습이론 166

chapter 09 교육공학 / 179

1. 교육공학의 기초 180
2. 교육공학의 주요탐구(연구)영역 186
3. 이러닝(e-learning)영역 192
4. 교육공학의 최근 동향과 미래 전망 196

chapter 10 교육평가 / 201

1. 교육평가의 기초 202
2. 교육평가의 유형 208
3. 평가도구의 조건 213

chapter 11 생활지도 / 221

1. 생활지도의 이해 222
2. 생활지도 영역과 활동 231

chapter 12 상담 / 241

1. 상담의 이론과 방법 242
2. 학교상담과 제도 253

chapter 13 학교와 인성 / 277

1. 인성교육 278
2. 학교교육 283

chapter 14 사회의 교육과 평생학습 / 293

1. 사회의 교육 294
2. 평생학습 300

■ 참고문헌 309

chapter
01

교육의 개념적 기초

1. 교육의 의미

'교육'이라는 말이 어떤 의미로 쓰이고 있는지 알아보기 위해서는 우선 교육의 어원에 대하여 살펴보는 것이 쉬운 방법이다.

동양적 관점에서의 교육(教育)은 '가르칠 교(教)'와 '기를 육(育)'이 결합한 단어이다. 교(教)는 본받을 효(爻), 아들 자(子), 칠 복(攴)의 의미가, 육(育)은 아들 자(子)와 고기 육(肉)이 결합되었다. 이 단어들 속에 내재된 의미를 풀이해 보면, 교육은 아동을 회초리로 가르치면서 어른을 본받게 하는 교(教)와 어머니가 품속에서 아이를 기른다는 육(育)의 뜻을 지니고 있다.

한편 서양적 관점에서 보면, 교육은 'pedagogy'와 'education'이다. Pedagogy는 paida(아동)와 gogos(이끌다)가 결합하여 아동을 이끄는 사람이라는 의미이며, educartion은 e(out of, 안에서 밖으로)와 ducare(draw, 끄집어내다)가 결합하여 아동의 잠재력을 발현한다는 뜻을 가진다(김규태, 방경곤, 이병환, 권민석, 2013).

교육에 대한 동서양의 어원을 종합해 보면, 교육은 성숙한 어른이 자녀나 학생을 기르고 가르치며 보살핌으로써 그 속에 내재된 잠재력 · 재능 · 역량을 발현하는 것이라 할 수 있다. 다시 말해, 교육은 학생이 지니고 있는 '꿈', '꼴', '꾼', '끈', '깡', '꾀', '끼'를 실현하도록 돕는 것이다.

교육은 학생 개인이 이루고자 하는 장래 목표와 진로를 성취하도록 '꿈'을 가꾸게 하고, 탁월한 감성과 도덕적 됨됨이를 갖춘 '꼴'을 갖게 하며, 종합적 사고와 창의적 전문성을 지닌 '꾼'이 되게 하는 것이다. 또한, 교육은 다양한 사람과 인적 네트워크를 형성하는 '끈'을 매게 하고, 모험을 감수하고 도전하여 새로운 영역을 개척하는 '깡'을 갖게 하며, 당면한 현실과 문제를 창의적으로 해결할 수 있는 '꾀'를 부리게 하고, 적성과 특기와 카리스마인 '끼'를 발산하도록 하는 것이다.

교육은 학생의 '꿈', '꼴', '꾼', '끈', '깡', '꾀', '끼'를 바람직한 방향으로 이끄는 것이다. 이러한 교육의 의미에는 인간, 변화, 계획 등에 대한 신념의 전제가 담겨 있다. 인간에 대한 신념은 인간의 존엄성, 인간의 주체성, 인간의 성장 가능성에 대한 신념이며, 이것들은 교육을 성립시키는 대전제가 된다. 변화에 대한 신념은 인간의 가능성이 현실로 옮겨 가는 과정에서 인간이 변화한다는 것이다. 계획에 대한 신념은 교육이 인간의 성장 가능성에 대한 신념을 바탕으로 하고 변화를 전제로 하여 성립된다고 하더라도 이를 실천해 감에 있어서 어떤 방향과 방법으로 변화시킬 것인지에 대한 계획을 필요로 한다는 것이다.

교육이라는 의미는 가치지향성과 가치중립성 관점에서 규정되기도 한다. 가치지향성을 강조하는 것을 규범적 정의라고 하며, 가치중립성을 강조하는 것을 서술적 정의라고 한다. 규범적 정의는 '교육은 전통에 입문하는 과정으로 이성적인 안목을 길러 주는 것이다.', '교육은 인간의 내적인 자아실현의 과정이다.', '교육은 인간을 인간답게 형성하는 작용이다.' 등의 바람직한 방향과 가치를 담고 있다. 서술적 정의는 '교육은 지식 획득의 과정이다.', '교육은 국가 및 경제 발전의 수단이다.', '교육은 인간 행동의 계획적 변화이다.' 등 교육의 수단적 · 외재적 측면을 강조한다(김규태 외, 2013).

2. 피터스의 교육의 개념

피터스(Richard Stanley Peters)는 교육의 정의를 다음과 같은 기준으로 규정하고 있다.

1) 기준으로서의 교육

피터스는 세 가지 기준을 충족할 때 교육이 성립한다고 보았다.

- 교육은 가치 있는 것을 전달함으로써 그것에 헌신하는 사람을 만든다.
- 교육은 지식, 이해, 어떤 인지적 안목을 포함하며 이러한 것들은 무기력해

서는 안 된다.

- 교육은 학습자의 의도성과 자발성을 무시해서는 안 된다.

첫 번째 기준은 교육의 규범적 측면을 말한다. 피터스는 교육은 가치 있는 것이 달성되어야 한다는 기준을 자명한 원리로 생각했다. 교육은 가치 있는 것이 도덕적으로 받아들일 수 있는 방법을 통해 의도적으로 전달되고 있거나 전달되었다는 것을 의미한다. 어떤 사람이 교육을 받았으나 좋은 방향으로 변화하지 않았다든가, 자신의 아들을 교육하면서 가치 있는 어떠한 것도 가르쳐 주지 않았다는 것은 논리적으로 모순일 것이다.

두 번째 기준은 교육의 인지적 측면을 말하고 있다. 피터스는 교육받은 사람이 되기 위해서는 지식과 어떤 개념 구조로 사실을 전체적으로 조직하는 원리를 알고 사물이 왜 그런지에 대한 이유를 이해하고 있어야 한다고 보았다. 화이트헤드(Alfred North Whitehead)는 이에 대해 무기력한 지식이 되어서는 안 된다고 말했는데, 그가 말한 지식은 사물을 전체적으로 보는 안목을 지니고 있으며 아는 것에 대해 이해하는 지식이다. 또한, 피터스는 인지적 안목을 강조했는데, 그것은 자신이 하는 일을 다른 것과 관련지을 수 있고 그것이 삶의 어떤 부분에 있는지를 아는 지식이다. 피터스는 지식과 훈련의 차이점을 말하면서 훈련은 제한된 기술이나 사고방식을 길러 주는 것임에 비하여 교육은 더욱 넓은 신념체계를 가진다고 했다.

Richard Stanley Peters
(1919~2011)

세 번째 기준은 과정에 대한 기준이다. 피터스는 어떤 것을 교육적 과정으로 간주하기 위해서는 교육받은 사람에게 자신이 교육받고 있다는 것에 대해 최소한의 의식이 필요하다는 점을 강조한다. 가르친다는 것은 학생이 이성을 가지고 있다는 점을 인정한다는 것이다. 자신이 어떤 일을 하고 있는지 알지 못하고 그 활동의 의미와 내용마저 모른 채 단순한 명령과 지시를 수동적으로 받아들인다면 교육이 아닌 것이다. 피터스는 지적인 요소가 개입될 여지가 없는, 틀에 박힌 일을 아무 생각 없이 반복적으로 연습하는 것은 교육에서 제외되어야 한다고 했다.

이러한 점에서 교사가 독단적으로 지식을 주입하거나 아이의 독자적인 생각을 무시하고 같은 것을 여러 번 반복하여 기계적인 반응을 하게 한다면, 그것은 아무리 가치 있는 내용일지라도 교육이라고 할 수 없다. 훌륭한 교사는 학생이 처음에 흥미를 느끼지 못 하는 일에 계속 전념하도록 할 수 있도록 하는 사람이라고 했다. 물론 학생이 원하는 것이 아닌 필요한 것에 자발적인 흥미를 불러일으킨다는 것은 쉬운 일이 아니다. 이 점에서 피터스는 교육을 입문하는 과정으로 보고 있다.

2) 입문으로서의 교육

피터스는 듀이(John Dewey)를 중심으로 하는 성장이론가들을 비판했다. 그들은 지나치게 흥미를 강조한 나머지 의도적으로 가치 있는 내용을 전달하는 교사의 역할을 회피한다고 비판한다. 그뿐만 아니라 피터스는 학생의 자발성과 의도성을 무시했다는 점에서 전통주의자들도 비판했다. 이러한 비판을 바탕으로 피터스는 교육을 입문(initiation)의 관점으로 보았다.

입문이란 성년식의 의미로 쓰이고 있는데, 이는 사회구성원이 되는 관문에 들어섰다는 것이다. 교육의 최종 목적은 자기학습이라고 할 수 있다. 스스로 학습하는 방법을 터득하여 혼자서도 학습할 수 있는 여건을 조성할 수 있을 때 자기학습이 가능한 것이다. 학생 스스로 자기학습이 가능할 때 우리는 학문에 입문했다고 할 수 있다.

피터스가 말하는 입문의 의미는 공적 전통(public tradition)에 입문하는 것이다. 공적 전통이란 '삶의 형식(form of life)' 또는 '지식의 형식(form of knowledge and awareness)'이며, 인류가 오랫동안 공동으로 이룩한 전통이다.

교육은 경험 있는 사람이 경험 없는 사람의 눈을 개인의 사적 감정과 관계없는 세계로 돌리게 하는 일이다. 결국, 교육을 입문 · 성년식에 비유한 것은 아주 냉혹하고 객관적인 세계의 관문에 들어서게 한다는 데서 비롯된다.

이러한 견해는 교사 중심의 전통주의도, 아동 중심의 진보주의도 아니다. 교사의 것도 학생의 것도 아니며 양자가 공유하도록 해야 한다. 양자 모두 공동의 세계를 탐색하는 경험에 공동으로 참여하는 것이다. 따라서 교사는 학생을 이러한 세계로 가는 길로 이끌어서 타인의 도움 없이 혼자의 힘으로 설 수 있도록 돕는 일을 해야 한다.

3) 교육받은 사람

피터스는 교육의 목적에 관한 논의에서 교육의 목적은 필요하지 않다고 했다. 교육의 개념 속에는 교육의 목적에 해당하는 부분이 들어 있기 때문이다. 그러나 교육의 목적을 꼭 해명해야 한다면 교육의 개념 속에서 추론할 수 있으며, 그것은 바로 '교육받은 사람(educated man)'을 만들고자 한다는 것이다.

피터스는 교육의 개념을 분석하면서 교육은 내재적 목적을 가지고 있다고 했다. 그는 교육은 교육 이외의 그 어떠한 목적도 가질 수 없으며, 교육의 가치는 교육 안에 내포된 원리와 기준으로부터 온다는 것이다. 즉, 피터스는 교육이 외재적인 목적을 위한 수단이 되는 것을 경계했다.

교육은 가치 있는 정신의 상태, 지성, 탁월성의 도야 등의 내재적인 목적을 가지고 있다. 그러므로 교육받은 사람 역시 내재적 가치에 목적을 두고 있는 사람이다. 다시 말하면 교육받은 사람이란 가치 있는 것을 통달하고, 그것을 배려하여 인지적 안목에서 바라보는 것을 특징으로 하는 정신 상태를 성취한 사람이다.

교육이 가치 있는 것이라면 교육받은 사람도 당연히 가치 있는 일에 헌신하는 사람이어야 한다. 또한, 교육받은 사람은 사물을 전체적으로 보는 안목을 지니고 자신이 하는 문학과 다른 분야의 관계를 알며, 그것이 인생의 어떤 위치에 있는지를 아는 인지적 안목을 가진 사람이다. 교육받은 사람은 잡다한 지식을 많이 갖고 있거나 한 분야에만 뛰어난 능력을 갖춘 사람이 아니다. 적어도 지식의 체계를 알고 그 분야가 자신의 삶에 어떤 의미가 있는지를 아는 안목을 소유한 사람이다. 피터스는 교육받은 사람에 대해 그가 '무엇을 하는가?'보다는 그가 '무엇을 보는가?' 또는 '무엇을 파악하는가?'에 달려 있다는 점을 특히 강조하였다. 즉, 피터스는 전체적인 안목과 인지적 안목에 큰 비중을 두었다.

이것은 교육을 통해 새로운 눈을 가지게 될 뿐만 아니라 삶을 바라보는 안목이 더욱 다양해진다는 것이다. 교육받은 사람은 지식의 체계와 사실을 조직하는 원리에 대한 이해능력을 갖추어야 한다. 또한, 고도로 발달한 과학적 지식을 갖고 있다고 할지라도 지식의 범위가 지나치게 협소하거나 자신이 하는 일을 인생의 다른 분야와 관련시키지 못한다면 그를 교육받은 사람이라 할 수 없으며, 단지 훈련받은 전문가에 불과하다.

훈련이 제한된 기술이나 사고방식을 길러 주는 것임에 비하여, 교육은 더욱 넓은 신념체계를 다룬다. '훈련받은 마음'을 가진 사람은 자신 앞에 놓인 특정한 문제를 꼼꼼하고 유능하게 해결할 수 있다. 그러나 '교육받은 마음'에는 그러한 분위기의 여러 국면 내지 차원을 넓게 의식하고 있다는 뜻이 들어 있다.

어떤 사람이 알기만 하고 그것을 생활에 관련시키지 못할 때 그를 교육받은 사람과 구별하기 위하여 '알기만 하는 사람(knowledgeable man)'이라고 부른다. 왜냐하면, 교육받은 사람은 자신이 가진 지식에 따라서 자신의 견해를 변화시키는 사람이기 때문이다. 이러한 의미에서 볼 때 많이 배운 자가 정직하지 못하면 문제는 심각해진다. 무지한 자의 술수는 금방 탄로 나지만, 배운 자의 기만한 술수는 세월이 한참 지나야 밝혀지기 때문이다.

요약하면, 교육받은 사람은 교육의 목적이나 교육의 개념을 성취한 사람이다. 그러므로 교육받은 사람은 교육의 기준을 충족해야 하며 교육의 내재적 가치에 따른 절차의 원리를 준수하는 사람이다.

3. 교육의 구성요소

일반적으로 교육활동이 이루어지는 장면은 교육을 하는 교사, 교육을 받는 학습자, 교사와 학습자가 상호 교섭할 수 있도록 연결해 주는 매개체로서의 교육내용(교재)으로 이루어져 있음을 생각할 수 있다. 이 세 가지 구성요소는 교육을 성립하게 하는 가장 기본적인 것으로 교육의 3요소라고 불린다.

1) 교사

교사란 어떤 형식으로든 가르치는 위치에 있는 사람을 통칭하는 말이다. 좁은 의미로는 가르치는 일정한 장소가 있고 그곳에서 가르치는 사람, 소위 '선생님'을 의미한다. 넓은 의미에서 교사는 교육대상인 학생을 지도 · 조력 · 안내 · 자극하여 과거의 상태보다 성장할 수 있도록 직 · 간접적으로 기여하는 모든 사람과 환경을 지칭하는 말로 사용할 수 있다.

2) 학습자

교육은 학습자를 대상으로 한다. 학습자는 아직 미성숙하고 가르침이 필요하다는 것이 교육의 출발점이며, 학습자가 성숙한 상태에 이르렀을 때 비로소 교육이 끝난다고 할 수 있다. 지금까지의 학습자는 교육을 받는 대상이라는 의미에서 교육의 객체로 간주하여 왔지만, 교사가 가르치는 지식을 단순히 수동적으로 받아들이는 대상이 아니라 성장할 수 있는 무한한 가능성을 가지고 있다. 즉, 교육을 통해 변화하는 주체라는 측면에서의 학습자는 교육에서 가장 중요한 위치를 차지한다.

3) 교육내용

교육내용은 교육활동의 수행에서 교사와 학습자를 연결해 준다는 의미로 교육의 매개체라고 할 수 있다. 그러나 교육이 바로 교육내용을 다음 세대에 전달하기 위한 활동이라는 점에서 교육내용은 교육의 핵심을 차지한다.

예전에는 교사와 학습자, 매개체인 교육내용을 완전히 분리된 별개의 존재로 생각하는 경향이 있었다. 그렇다고 지금에 와서 별개의 존재로 생각한다는 것은 아니며 어떻게 상호작용하고 서로 긴밀하게 협조하는 것이 교육의 효과를 극대화할 수 있는지 여러 각도에서 연구하고 있는 추세이다.

4. 교육의 형태

교육의 형태는 그 기준에 따라 여러 가지로 분류할 수 있다. 교육받는 대상에 따라 유아교육, 아동교육, 청소년교육, 성인교육으로, 교육이 이루어지는 장소에 따라 가정교육, 학교교육, 사회교육, 직장교육으로, 교육내용에 따라 교양교육과 직업전문교육으로, 또한 교육제도에 따라 초등교육, 중등교육, 고등교육 등으로 구분할 수 있다. 여기서는 다양한 교육의 형태 중에서 교육의 기본적 개념을 이해하는 데 중요한 유형인 형식교육과 비형식교육, 가정교육과 학교교육, 사회교육에 대해 살펴보고자 한다.

1) 형식교육과 비형식교육

교육은 의도에 따른 형식을 완전히 갖춘 형식교육(formal education)과 형식을 불완전하게 갖춘 비형식교육(informal education)으로 분류할 수 있다. 형식교육이란 특정한 교육의 이상과 목적에 따라 그것의 실현을 위하여 의도하는 것을 계획하고, 지속적으로 일정한 기간 동안 실시하는 교육을 말한다. 즉, 교육하고자 하는 일련의 계획된 의도가 있고 그 의도에 따라 선정된 교육내용을 특정 장소에서 학습자에게 교육하는 과정이 있는 것이다. 대표적인 형태는 학교교육이다.

비형식교육은 일정한 틀을 가지고 있는 특정 장소에서 이루어지는 것이 아니라 자연이나 사물, 인간관계에서 자연발생적으로 이루어지는 무의도적 교육을 의미하며, 대표적인 예로 가정교육을 들 수 있다. 교육은 학교교육과 같은 형식교육으로만 이루어지는 것이 아니다. 학생이 원하든 원하지 않든, 좋든 나쁘든, 거의 무의식적이고 우연적으로 지식과 기술, 규범과 관습, 생활 습관 등을 배운다. 비형식교육은 교육을 위해 필요한 계획성, 조직성 등의 요건을 갖추지 못하며 개인을 둘러싸고 있는 제반 환경과 조건에 따라 교육하는 것이다. 이러한 일련의 사회적 영향은 사회가 인간에게 미치는 자연적 기능이다. 비형식교육에는 가정교육이나 사회교육이 해당되며 현대 사회에서의 매스컴이나 인터넷 등도 매우 강한 영향력을 가지고 있다.

하지만 형식교육과 비형식교육은 서로 별개의 존재로 있는 것이 아니라 상호 연속적이고 보완적인 관계를 가진다. 학교 · 가정 · 사회에서의 교육이 서로 균형을 유지하며 이들을 바람직한 방향으로 이끌어 나갈 때 교육의 성과를 기대할 수 있다. 따라서 형식교육을 통하여 의식적으로 아는 내용과 비형식교육을 통하여 무의식적으로 아는 내용 사이의 불일치를 좁히는 문제가 교육의 방향을 설정하는 데 아주 중요한 문제라 할 수 있다.

2) 가정교육 · 학교교육 · 사회교육

교육이 이루어지는 장소를 중심으로 교육의 형태를 구분해 보면, 교육은 가정교육 · 학교교육 · 사회교육으로 나눌 수 있다. 흔히 교육은 학교에서만 이루어진다고 생각하기 쉽지만, 넓은 의미에서의 교육은 학교뿐만 아니라 가정과 사회에서도 이루어진다.

(1) 가정교육

가정교육은 모든 교육의 기초가 되며 인간교육이 이루어지는 기본적인 터전을 마련해 준다. 가정교육은 가족 집단을 단위로 하여 성립되는 교육의 형태이며, 부모가 의도적으로든 무의도적으로든 자녀에게 행하는 모든 행위를 말하는 것으로 비형식교육에 속한다. 가정교육의 중요한 특징은 다음과 같다.

첫째, 가정교육은 자연적 · 무의도적으로 이루어지는 교육이다. 가정은 인간이 태어나면서부터 자연적으로 소속되는 집단이다. 모든 인간은 가정에서의 삶에서 거의 자연적이고 아무런 의도 없이 다양한 것을 배우게 된다. 가정에서도 자녀의 교육을 위한 계획을 세우고 조직적으로 지도하기도 하지만 학교교육의 조직과 체계에 비한다면 매우 미미한 것이다. 그러나 학교 교육의 기초가 바로 가정이라는 점에서 가정교육의 중요성은 결코 과소평가할 수 없다.

둘째, 가정은 강한 애정을 중심으로 결속한 집단이다. 가정교육은 강한 애정과 신뢰로 결속된, 연령과 성별이 서로 다른 가족 구성원 사이에서 실시되며 부성과 모성의 상보적 관계를 통하여 이루어지므로 인간 삶의 원천이 되는 애정을 학습하게 된다.

셋째, 가정교육은 인간성의 기초를 형성하는 장이다. 모든 인간은 태어나면서 자연적으로 가정의 구성원이 된다. 어린 시절의 대부분을 부모 · 형제와 생활하는 과정에서 심리적 · 정서적 · 사회적 특성을 습득하고 형성한다. 이는 이후의 삶에도 지속적인 영향을 미친다.

넷째, 가정교육의 내용은 실생활에서 필요한 지식과 기능을 습득하는 것이다. 인간이 활동하는 데 필요한 기본 지식과 기능, 덕성 등은 모두 가정교육을 통해 형성된다. 특히 언어 습득은 단순한 의사소통의 수단을 넘어 사고와 감정, 행동의 원리를 내재하고 있다는 점에서 매우 중요하다.

다섯째, 가정교육은 그 기능상 일정하게 정해진 프로그램에 따라 훈련에 중점을 두는 학교교육과는 달리 항상 자녀의 심신 보호와 배려가 배경이 된다. 과잉

보호나 방임이 아닌 적절한 보호는 교육의 가장 원초적 형태이다. 따라서 가정에서의 적절한 보호는 아동의 건전한 인성과 심신의 발달을 도와주며 새로운 변화에도 안정감을 가질 수 있도록 한다.

이와 같은 가정교육의 특성과 의의에서 제대로 실효를 거두기 위해서는 무엇보다 교육적인 가정환경이 조성되어야 한다. 우리가 살고 있는 현대 사회는 핵가족 현상의 심화, 맞벌이 부부의 증가 등으로 인하여 전통적인 가정이 갖는 여러 교육적 기능을 수행하기 어려운 면이 많다. 이러한 이유로 가정교육의 기능을 학교교육이나 사회교육에서 떠맡고 있지만, 강한 애정과 신뢰에 바탕을 둔 가정교육의 기능을 제대로 수행할 수 없는 측면이 많다. 따라서 가정교육의 중요성이 새롭게 인식되고 있으며, 앞으로도 가정의 교육적 기능을 회복하고 향상하기 위한 여러 이론적이고 실천적인 노력이 뒷받침되어야 할 것이다.

(2) 학교교육

학교는 가정 다음으로 가장 중요한 사회화기관이다. 학교는 제도화된 틀 속에서 전문적인 소양과 지식을 갖춘 교사가 일정한 연령층의 학생을 대상으로 문화유산을 교육내용으로 구성하여 의도적 · 계획적 · 조직적으로 교육하는 곳이다. 오늘날의 학교교육은 가장 중요하고 대표적인 형태의 교육기관이다. 이러한 학교교육의 중요한 특징은 다음과 같다.

첫째, 학교교육은 문화유산을 전승함으로써 사회의 유지와 존속을 가능하게 한다. 인간이 동물과 구별되는 특징 중의 하나는 문화를 창출해 낸다는 점이다. 인간이 인간성을 유지하고 인간다운 삶을 유지하는 것도 이러한 문화유산이 전승되기 때문이다. 따라서 문화유산을 체계적이고 전문적으로 전승하기 위해서는 교육기관이 담당해야 할 몫이 크다.

둘째, 학교교육은 문화유산을 전달함으로써 사회의 통합과 통제의 기능을 수행한다. 학교는 과거로부터 내려오는 문화유산을 가장 조직적이고 효과적으로 전달할 수 있는 기관이다. 또한, 그러한 문화유산인 행동양식, 가치관, 축적된 지식, 사회규범 등을 습득함으로써 사람들은 유사한 인격과 행동 특성을 갖는데, 이는 공동체 의식을 가진 사회구성원이 된다는 것을 의미한다.

셋째, 학교교육은 사회적 선발 및 지위 결정의 기능을 한다. 학교교육은 학생에게 장차 종사할 직업에 필요한 다양한 지식과 기술을 제공하고 태도와 가치관을 교육함으로써 직업을 선택하게 하는 힘을 제공한다. 이는 그들의 사회적 지위를 결정하는 중요한 요소이다.

넷째, 학교교육은 사회의 변화 및 발전 기능을 수행한다. 학교는 끊임없이 변화하는 사회의 새로운 지식과 기술을 학생에게 전수함으로써 사회의 변화와 발전을 촉진한다.

다섯째, 학교교육은 자아실현의 기능을 한다. 학교교육은 개인의 성장과 발달을 극대화하기 위해 환경을 조성하려고 한다. 교육의 대상은 바로 인간이고 인간은 개인차가 있으므로 학교는 학습자 개개인을 교육의 출발점으로 삼아 교육의 목적인 전인적인 성장과 발달을 도모하고자 한다.

(3) 사회교육(social education)

사회교육은 넓은 의미로 성인교육, 청소년교육, 가정교육, 직업교육, 종교교육 등을 포괄한 개념이며, 좁은 의미로는 성인과 청소년을 대상으로 하는 어느 정도 의도적으로 조직적인 교육활동으로서 가정교육과 학교교육에 대조되는 개념이라고 할 수 있다. 즉, 넓은 의미로 정의해 보면 '사회 교육은 학교 외에서 전개되는 조직적이고 계속된 교육활동의 총체'이다.

3) 평생교육(lifelong education)

평생교육은 인간의 삶의 질 향상이라는 이념을 추구하기 위하여 요람에서 무덤까지, 즉 인간이 태어나서부터 죽을 때까지 전 생애에 걸쳐 교육이 필요하며 생애에 걸친 교육이 일정한 체계를 이루고 행해져야 한다는 것을 의미한다. 즉, 평생교육은 태교에서부터 유아교육, 아동교육, 청소년교육, 성인교육, 노인교육이 서로 관련성을 갖도록 수직적으로 통합된 교육이며, 가정교육, 학교교육, 사회교육이 상호 협력할 수 있도록 수평적으로 통합된 교육인 것이다. 평생교육의 관점에서 인간은 삶을 유지하는 동안 시 · 공간적 제약을 받지 않고 언제, 어디에서나 교육받을 수 있는 존재이며, 보다 가치 있고 바람직한 삶을 살기 위해 교육을 필요로 하는 존재이다. 이런 점은 사회교육과 유사하나 사회교육보다 넓은 범위에서의 교육에 대한 관점이다.

chapter
02

교사론

1. 교직의 특성

사람이 중심이 되고, 교육이 중심이 되며, 지식과 창의력이 가치 창출의 원천이 되어 국가경쟁력을 좌우하는 21세기 역량기반사회에서는 교육이 창의적 역량 형성에 핵심적 역할을 수행해야 한다. 그런데 현재 학교교육에서는 인간과 교육이 중심이 되어야 함에도 인간교육의 기반을 구축하지 못하고 있으며, 교육을 통한 창의성도 기르지 못하고 있는 실정이다. 특히 사회문제로 주목받고 있는 '교실붕괴' 현상은 학교교육의 한 단면이며, 학교교육이 안고 있는 많은 문제는 학교교육의 구조적 결함을 보여 주고 있다. 그럼에도 불구하고 교사의 자질과 능력이 교육의 핵심적 요소임을 부인할 수 없는 이유는 교육의 질이 교사의 질을 능가할 수 없기 때문이다.

교사는 전문가이며 교직은 전문직이다. 즉, 교사는 사람을 사람답게 살아갈 수 있게 해 주고, 학생에게 새로운 행동을 형성하게 하며, 학생의 행동을 바람직한 방향으로 바꾸어 주는 전문가이다. 사람의 행동을 바꾸어 주는 일이 교육이라면 교사는 교육전문가이며, 교직은 교육전문직이다. 교사란 그가 대학 수준에서 일하든, 유치원 수준에서 일하든 가르치는 것을 중점으로 하여 전문직화되었다고 본다.

각 사회마다 전문직을 규정짓는 조건은 다양하겠지만 일반적으로 다음과 같은 특성에 동의한다(박은혜, 2004).

- 전문직은 전문화된 지식과 이를 소화할 수 있는 지적인 능력을 요구한다.
- 전문직은 그 직업 종사자에게 자격증을 요구한다.
- 전문직은 종사자의 자율성을 최대로 요구한다.
- 전문직은 그에 상응하는 사회적인 지위와 경제적인 보상을 요구한다.
- 전문직은 고유의 윤리강령을 가지고 있다.
- 전문직은 자신의 권익을 보호할 수 있는 단체를 구성한다.

교직의 특성을 전문직의 조건에 비추어 보았을 때, 교직이 전문직인지에 대하여 상반된 견해를 표출하기도 한다. 전문화된 지식은 그 직업에 종사하는 사람들만이 배타적으로 공유하는 것이어서 외부인이 이해하기 어려운 특성이 있지만, '교육'의 문제에서만큼은 일반인이 얼마든지 교육적 지식을 공유하고 있다고 생각하기 때문에 교직의 전문성에 의문을 품기도 한다. 교사 양성기간은 변호사나 의사 등 다른 전문직에서 요구되는 것보다 짧기 때문에 '반전문직' 이라는 견해도 있다. 어떤 의미에서 교사는 상당한 자율성을 가지고 있으면서도, 교육활동이라는 것이 높은 수준의 공적 검증을 받는 것이므로 제한된 자율성을 보장받기도 한다. 또한, 사람들이 전문가로서 교사에 대해 가지고 있는 신뢰의 수준은 매우 다양하다. 교사가 하는 일에 대단한 확신을 가지고 교사에게 상당한 권한을 부여해 주기도 하고, 반면 기대에 미치지 못하는 교사의 무능과 비도덕성 등을 이유로 국가의 모든 문제에 대한 책임을 교사에게 씌우기도 한다.

그럼에도 불구하고 예비교사는 교직은 전문직이라는 인식을 갖고 각자 전문성을 심화하고, 인정받는 유능한 교사가 되기를 바라는 것이 바람직하다. 교직의 전문화를 위하여 개인적 · 공동체적으로 힘을 쏟아야 할 내용을 대학 재학 중과 교육현장에서 할 일로 나누어 반성적 사고의 관점에서 논하면 다음과 같다(이상욱, 2006).

대학 재학 중 개인적으로 해야 할 일이 있다면 우선 기존의 수동적 방식의 공부에서 벗어나 능동적으로 자신이 찾아서 하는 공부를 할 수 있어야 한다. 교사의 전문성 향상을 위하여 고등학교 수준 이상으로 시간과 노력을 기울이되, 주어진 것이 아니라 자신이 알고 싶고, 풀어야 할 과제를 스스로 정해 적극적으로 해결해 나가는 방향으로 공부해야 한다. 또한, 책을 통해 얻은 지식을 어떻게 현장에 적용할 수 있는지 연결고리를 찾아 나가는 방식으로 공부해야 한다.

대학 재학 중 공동체적으로 해야 할 일이 있다면 자신이 잘하는 영역의 활동이나 하고 싶은 활동을 같은 취향과 관심을 가진 친구, 선후배와 함께 자발적 동아리 활동이나 전공심화팀 활동을 통해 꾸준히 발전시켜 나가야 한다. 대학에서 자신의 능력과 흥미를 살린 한두 가지 활동을 즐겁고 자발적으로 하다 보면 자연스럽게 선후배 간의 유대감이 형성되어 현장실습이나 교사생활을 할 때 서로 돕고 의지할 수 있는 전문가 집단으로 발전할 것이다. 각자가 한두 가지의 전문성을 살려 현장에서 할 수 있는 영역을 나누어 담당하는 팀티칭을 실현한다면, 서로의 영역을 활성화할 수 있을 뿐 아니라 서로의 역량을 확대해 나갈 수 있다.

현장에서 교사가 할 수 있는 일은 실천적 지식을 연구하고, 그 내용을 현장에 적용하면서 자신의 전문적인 일에 확신과 자신감을 가지는 것이다. 실천적 지식을 형성한다는 것은 교사가 문제 상황에 직면했을 때 이를 해결하기 위하여 강의나 책을 통해서 배운 이론이나 지식, 다른 사람에게서 배운 교수 기술이나 방법 등을 그대로 적용하는 것이 아니라 교사 자신의 직 · 간접적인 현장경험을 토대로 당면한 문제를 해결하기 위한 적절한 방안을 창출해 내는 것을 의미한다(배소연, 1993). 교육현장에서 일어나는 많은 문제를 해결하기 위한 유일한 답은 없다. 그때그때의 상황에서 적용 가능한 지식과 기술을 최대한 동원하여 가장 적절하다고 생각하는 해결책을 찾아 실행해 보고, 자신의 판단에 대한 끊임없는 재평가 과정을 거쳐 기존의 이론을 경험으로 새롭게 재구성할 수 있을 뿐이다.

교사의 전문성은 직전교육을 통하여 그 기초를 형성하지만, 이후에도 현직교육을 통한 끊임없는 자기반성으로 계속해서 신장되어 간다. 교사가 자신의 직무에 대한 전문적 능력을 향상할 수 있도록 정부나 학교에서 제공한 교육의 기회나, 개인이 자발적으로 주도하는 모든 교육활동을 포함한 현직교육은 직전교육에서 부족했던 점을 보완하고, 사회변화에 따라 새로 요구되는 지식과 기능 및 태도를 습득하고 새로운 가치를 추구하고 연구하는 데 매우 중요하다. 교사는 현직교육을 통해 끊임없이 배움의 과정을 경험하고, 전체적으로 전문성을 신장시킬 뿐 아니라 교사로서의 역량을 강화할 수 있다.

〈표 2-1〉 신임교사 자격과 전문성 향상을 위한 원칙

원칙	내용
1. 교과지식	교사는 자신이 가르치는 교과의 구조와 중요개념, 탐구방법 등을 이해하고 있어야 하며, 교과내용을 학생이 의미 있게 이해할 수 있도록 학습활동을 창조해 낼 수 있어야 한다.
2. 학습과 인간발달	교사는 학생의 학습과 발달과정에 대해 이해하고 있어야 하며, 학생의 지적 · 사회적 · 성격적 발달을 촉진할 수 있는 학습기회를 제공할 수 있어야 한다.
3. 적응적 교수활동	교사는 학생의 학습방법과 관련된 개인차를 이해하고 있어야 하며, 학습자의 다양한 학습방법에 적합한 교수방법을 개발할 수 있어야 한다.
4. 교수전략	교사는 학생의 비판적 사고, 문제해결력, 과제수행능력을 향상하기 위해 효과적으로 활용할 수 있는 교수전략을 이해하고 있어야 하며, 또한 실제 수업 장면에서 이를 활용할 수 있어야 한다.
5. 동기와 학급관리	교사는 학생의 긍정적인 상호작용, 적극적인 수업참여, 동기화를 촉진할 수 있는 학습 환경을 만들기 위해 개인수준과 집단수준에서 나타나는 학습동기에 대해 이해하고 있어야 하며, 또한 실제 수업 장면에서 이를 활용할 수 있어야 한다.
6. 의사소통 기술	교사는 교실에서 학생이 적극적으로 질문하고 협력하며 지지적으로 상호작용할 수 있는 효과적인 언어적 · 비언어적 의사소통 방법과 매체를 이용한 의사소통기법을 이해하고 이를 활용할 수 있어야 한다.
7. 계획	교사는 교과내용, 학생, 지역사회 요구, 교육목표에 대한 자신의 지식을 기반으로 구체적인 교수계획을 세울 수 있어야 한다.
8. 평가	교사는 학생의 계속적인 지적 · 정의적 성장을 평가하고 이를 통해 학생의 성장을 지속시키기 위한 구체적인 공식적 · 비공식적 평가 전략을 알고 있어야 하며, 또한 실제 수업 장면에서 이를 활용할 수 있어야 한다.
9. 헌신	교사는 학교공동체에 속해 있는 학생, 학부모, 동료 교사에게 자신이 미치는 영향을 계속적으로 평가하는 반성적 실천가여야 하며, 스스로 전문가로서 성장할 수 있는 기회를 적극적으로 찾아가는 일을 수행해야 한다.
10. 협력관계	교사는 학생의 학습활동과 복지를 향상하기 위해 다른 동료 교사, 학부모, 지역사회 단체와 협력적 관계를 유지하고 발전시켜 나갈 수 있어야 한다.

2. 교사의 자질

교사의 자질이란 교사가 갖추어야 할 개인적 특성 및 교직 관련 태도를 의미한다. 즉, 교사의 지적 · 정서적 · 사회적 · 신체적 · 개인적 특성과 교직에 관련된 특정한 태도와 교직수행 능력을 의미한다. 그렇다면 훌륭한 교사의 자질의 실제적인 내용은 무엇이며, 어떤 기준에 따라 내용이 결정되고 평가되는 것일까? 교사의 자질에 대한 규정은 정확하고 만족스럽게 하나로 정의할 수 없으며, 표준화하기란 더욱더 어렵다. 21세기 역량기반사회에서 요구하는 교사의 역량은 도덕성에 바탕을 둔 인간애-교육애를 겸비한 전문인이다. 교사의 자질을 인격적 소양 측면에서 살펴보면 다음과 같다.

교육에서 교사의 인격 문제는 중요한 의미를 가진다. 왜냐하면, 좋은 교육은 훌륭한 교사를 통해서 이루어지며, 교육은 교사와 학생의 인격적 접촉으로 이루어지기 때문이다. 교사의 인격 밑바탕에는 건강한 신체와 건강한 정신이 있어야 한다. 건강한 정신을 갖춘 교사는 진실한 참사람이어야 하며, 순수하고 개방적이며 정직해야 한다. 아울러 교사는 인간애가 풍부한 사람이어야 한다. 학생을 하나의 고유한 인간으로, 나름의 가치와 권리를 가진 인간으로 깊이 사랑하고 존중하는 모습은 학생과의 관계에서 신뢰를 형성하며, 나아가 학생으로 하여금 진정한 자아를 발견하고 자기 삶의 주체가 될 수 있게 하는 기반이 된다. 교사의 인격적 소양을 논의할 때 빼놓을 수 없는 것은 교사의 교육애이다. 교사는 교육에 대한 긍지와 사명감을 가지고 교육에 헌신하는 자세로 학생을 대해야 한다. 교육이 한 인간을 보다 나은 방향으로 변화시킬 힘이 잠재되어 있음을 인식한다면, 교육에 대한 열정과 헌신이 있는 교사의 힘 또한 대단하리라 기대해 본다.

1) 교사의 열린 마음

열린 마음(open minded)은 교사로서 끊임없는 성장을 위한 가능성을 실현하기 위한 전제이다. 열린 마음이란 여러 가지 가능성을 적극적으로 고려하는 태도이다. 상황이나 문제가 생긴 이유를 여러 각도에서 살펴보고 가능한 한 모든 대안에 대하여 충분히 검토하며 자신이 가장 확실하게 믿었던 신념들조차도 틀린 것일 수 있다는 가능성을 인정하는 것이다. 열린 마음을 가지고 있는 교사는 지금까지 당연하고 옳다고 믿어 왔던 교육적 활동에 깔려 있는 신념을 끊임없이 검토한다(박은혜, 2004). 때론 수렴적 사고(convergent thinking)로 하나의 올바른 답을 찾아야 할 때도 있지만, 확산적 사고(divergent thinking)로 유연하게 대처해 나가야 하는 상황이 더 일반적이다. 만약 교사의 마음이 닫혀 있는 상태라면 확산적 사고를 하는 학생은 교사에게 눈엣가시 같은 존재가 되기 십상이다.

열린 마음을 가진 교사는 자신이 창의적일 뿐만 아니라 학생을 창의적인 사람으로 변화시킬 수 있다. 마음이 닫혀 있는 교사는 문제 상황에서 자신에게 잠재된 창의적 능력을 충분히 사용할 수 없다.

창의적인 사람의 특징을 살펴보면 다음과 같다(제석봉, 유계식, 박은영 공역, 2003).

- 창의적인 사람은 낙관적이고 신뢰할 줄 안다.
- 모호함과 불확실성을 수용할 줄 안다.
- 관심이 넓다.
- 유연성을 가지고 있다.
- 복잡한 것을 잘 견뎌 낸다.
- 말이 유창하다.
- 호기심이 많다.
- 추진력과 지구력이 있다.
- 독립적이다.
- 잘 동조하지 않고 적절한 모험을 추구한다.

반면 창의적 능력을 억압하는 핵심적 요인은 두려움과 불안, 고정된 습관, 권위에 대한 의존성, 완벽주의 등이다.

가르치는 활동은 수많은 의사결정을 포함하며, 이 의사결정 대부분은 단순한 규칙으로 환원되지 않는다. 교사는 자신이 내린 결정이 타당하고 현명한 것이라는 사실을 어떻게 알 수 있을까? 이 질문은 상당히 답하기 어려운 질문이다. 왜냐하면, 교사는 자신이 수행한 일의 효과성에 대해 거의 피드백을 받지 못하기 때문이다. 일 년에 한두 번 정도의 연구수업을 통해 동료 교사나 학교행정가들로부터 피드백을 받으며, 학부모나 학생들로부터는 불분명한 피드백을 받을 뿐이다. 따라서 교사는 교사 스스로 자신의 행동에 대해 비판적으로 조사하고자 하는 열린 마음을 가질 필요가 있다. 변화에 대한 열린 마음은 반성적 사고와 함께 교사를 보다 큰 세계로 이끌 것이다.

세상에 대해 마음의 문을 활짝 열고 더 넓은 세계를 받아들이고 큰 꿈을 키워나가야 할 학생을 가르치는 교사가 열린 마음을 소유할 때 교육현장은 새로워질 수 있다. 열린 마음의 교류 속에서 성장과 변화를 기대할 수 있으며, 교사의 삶뿐 아니라 학생의 삶의 질이 달라질 수 있다. 특히 지식의 절대성이 줄어들고 탈가치화 현상이 주목받는 21세기 지식기반사회에서는 기존의 지식을 새롭게 구성하고 창출하여 자신만의 지식체계를 구축해 나가야 하는 지식의 생산자가 되어야 하기 때문에 변화에 대한 열린 마음과 지금까지 당연하게 생각해 왔던 믿음, 지식, 관습, 제도 등에 대하여 새로운 관점으로 사고할 힘을 길러야 한다.

인생을 살아가면서 나는 한 가지 분명한 사실을 알게 되었다. 그것은 열린 마음을 잃지 않는 것보다 중요한 것은 없다는 것이다. 열린 마음이야말로 사람들에게 가장 중요한 재산이다.

– 마틴 부버(Martin Buber)

2) 교사의 사랑

교육은 만남을 전제로 하는 특별한 활동이므로 교사는 먼저 학생과 특별한 교육적 관계를 형성해야 한다. 관계형성을 위한 교사의 기본적 자질은 학생에 대한 깊은 애정과 관심, 돌봄이다. 골트슈타인(Lisa S. Goldstein)은 교사의 사랑을 '3Cs+P'로 설명한다(염지숙 역, 2001). 즉, 사랑이란 돌봄(Care), 관심(Concern), 관계(Connection)와 열정(Passion)의 결합이라고 보는 것이다. 교사는 학생에게 관심을 기울이며 그들이 무엇을 필요로 하는지를 파악하여 돌봄으로써 특별한 관계를 형성하게 되며, 이 관계는 열정이라는 요소로 활기를 띠고, 상호작용이 촉진되며, 교육에 최선의 노력을 기울이게끔 이끈다.

교사로서의 사랑은 학생을 사랑하려는 열정이 잘 가르치기 위한 열정과 결합할 때 일어나는 것이다. 이 사랑은 부모-자녀 애착과 마찬가지로 사랑을 주려는 교사와 사랑을 흔쾌히 받아들이는 학생 간의 안정된 관계가 형성될 때 더욱 풍부해지고 교육의 제반 현상에 긍정적 영향을 미친다. 교사의 사랑은 학생과의 신뢰와 친밀감을 돈독히 하며, 학생은 교사와의 인격적 만남과 사랑받은 경험을 토대로 인생의 방향 정립과 가치관 형성에 영향을 받는다. 교사로서의 사랑은 노력으로 가능하며, 사랑으로 가르치는 교수경험을 통해 더욱 발전시킬 수 있다. 교사로서의 사랑은 한 명의 교사가 다수의 학생을 사랑하는 '다각형의 사랑'으로 간주하지만, 사랑을 받아들이는 학생의 입장에서는 일대일의 특별한 사랑으로 인식될 수 있다. 그 사랑으로 학생은 알게 모르게 성장하는 것이다.

교사와 학생의 만남은 짧은 기간의 일시적 만남이지만 어떠한 관계를 맺고 영향을 주고받았는지는 학생의 일생을 좌우할 수도 있는 중요한 변인이다. 서로 가르치고 배우며 인생 여정을 함께하는 사제동행을 위해서는 학생을 사랑할 줄 아는 교사의 자질은 중요하다고 하겠다(윤정일, 허형, 2003). 교사는 많지만 스승은 없다고 한탄하는 요즈음이지만 지금도 어느 하늘 아래서는 학생의 마음에 특별한 사랑을 심고, 사랑으로 학생의 삶을 변화시키기를 희망하는 스승들이 있다고 신뢰하며 교육에 희망을 걸어야 할 것이다. 인생에서 진정으로 따르고 싶은 스승 한 명을 만난 학생의 삶은 많은 시행착오와 실패 가운데서도 용기를 되찾으며, 교사로부터 받은 사랑과 신뢰를 바탕으로 또다시 도전할 수 있을 것이다.

학습, 학생, 인간이 되어 가는 과정에는 사랑이 존재한다. 가르치는 것은 신뢰 및 존경과 관련될 뿐 아니라 학생과 교사 사이의 친밀하고 특별한 관계에 의존하기 때문에 사랑에 관한 것이다. 교사의 일과 바쁜 삶 속에서 사랑을 연습할 시간은 매우 소중하다. 교사 자신의 가르침이 학생의 삶을 변화시킬 수 있을 것이라는 명확한 목표와 열정과 희망은 좋은 가르침의 핵심이 되기 때문에, 교사 자신이 학생을 어떻게 사랑하고 있는지 반성적 시각에서 재검토해 보는 것은 매우 중요하다. 교사는 가르침에 필수적인 사랑 · 배려 · 존중을 연습하고, 학생이 따르고 싶을 정도로 매력적인 본보기로서, 학급 분위기를 인간적으로 조성하고 서로의 성장에 도움이 되는 방향으로 만들어 나가야 할 것이다.

생명을 살리는 리더십

「홀랜드 오퍼스」라는 오래전 영화에는 음악으로 다음 세대의 리더를 키우는 교사가 주인공으로 등장한다. 그는 원래부터 고귀한 사명감에 불타 교사의 길을 걸었던 사람이 아니었다. 그는 인생의 막다른 길에서 생활수단을 위하여 어쩌다가 교직에 입문한 사람이었다. 그는 학생들에게 음악을 가르치면서 자기도 모르게 영향력 있는 리더로 변화되어 갔고, 더 나아가 학생들의 내면을 감동으로 터치하여 잠들어 있는 능력을 깨워 주는 교사로 성장해 갔다. 그는 자신만 성장했던 것이 아니라 학생들을 성장시켰고, 외적 조건으로 보았을 때 화려한 성공은 아니었지만 조용하고도 의미 있는 성공을 이루어 낸 리더의 모습을 보여 주었다. 그는 학생들에게 사랑한다는 말 한마디 건네지 않았지만 행위의 결과로 사랑을 입증하였던 것이다.

『논어』에는 '사랑이란 다른 사람이 살게끔 하는 것이다(愛之)'라는 구절이 나온다. '산다'는 것은 생물학적 삶의 영위를 의미하기도 하지만, 더 나아가 사람답게 행복하게 살아가는 것을 뜻한다. 다른 사람의 생명을 소중히 하며, 그의 삶이 성공할 수 있도록 도울 뿐 아니라 그 성공을 기뻐할 수 있는 리더는 사랑이라는 본질적 위대성을 가진 리더라고 할 수 있다. 그런데 주변에서 사회적으로 성공한 리더가 존경 받기는커녕 웃음거리로 회자되는 이유는 무엇일까? 그것은 아마도 그가 구성원을 잘살게끔 돌보기보다 성공의 부산물을 누리기에 급급한 삶을 살았기 때문이 아닌가 싶다. 리더가 '수기(修己)'하지 않으면 '안인(安人)'의 과제를 소홀히 할 수 있으므로, 옛 성현들은 리더의 조건으로 '수기안인(修己安人)'을 강조하였던 것인지도 모른다. 리더가 잘살았다는 증거는 자신의 삶뿐만 아니라 구성원의 삶에도 나타나기 때문이다.

리더는 순간순간의 삶에서 넘어야 할 크고 작은 파도를 헤쳐 나가는 힘뿐만 아니라, 억울하게 오해받고 뜻밖의 변수 때문에 심은 대로 거두지 못하는 상황에서도 원망하거나 좌절하지 않고 묵묵히 책임지는 '균형감각'이 있어야 한다. 리더가 된다는 것은 사람들 앞에 드러나야 하므로 좋든 싫든 반드시 어떤 종류의 비난을 받게 되어 있다. 따라서 리더는 많은 사람에게 둘러싸여 있음에도 늘 쓸쓸한 고독을 견뎌내고 그 와중에도 리더십을 발휘해야만 하는 사명을 부여받은 존재이다. 리더는 마치 전장의 최전선에서 가장 먼저 죽기를 각오하고 싸우는 대장과도 같다. 생색내지 않고 가장 먼저 자신의 땀을 쏟는 리더십이 있어야 구성원을 따르게끔 할 수 있다. 리더가 존재하는 이유는 구성원이 있기 때문이고, 구성원이 평안히 살 수 있도록 하기 위한 치열한 분투는 구성원의 마음을 움직일 수 있다.

우리 모두는 적어도 크고 작은 몇 가지 조직에 속해 있으면서 때로는 리더로, 때로는 구성원으로 기능하며 살아간다. 리더가 구성원을 살리는 리더십을 발휘하듯, 구성원 또한 리더의 리더십을 살려 줄 때 아름다운 동반자적 리더십이 생겨난다. 따라서 리더 한 사람에게 권력이 집중되거나, 소수집단만이 권력을 행사하는 소수의 리더십만으로는 미래의 성공을 보증할 수 없다. 모든 구성원이 힘을 나누어 가지고, 각자 자신이 처한 자리에서 리더가 되어 자신뿐 아니라 타인과 조직의 생명을 살리는 본분을 다할 수 있는 동반자적 패러다임으로의 전환이 필요하다.

3) 교사의 헌신과 사명감

헌신은 교사의 삶에서 중요한 부분이다. 학생과 교과목에 대한 헌신은 교사가 기본적으로 책임져야 하는 부분이다. 교사는 가르치는 일과 그에 대한 준비시간, 노력, 자원을 헌신한다. 또한, 교사는 자신을 학생에게 헌신해야 한다. 교사 생활에 대한 윤리적 · 도덕적인 차원은 '교육하는 교사', 즉 자신의 일이 전체 삶과 연결되는 교사와 '가르치는 교사', 다시 말하면 가르치는 것을 천직이라기보다는 직업으로 생각하는 교사를 구별한다. '교육하는 교사'에게 학생에 대한 사랑, 감정적 개입, 보호하기, 비판적 사고는 가르침의 필수적인 보완요소들이다. 교직에 대한 사명감이 있는 교사는 자신의 일에 최선을 다할 준비가 되어 있으며, 가르치는 것을 통해 내적 감사가 충만해지고 삶의 목적을 찾게 된다.

데이비드 한센(David Hansen)은 교실에서 가르치는 일을 '학생의 정신과 영혼을 연마하는' 것과 관련지으며 소명과 도덕적 · 개인적 헌신으로 인식한다(박은혜, 이진화, 위수경, 조혜선 공역, 2007). 가르치는 것은 인간으로서 쇠퇴보다 진보하도록 하고, 외모나 능력 안에 갇히지 않고 성장하도록 하는 태도, 성향, 이해 등을 격려하거나 지원하는 활동이다. 다른 모든 조건이 똑같다고 할 때 소명감을 가진 사람은 직업으로서 그것을 대하는 사람보다 훨씬 더 교사의 역할에 몰입한다. 소명감을 가진 교사는 학생에게 좀 더 넓고 역동적 · 지적 · 도덕적인 영향력을 발휘한다. 가르침에 대한 소명은 그것을 제공하는 사람에게도 개인적인 충만함을 제공하는 공적 서비스이다.

교사가 지녀야 할 자세에 관해 코메니우스(Johann Amos Comenius)는 '이러한 교사들이 성공적으로 영향을 끼치기 위해서는 자신의 직업에 대한 과제와 목표를 인식하고 있어야 하며, 그것에 유용한 방법론을 가지고 있어야 하고, 그 방법론의 풍성함을 완전히 유지하고 있어야 한다.'고 기술하고 있다. 교사가 꼭 소유해야 할 남다른 사명감은 인간이 그동안 잃어버렸던 하나님의 형상으로 인간을 인도하는 것이며, 선을 선택하며 악을 버릴 수 있는 자유의지를 회복하는 데 있다. 따라서 진리가 무엇인지를 알아야 하고, 선을 소망해야 하며, 무가치한 것과 가치 있는 것을 구별하여 필수적인 행동을 하는 법을 배워야 한다고 하였다(이상욱, 2006).

3. 교사의 성장

하나의 생명이 잉태되어 엄마 배 속에서 10개월을 보내고 세상에 태어나 인생의 발달단계를 거치며 성장하고 쇠하듯, 한 명의 교사 또한 교사가 되기 위한 준비에서부터 교직의 입문, 성장, 쇠퇴기를 거치게 되어 있다. 대학에서 좋은 교사가 되기 위한 준비를 하고 교직에 입문하면 이론적으로 배웠던 지식을 현장에 적용하면서 교사로서 뿌리를 내리게 된다. 초임교사로서 일정 기간이 지나면 좀 더 적극적으로 자신의 역할을 수행하기 위하여 노력하게 되고, 더 나은 교육자의 자질을 향상하여 성공적인 교사로 성장하기를 원한다. 물론 성장과정에서 좌절도 경험하고, 어떤 교사는 자신이 하는 일에 익숙해져 더 이상 성장을 위해 노력하지 않는 안일한 태도를 보이기도 한다. 교사는 끊임없이 성장하는 교사가 될 것인지, 성장을 멈춘 교사가 될 것인지의 갈림길에서 고민하고 성장과 후퇴를 반복하며 각기 다른 교사로서의 삶을 살아간다.

교사로서 성장하기 위하여 추구해야 하는 방향은 교사의 리더십 확립과 리더십의 발휘이다. 교사는 학급 운영과 수업지도, 생활지도 측면에서 학생과 가장 가까운 곳에서 막강한 영향력을 미치는 리더라고 할 수 있다. 세계 각국은 교육적 변혁을 통하여 변화를 주도하고자 하며, 이러한 교육은 변혁적인 리더들을 통해서 가능하다는 신념을 갖고 있다. 그러므로 교사는 교육적 리더로서 지식 활동을 통해 새로운 가치를 창조하고 자아를 실현해 나가야 한다(이병진, 2003). 리더로서의 교사는 팔로워(follow)로서의 학생과 상호 성장하고 변화할 수 있는 관계 형성이 되어야 한다. 교사와 학생이 함께 있음으로 인해 서로의 인격 깊숙한 곳에 자극과 감동, 변화가 수반되어야 한다. 학생은 교사의 가르침을 따라가면서 새로운 비전을 보고 자신의 잠재된 능력이 마음껏 발휘하는 기쁨을 경험하고, 새롭게 발전해 나가는 자신을 경험할 수 있어야 한다. 따라서 교사는 학생들을 가르치기 위해 계속 배워야 하고, 좋은 리더가 되기 위해 평생 성실한 학생이 될 것을 결심해야 한다.

'성장심리학자들'(대부분 인본주의 심리학자)은 인간은 과거와 생물학적 본성이나 환경적 여건을 뛰어넘어 성장할 수 있으며 또 성장해야 할 것을 강조한다. 그들은 인간은 끊임없이 성장하고 풍요롭게 발전하면서 자신이 원하는 대로 충족할 수 있다는 가능성을 믿는다. 즉, 인간은 스스로를 인식하고 실현하기 위하여 자신의 잠재능력을 최대한으로 발휘하도록 노력하지 않으면 안 되고, '정상성(normality)'을 초월한 성장을 낙관해야 한다는 것이다. 성장심리학자들의 이론으로 '성장하는 교사'의 모습을 전망해 보면 다음과 같다(이혜성 역, 2007).

1) 성숙한 교사(올포트의 모형)

Gordon Willard Allport
(1897~1967)

성숙한 교사는 자아가 발달함에 따라 자신뿐만 아니라 자신 이외의 것에 관심을 가진다. 이 관심은 단지 어떤 것(직업)이나 어떤 사람(학생)과 관계를 형성하는 것만으로 충분하지 않으며 직접적이고 완전한 참여자가 되어야 한다. 올포트(Gordon Willard Allport)는 이것을 '인간 능력의 중요한 국면에서의 자신의 진정한 참여'라고 명명했다. 다시 말하면, 교사에게 교직이란 자신에게 중요하고 적절해야만 하며 의미가 있어야 한다. 자신이 중요하다고 믿고 자신의 능력에 대한 도전으로 볼 수 있기 때문에, 혹은 최선을 다해 그 일을 해서 기분이 좋기 때문에 교직에 종사한다면 진정한 참여자가 된다. 그 활동은 손질의 근원보다 훨씬 더 많은 의미가 있으며, 다른 욕구도 충족한다.

성숙한 교사는 부모, 자식, 배우자, 친구, 학생에게 친밀감(사랑)을 표현할 수 있다. 친밀감의 능력을 만드는 것은 잘 발달한 자아감의 확장이다. 어떤 사람이 사랑하는 사람과 그의 복지에 대한 관심으로 진정한 참여를 나타낸다면 이것은 개개인의 복지만큼이나 중요하다. 친밀감은 잘 발달한 자아정체감의 표현이다.

성숙하지 못한 교사는 사랑의 형성관계에서 줄 수 있는 사랑보다 사랑을 받기를 훨씬 많이 요구하며, 그들이 사랑을 줄 때는 조건과 책임 때문에 주는 것이다. 성숙한 교사의 사랑은 무조건적이다. 또한, 성숙한 교사는 다른 사람의 행동을 판단하거나 비방하지 않고 관용을 베푼다. 그들은 인간은 모두 약점을 가지고 있다는 것을 알고, 인간의 나약성을 받아들인다.

성숙한 교사는 수동적으로 포기하지 않고 약점과 실패를 포함한 존재의 모든 양상을 받아들이는 '자기수용(self-acceptance)'의 모습을 보인다. 그렇기 때문에 자신의 정서를 조절하며, 다른 사람의 정서 또한 받아들일 수 있다. 성숙한 교사는 정서적 안정감이 있으므로 '좌절에 대한 관용의 자세(frustration tolerance)'를 견지한다. 즉, 좌절에 포기하지 않고 오히려 똑같은 목표나 대치목표에 도달하기 위해 좌절을 감소시키는 다른 방법을 발견할 수 있다. 성숙한 교사는 '효능감(sense of proportion)'으로 생의 목표와 자아 위협에 대처하는 것을 배우고, 이런 스트레스가 항상 불행으로 연결되지 않는다는 것을 발견한다.

성숙한 교사는 다른 사람이나 상황을 현실적으로 지각하며 자신에 대해서도 객관적으로 지각할 수 있다. 또한, 미래지향적이고 긴 안목의 목표와 계획을 끊임없이 추구하는 삶을 살아간다. 성숙한 교사는 과거지향적이 아니라 미래지향적이다. 즉, 장차 되고자 희망하는 모형을 향해 노력하는 것이지, 일단 이루어져서 다시는 변화되기 어려운 모형을 지향하는 것이 아니다. 미래는 의식적 · 의욕적으로 계획될 수 있으며, 과거에 집착하거나 현실에 안주하는 생활은 변화하기 어렵다. 설사 계획했던 목표가 달성되었더라도 또다시 새로운 목표를 수립할 수 있어야 한다. 성장을 이끄는 힘은 목표를 달성해 가는 과정이지 목표의 달성에 있는 것은 아니며, 성공을 향해 노력하는 것이지 성공 그 자체는 아니다.

2) 기능을 충분히 발휘하는 교사(로저스의 모형)

기능을 충분히 발휘하는 교사는 모든 감정과 태도를 경험하는 데 자유로울 만

Carl Roger
(1902~1987)

큼 경험에 개방되어 있다. 위협받는 것이 없으므로 방어할 것도 없다. 이러한 교사는 삶이 제공하는 경험을 수용할 뿐만 아니라 지각과 경험의 새로운 길을 열기 위한 활용에도 융통성이 있으며, 자아구조가 새로운 경험에 항상 개방되어 있으므로 적응력이 있다. 이러한 성격에는 완고함이나 예언성이 없다. 이런 사람은 "내가 다음 순간에 어떻게 될지, 무엇을 할지는 그 순간에 또 성장하므로 나 자신이나 타인이 미리 예언할 수가 없다."고 말한다. 지금-여기에 충실한 실존적 삶을 살아가고 있으므로 순간마다 일어나는 모든 일에 개방되어 있고, 그 경험은 다음 순간의 경험에 쉽게 반응할 수 있는 구조를 형성한다.

충분히 기능을 발휘하는 교사는 자신이 옳다고 느끼는 방식으로 행동하는 것을 행동과정을 결정하기 위한 가장 신뢰할만한 지침으로 삼는다. 다만 어떠한 결정을 내려야 할 상황에서 경험에 대해 완전히 개방되어 있으므로 유용한 모든 정보에 접근한다. 이 정보에는 개인의 욕구, 적절한 사회적 욕구, 비슷한 과거 상황의 기억, 현 상태의 지각을 모두 포함한다. 이성적이거나 지적인 근거에 따라서만 움직이는 사람은 결정에 이르는 과정에서 정서적인 요소를 무시하기 때문에 어떤 의미에서는 불리한 입장에 있다. 유기체의 모든 면, 즉 지적 능력은 물론 의식 · 무의식 · 정서까지도 당면한 문제라는 관점에서 분석해야 한다. 결정에 이르기 위해 사용한 자료가 정확하고, 자신의 전체가 결정과정에 참여하고 있기 때문에 자신을 신뢰하듯 자신의 결정도 신뢰할 수 있는 것이다.

충분히 기능을 발휘하는 교사는 선택이나 행동에서 자유로움을 경험한다. 즉, 억제나 금지 없이 생각과 행동과정의 대안들 사이에서 자유롭게 선택할 수 있다. 그뿐만 아니라 삶에 대한 개인적인 지배감을 즐기며, 일시적 생각이나 주변 환경, 과거 사건들에 따라 미래가 정해지는 것이 아니라 자기 자신이 좌우한다고 확신한다. 이런 자유와 지배감 때문에 살아가면서 많은 선택권을 가지게 되고, 자신이 원하는 것을 할 수 있다고 느낀다. 또한, 충분히 기능을 발휘하는 교사는 고도로 창의적이다. 모든 경험에 대해 개방을 하고, 자신의 유기체성을 신뢰하며, 결정이나 행동에 융통성이 있는 사람은 자기 실존의 모든 영역에서 독창적 사고력과 창의적 삶으로 자신을 표현한다. 그들은 자신의 행동에 자발적이며 자신을 둘러싼 풍요로운 삶의 작용에 반응하여 변화하고 성장하며 발달한다.

3) 자아를 실현하는 교사(매슬로의 모형)

Abraham H. Maslow
(1908~1970)

자아를 실현하는 교사는 주변 세계에 있는 물체와 사람을 객관적으로 지각한다. 그들은 세계를 자신이 원하거나 필요한 방식으로 주시하는 것이 아니라 있는 그대로 본다. 이러한 지각의 객관성으로 타인에 대해 정확히 판단할 수 있으며, 속임수와 부정직을 빨리 탐지할 수 있다. 이 정확성은 삶의 다른 측면들, 즉 미술이나 음악뿐만 아니라 지적 · 정치적 혹은 과학적 관심에까지 확대된다. 그들은 자신의 판단과 지각에만 의존하며 편견이나 선입관이 없다. 만약 세계를 자신의 주관에 맞추어 지각한다면 세계와 타인과 상호관계를 효율적으로 맺어 나갈 수 없다. 객관적으로 현실을 반영할 수 있을 때 논리적으로 생각하여 올바른 결론에 도달하는 지적인 능률을 올릴 수 있는 능력이 발휘된다.

자아를 실현하는 교사는 약점과 장점을 포함하여 자기 자신을 불평이나 걱정 없이 받아들인다. 혹 약점이나 결함이 있더라도 그것에 대해 부끄럽게 생각하거나 죄책감을 느끼지 않는다. 자신의 본성을 있는 그대로 받아들이는 것이다. 자신의 본성에 대해 대단히 수용적이므로 자신을 왜곡하거나 변조할 필요가 없다. 일반적으로 그들은 자신뿐 아니라 아는 사람들의 결점, 사실상 인류 전체의 결점에 대해서도 똑같이 관대하다. 따라서 삶의 모든 측면에서 가식 없이 솔직하고 직접적인 방식으로 행동하며 정서를 숨기지 않고 정직하게 표현한다. 간단히 말해, 그들은 자연스럽게 행동한다. 그것이 자신의 본성에 따르는 것이다.

자아를 실현하는 교사는 자기 일을 사랑하고, 그 일이 자신에게 자연스럽게 맞는다는 것을 느낀다. 매슬로는 일과 사람을 열쇠와 자물쇠처럼 꼭 들어맞는 의미 있는 관계로 비유하여 설명하였다. 그들에게 일이란 자신이 하고자 하는 일, 단순히 생계를 위한 수단으로서의 직업이 아니라 실제로 자신이 해야 한다고 느끼는 어떤 것이다. 이런 일에 정열적으로 헌신하면서 자아를 실현하는 교사는 욕구 이상의 것(metaneeds)을 성취하거나 수행할 수 있다. 일에 몰두하고 그에 대해 만족하기 때문에 더 열심히 일한다. 물론 그들에게 일이란 싫은 것이 아닌 즐거운 것으로 자기 일을 다른 어떤 것보다 즐긴다.

자아를 실현하는 교사는 사적인 생활과 독립에의 욕구가 있으며, 자기주도적이다. 그들에게 자아실현의 동기는 결핍 동기에서 비롯하는 것이 아니라 성장 동기에서 나온다. 성장 동기 발달의 여부는 자신의 잠재력과 내적 자원에 의해서 좌우된다. 따라서 위기나 결핍에도 강건할 수 있으며, 스스로 만족하며 사회 · 물리적 환경에 자율적으로 기능한다. 또한, 아무리 반복되는 경험일지라도 즐거움과 경외(敬畏)와 놀라움 같은 신선한 감각을 경험한다. 그 결과, 당연하게 여기는 것이 거의 없고 자신이 소유하고 경험할 수 있는 것에 대해 계속 감사할 줄 안다.

chapter

03 교육의 역사적 기초

교육의 역사는 인류의 역사와 맥을 같이 한다. 인간의 탄생과 더불어 교육이 시작되었다고 해도 과언이 아니다. 비록 현재처럼 체계화된 학교 체제와 가르치는 것을 전문적으로 하는 교사가 없었다고 해도 어떤 식으로든 교육이 이루어졌을 것이라고 보는 것이다. 부모나 조상이 자녀를 데리고 다니면서 사냥이나 농경기술, 길쌈이나 가사 등 생활에 필요한 것을 가르치기 시작하면서 교육이 시작되었고, 차츰 인구가 늘어나고 산업이 발전되어 감에 따라 부모나 조상이 담당했던 역할을 전문적으로 가르치는 교사와 학교가 대신하게 된 것이다. 이 장에서는 교육의 역사를 한국교육사와 서양교육사로 구분하여 살펴보고자 한다.

1. 한국교육사

1) 삼국시대의 교육

삼국시대 교육의 성립과 발전에 영향을 준 것은 유교(儒敎)와 불교(佛敎)였다. 유교는 형식적인 교육의 발전에 영향을 주었으며, 불교는 비형식적인 교육의 발전에 기여했는데, 특히 대중의 종교적인 신념과 가치관의 형성에 크게 기여하였다. 또한, 불교는 민족문화의 뿌리로서 백성의 의식을 일깨우는 대중교화의 길을 열어 주었다는 점에서 그 역사적 의의가 크다.

유교와 불교는 순수한 종교적인 기능의 수행을 넘어 정치 · 경제 · 교육 등 문화 전반에 걸쳐 영향을 주었으며, 윤리의식과 정치제도의 발달을 촉진했다. 그중에서도 특히 유교의 수용과 한자의 도입은 이를 가르치고 배우는 형식적 교육기관인 학교교육의 성립과 발달을 촉진했다.

(1) 고구려의 교육

고구려는 삼국 중 가장 먼저 국가체제와 교육체제를 갖추었으며 일찍부터 중국과의 교섭이 잦았다. 이러한 영향으로 형식적 교육기관으로서 최초의 관학(官學)이라고 할 수 있는 태학(太學)과 사학의 시초라고 할 수 있는 경당(扃堂)을 가지고 있었다.

① 태학

고구려의 학교교육에 대한 기록으로는 『삼국사기』에 '소수림왕 2년(372년)에 태학을 세워 자제를 교육했다.'는 내용이 나오는데, 이는 학교교육에 관한 기록 중 최초의 것이다. 태학은 중국의 학제를 본받아 국가의 고급관리를 양성하기 위해 주로 상류계층의 자제를 교육했던 수도에 위치한 고등교육기관이라 할 수 있다. 태학의 입학 연령은 15세였으며 입학 후 9년 동안 수학하였다. 주요 교육과정은 오경(시전, 서전, 주역, 예기, 춘추)과 삼사(사기, 한서, 후한서) 등 유학을 중심으로 한 중국의 전통적인 고전들로 이루어졌다.

② 경당

우리의 교육 역사상 최초의 사학(私學)이라고 할 수 있는 경당은 설립연대를 정확히 알 수는 없으나 서민 자제를 대상으로 한 독서와 활쏘기 등 문무를 겸비한 초·중등교육기관으로, 수도와 지방의 마을마다 설립되었다고 전해진다. 특히 문무를 겸비한 교육이 이루어졌던 점으로 미루어 보아 신라의 화랑도교육과 유사한 교육이었을 것으로 추측된다.

(2) 백제의 교육

일찍부터 중국과의 교섭이 잦았던 백제는 고구려와 신라보다 발달한 문화양식을 가지고 있었을 뿐만 아니라 나름 독창적인 문화를 발달시킨 국가였다. 그러나 백제에 학교가 있었다는 직접적인 기록은 아직 발견되지 않고 있다. 다만 『삼국사기』에 284년 백제 사람인 아직기가 일본으로 건너가 태자를 가르쳤으며, 285년에는 왕인 박사가 일본에 논어와 천자문을 전했고, 고구려가 태학을 세운지 3년 만인 375년에 근초고왕이 박사 고흥을 얻어 처음으로 『서기(書記)』라는 백제 역사책을 가지게 되었다는 기록이 있다. 이 기록에 따르면, 백제에는 박사제도가 있어서 상당한 수준의 고등교육이 이루어졌으며, 이 박사들이 일본으로 건너가 일본에 교육적인 영향을 주었음을 알 수 있다.

(3) 신라의 교육

신라는 지리적 여건 때문에 고구려나 백제에 비해 중국의 문화 유입이 다소 늦었으며 문화 수준도 높지 못했다. 신라에서 유학이 행해진 것은 오래된 듯하나 학교교육에 관한 기록은 없다. 다만 문무왕 16년(676년)에 이룩한 삼국통일 이전에는 화랑도가 있어서 독자적이고 자발적인 교육제도를 통해 인재를 양성함으로써 통일의 기틀을 다졌고, 삼국통일 이후에는 신문왕 2년(682년)에 국학을 세워 관리를 양성하였다.

① 화랑도

화랑도는 본래 자생적 집단이었다. 그 당시에는 마을마다 청소년 집단이 있었는데, 이 집단은 용모가 수려하고 다른 사람의 모범이 될 만한 사람을 중심으로 운영한 수양단체였다. 즉, 화랑도는 국가에서 쓸 인재를 선발하기 위해 시작한 청소년 운동이었으나 진흥왕 37년(576년)에 국가적인 공인단체로 인정받으면서 체계화 · 조직화되었다. 화랑도는 고구려의 경당과 마찬가지로 문무를 겸비한 교육을 했다. 교육목적은 용감한 병사와 실천적 인재 양성이다. 화랑들은 평소에 전국의 명산대천을 찾아다니면서 심신을 단련하고 무술을 연마하며 호연지기를 길렀지만 유사시에는 전사로 활동하였다.

화랑은 도의교육(道義敎育)을 중시했는데 그 핵심이 바로 세속오계(世俗五戒)이다. 화랑도의 교육과정은 주로 전사로서 갖추어야 할 무술이 주된 내용이었으나 정신도야에 필요한 시, 춤, 음악 등도 중시하였다. 화랑도교육은 군사적 목적을 달성하기 위한 군사교육의 성격이 강했지만 도의를 연마하기 위한 도덕교육, 심신을 단련하기 위한 체육교육, 정서를 함양하기 위한 정서교육의 성격도 강했다. 한마디로 화랑도교육은 문무를 일치하고 지 · 덕 · 체를 겸비할 수 있는 교육이며, 오늘날 우리가 계승해야 할 교육전통이라 할 수 있다.

② 국학

삼국통일 이후에는 당나라의 국자감(國子監)제도를 모방하여 국학을 세웠다. 국학은 신문왕 2년(682)에 설립된 신라 최초의 관학이다. 국학의 교육목적은 유학의 이념을 연구하고 널리 보급하며 그 이념에 따라 국가관리를 양성하는 것이었다. 교육내용은 주로 유교경전들이었으며 『논어』와 『효경』을 필수과목으로 하였고, 『예기』, 『주역』, 『좌전』, 『모시』, 『춘추』, 『상서』, 『문선』등은 선택과목이었다. 입학자격은 15～30세의 6두품 출신 귀족자제였고 수학 연한은 9년이었다. 그러나 소질이 없는 자는 퇴학시켰고 미숙하게나마 가망이 있는 자는 9년 이상 재학할 수 있었다. 국학을 졸업하는 자는 성적에 따라 대나마(大奈麻), 나마(奈麻), 대사(大舍)의 벼슬을 주었다. 국학의 명칭은 경덕왕 6년(747년)에 태학감으로 바뀌었다가 혜공왕 때 다시 국학으로 불리었다.

신라에서 국학이 점차 완비되고 학문이 성함에 따라 유교교육 자체가 관료의 등용문이 되었다. 원성왕 4년(788년)에는 일종의 과거제도라고 할 수 있는 독서삼품 출신과를 정하여 인재 등용의 방법으로 삼았는데, 독서삼품 출신과의 성적으로 문관을 등용하였다. 이는 통일신라 이전의 화랑도 교육을 통한 인재 선발과는 확연하게 구별되는 것으로, 관리 등용에 문벌이나 가문 위주에서 벗어나 실력과 능력 위주로 관리를 등용함으로써 과거제의 효시가 되었다.

2) 고려시대의 교육

고려시대에는 신라의 문화가 계승되어 오면서 불교와 유교가 공존하며 고려사회를 지배하였다. 한 개인의 수신(修身)의 도로서 불교가 장려되었고, 치국(治國)의 도로서 유교가 발달하였다. 고려의 교육기관은 크게 관학과 사학으로 구별할 수 있으며, 거듭되는 내란과 외적의 침입으로 중앙정부가 교육에 소홀할 수밖에 없었으므로 관학보다 지방의 유학자들이 세운 사학이 더욱 발달하였다.

(1) 관학

고려 초기의 교육제도는 신라의 것을 계승하고 있었으나 성종(982~997년) 시대에 이르러 교육제도가 새롭게 정비되면서 여러 종류의 관학이 설립되었다. 관학(官學)으로는 국자감, 향교, 학당이 있었다.

① 국자감

국자감(國子監)은 성종 11년(992년) 개경(개성)에 설립한 최고 교육기관으로 국가의 고급관리를 양성하는 데 목적이 있었다. 국자감에서는 태학전(太學田)을 주고 조세를 면제해 주었을 뿐만 아니라, 예종 14년(1119년)에는 육영재단인 양현고를 설치하여 국자감의 재정을 도왔다. 인종 1년(1123년)에 이르러 비로소 국자감의 학제가 완비되어 유학계 교육의 삼학(三學)으로 육학(六學)이 구성되었다. 유학계 교육의 삼학으로는 국자학(國子學), 태학(太學), 사문학(四門學)이며, 기술계 교육의 삼학으로는 율학(律學), 서학(書學), 산학(算學)이 있었고 입학자격도 다르게 규정하였다.

② 향교

향교는 지방에 설립된 관학으로 중등교육을 담당했던 교육기관이다. 주로 유학을 널리 전파하고 지방 사람들을 도덕적으로 교화하고 풍속을 바로 잡는 데 크게 기여했다. 향교의 정확한 설립 연대는 알 수 없으나 성종 6년(987년) 이후 향교가 지방의 관립학교로 운영되었을 것으로 추정된다. 향교는 유교의 교육뿐만 아니라 제사의 기능도 함께 지니고 있는 사당이었다. 따라서 향교에는 공자 등의 선현을 모시고 제사를 지내는 문묘와 함께 교육을 위한 명륜당이 있었다. 이렇게 볼 때 향교는 유교의 사당인 동시에 중요한 교육기관이었음을 알 수 있다. 향교의 교육내용은 제술(작문)과 명경(효경, 논어 9경) 등이었으며, 의학 · 율학 · 서학 · 산학 등의 교과도 개설되었던 것으로 전해진다.

③ 동서학당과 오부학당

학당은 고려 말에 등장한 중앙 교육기관이며 원종 2년(1261년) 개경에 설립한 관립학교로 국자감에서 교육을 받지 못한 개경의 학도들을 위한 교육기관이었다. 즉, 개경에 설립한 향교와 비슷한 수준의 유학 교육기관이었다. 고려 말 공양왕 2년(1390년)에 정몽주의 건의로 개경의 중앙과 동 · 서 · 남 · 북에 설립하기로 하였으나 북부학당은 끝내 설치되지 못하였고 사부학당만 설치되어 운영되었다.

(2) 사학

11세기경 고려의 조정이 계속되는 내란과 외적의 침입으로 관학의 진흥에 그다지 힘을 쏟지 못하고 있을 때 관직에서 은퇴한 학자와 지방에서 은거하던 선비들이 사설 교육기관을 걸립하여 후학을 양성하는 데 힘썼다. 그 대표적인 것이 최충의 문헌공도(文憲公徒)를 포함한 12도(十二徒)와 서당(書堂)이다.

① 12도

12도는 고려시대의 사학(私學) 교육기관 12개교를 총칭하는 것이다. 문종 때의 대학자였던 최충이 72세(1055년)에 관직에서 은퇴한 후 재산을 털어 설립한 사학에 많은 학생이 모여들었는데 이들을 가리켜 문헌공도(文憲公徒)라고 하였다. 문헌공도의 교육성과가 널리 알려지자 지방의 선비들이 앞다투어 유사한 사학을 설립하였다. 당시 국자감과 향교는 그 교육성과가 부진하였고, 학당은 아직 출현하기 전이었으므로 과거를 보려는 학동들은 관할보다는 오히려 12도를 선호하였다. 12도의 교육목적은 주로 인격 완성과 과거준비에 있었고, 교육내용은 구경(九經), 삼사(三史), 제술(製述)로 구성되었다. 교육방법으로는 하과(夏課), 각촉부시(刻燭賦詩), 신급재자의 교관 등용 등을 통해 학습의 효과를 증대시키는 것이었다. 이는 12도의 수업방법 중 독특한 것으로 하과는 여름철에 사찰에서 학습하는 습속이며, 각촉부시는 양초에 일정한 표시를 하여 그 선이 타들어 갈 때까지 부과된 시를 짓도록 하는 방법이다. 12도는 고려 말 국학이 성행하면서 쇠퇴하기 시작했고 결국 공양왕 3년(1391년)에 폐지되었지만 고려시대 교육에 관학과 더불어 교육사적으로 중요한 역할을 했다.

② 서당

서당은 고려시대 서민 자제들을 교육한 초등교육기관이다. 고려시대 서당에 관한 명확한 기록은 없지만, 중국 송나라 서긍의 『고려도경』에 서당이 마을마다 있었다는 기록으로 미루어 보아 서당이 매우 많았음을 알 수 있다. 서당은 지방의 일반 서민계급의 자제들을 소용하여 교육했던 사설 교육기관으로 서민의 기초교육 보급에 끼친 영향이 매우 컸다. 서당이 가장 왕성하게 발전했던 시기는 조선시대였지만 대부분 고려시대의 서당제도를 본받은 것이었다.

3) 조선시대의 교육

조선(朝鮮)은 태조 이성계가 정권을 장악하여 세운 근세왕조(1392~1910년)이다. 조선왕조가 내세운 이념은 11~12세기 중국에서 발달한 유학으로 남송의 주자(朱子)가 집대성한 성리학(性理學)이다. 조선은 건국 초기부터 성리학을 정치이념으로 삼고 불교를 억압하는 숭유억불 정책을 채택하였다. 따라서 교육에서도 자신의 몸과 마음을 닦고 다른 사람을 다스린다는 유교의 수기치인(修己治人)을 목적으로 삼았다. 수기란 자신의 몸과 마음을 닦는 것이요, 치인은 다른 사람을 다스리는 것을 말한다. 이렇게 수기치인을 한 사람을 '군자(君子)' 혹은 '선비'라고 한다. 그러나 지나치게 성리학을 숭상한 나머지 성리학 이외의 학문은 잡학으로 여겨 실제 생활과 관련된 과학 기술이나 생산 기술의 발달을 저해하는 결과를 가져오게 되었다.

갑오경장에 이르기까지 조선의 교육제도는 성균관, 사학, 향교, 서원, 서당으로 구성되어 있었다. 조선시대의 교육은 관학이나 사학을 막론하고 유교경전을 배우고 익히는 교육으로 이루어졌으며, 모든 교육 제도와 내용이 과거시험 중심의 교육으로 이루어지는 폐단을 낳기도 하였다.

(1) 관학

조선시대의 교육기관과 학제는 고려의 것을 계승하여 더욱 발전시켰다. 정부에서 주도하는 관학으로는 성균관, 사학(四學), 향교 등이 있었다. 이 중 성균관은 최고학부로서 고등교육을 담당하였고, 서울의 사학과 지방의 향교, 서원은 중등교육을, 고을마다 설치된 서당은 초등교육을 담당하였다.

① 성균관

조선 최고의 국립 교육기관인 성균관(成均館)은 태조 7년(1398년)에 지금의 성균관대학교 자리에 건립되었다. 성균관이라는 명칭은 고구려, 신라 때는 태학 혹은 국학, 고려 때는 국자감, 성균감으로 부르다가 성균관으로 개칭하였는데 이를 조선왕조가 그대로 계승한 것이다. 성균관에는 유학을 강의하는 명륜당, 공자를 비롯한 선현들의 위패를 모시고 제사를 지내는 문묘, 유생이 거처하는 기숙사 등을 두었다. 성균관의 입학자격은 양반에 한하여 주어졌고, 양반 자제라 하더라도 원칙적으로 생원, 진사 시험에 합격한 자라야 했지만 일부는 사학(四學)에서 우수한 학생들이 진학하는 경우도 있었다.

교육과정은 크게 강독(講讀), 제술(製述), 서법(書法)의 과정으로 나뉘어 있었는데, 교육내용은 4서(『논어』, 『맹자』, 『중용』, 『대학』), 5경(『시전』, 『서전』, 『주역』, 『예기』, 『춘추』)를 비롯한 유교의 여러 경전이었으며, 성균관의 재원은 비교적 충분하였으므로 태조 때부터 양현고를 두어 학생들의 식료공급을 지원하였다. 성균관의 학칙은 『학령』, 『권학사목』, 『구제학규』, 『진학절목』, 『학교사목』, 『학교모범』 등에 상세히 기술되어 있다. 성균관은 조선 최고의 고등교육기관이었으나 일제 강점기에는 과거제도의 폐지와 함께 성균관의 권위가 추락하여 경학원(經學院)이라고 불렸다. 그 후 민족의 교육열이 고조되자 일제는 부득이 명륜당과 부속건물에 명륜전문학교를 세웠다. 해방 후 성균관은 성균관대학교로 발전하였다.

② 사학

사학(四學)은 고려 말의 오부학당을 계승한 국립 교육기관으로서 사부학당의 준말로 동부 · 서부 · 남부 · 북부 · 중부 학당의 오부학당으로 시작되었지만, 북부 학당이 폐쇄되고 사부학당으로 정착되었다. 사학은 성균관의 부속학교와 같은 성격을 지닌 학교로서 향교와 비슷한 수준의 중등교육기관이라고 할 수 있다. 학제와 교육방침은 비슷했지만 사학은 선현의 위패를 모신 문묘가 없었다. 교육방침과 교육내용은 성균관과 비슷했고 기숙사를 두고 있었으며 학비는 국가에서 제공하였다.

사학의 입학자격은 10세 이상의 양반 자제였으며, 학업을 마친 후에는 능력에 따라 생원이나 진사 시험에 응시할 수 있는 자격이 주어지거나 능력이 뛰어난 경우는 성균관으로 진학하여 공부할 기회도 있었다. 사학은 임진왜란 때 화재로 소실된 후 다시 복원하였지만, 학생 수도 적고 교육활동도 활발하지 못하였다. 그러다가 구한말에 선교사들이 '학당'이라는 이름으로 많은 수의 학교를 개원하였다. 1885년에는 아펜젤러(Henry Gerhard Appenzeller)가 배재학당을 설립하였고, 1886년에는 최초의 근대식 여학교인 이화학당을 설립하였다.

③ 향교

향교는 국가에서 지방의 각 행정단위인 주(州), 부(府), 목(牧), 군(郡), 현(縣)에 양반 자제들을 위하여 성균관을 축소하여 설립한 국립 교육기관으로 중등교육을 담당하는 국방부 직할부대 및 기관이라 할 수 있다. 향교는 고려시대의 향교를 계승한 교육기관이지만 규모나 운영 면에서 훨씬 체계적이었다. 향교의 설립목적은 성현에 대해 제사를 올리는 문묘의 기능과 지방의 유생에게 유학을 가르치는 명륜당, 기숙사의 기능을 가지고 있었으며, 이 외에도 지방의 백성을 가르치고 계몽하는 평생교육의 기능도 가지고 있었다. 향교는 조선 중기까지 교육적 기능이 활발했으나 조선 중기 이후 서원이 세워지면서 교육기관의 기능은 점차 쇠퇴하고 제사를 지내는 문묘의 기능만 남게 되었다.

(2) 사학

사학은 사립 교육기관으로, 조선시대의 대표적인 사학으로는 서원과 서당이 있다. 사학은 고려시대의 12도가 쇠퇴한 이후 새로운 형태의 사학인 서원이 등장하여 번성하였으며, 고려시대부터 있었던 초등교육기관인 서당은 조선시대에 더욱 발전하였다.

① 서원

서원은 조선시대 성리학의 연구와 교육을 목적으로 지방에 세워진 중등교육기관이라 할 수 있다. 서원의 기원은 중종 38년(1543년) 풍기군수 주세붕이 고려시대의 유학자인 안향의 고향에 사당을 세워 백운동서원이라 불러 안향의 학덕을 기리는 한편, 우수한 학동들을 모아 학문을 가르치기 시작한 것에서 비롯되었다. 이후 서원은 쇠퇴해 가는 향교를 대신하여 국가의 재정지원을 받으면서 급증하기 시작하였다.

서원의 설립목적은 학덕이 높은 선현들의 제사를 지내고, 그 학문적 전통에 따라 학문을 갈고닦는 것이었지만 과거를 준비하는 교육도 이루어졌다. 교과내용은 유학의 교육이 중심이었고, 교과 『소학(小學)』과 가례(家禮)를 입문으로 삼고 사서오경을 기본으로 하였다. 하지만 서원의 수가 폭발적으로 증가함에 따라 질적 저하와 함께 그 본래의 기능을 상실하게 되었다.

② 서당

조선시대의 서당은 글방, 서방, 책방이라고도 불렸으며, 고려시대의 서당을 계승한 사설 교육기관으로서 주로 서민 자제들의 교육을 담당한 초등교육기관으로 기초 교육을 담당했다. 고구려의 경당이 사설 교육기관으로 일반 서민 자제들에게 기초 교육을 담당했던 맥락에서 경당을 서당의 기원으로 볼 수 있다.

서당의 설립목적은 사학과 향교에 진학할 수 있는 능력을 길러 주는 데 있었으며, 중등교육기관에 입학할 수 있도록 지방의 아동과 청소년에게 독해력을 증진하고, 유교에 대한 기초지식을 전하는 것이었다. 서당은 설립 주체에 따라 그 성격도 달랐으며, 서당의 교육내용은 『천자문(千字文)』부터 『당율(唐律)』에 이르기까지 다양했다. 조선시대의 서당 교육방법은 상당히 체계적이고 과학적이었다. 우선 학습자의 능력과 개인차를 고려한 교수방법이 이루어졌으며, 훈장 중심의 인간교육이 잘 이루어진 교육형태라고 할 수 있다.

2. 서양교육사

1) 고대의 교육

고대교육이라 함은 흔히 고대 그리스와 로마의 교육을 지칭한다. 그중에서도 고대 그리스를 서양교육의 출발점으로 인식하고 있다. 그 이유는 고대 그리스가 현대 서양 문명의 두 축을 이루는 헬레니즘과 헤브라이즘 중 헬레니즘 문명의 발상지이며, 고대 그리스의 교육사상과 교육실제는 현대 유럽 모든 나라의 교육을 형성하는 데 막대한 영향을 끼쳤기 때문이다(신차균, 안경식, 유재봉, 2006). 사실 로마를 고대교육으로 집어넣는 이유도 결국 로마가 무력으로 그리스를 정복했지만 교육적으로는 그리스의 교육을 넘지 못하고 흡수되었기 때문일 것이다. 고대 그리스 문화는 현세적이고 인간중심적이라는 특징을 가진다.

특히 당시의 그리스는 통합된 하나의 국가가 아닌 100여 개가 넘는 도시 국가들로 구성되어 있었다. 이 도시국가들 중 교육적으로 가장 대립하는 국가가 바로 스파르타와 아테네였다.

(1) 스파르타의 교육

스파르타는 북방에서 이주해 온 도리아(Doria)족이 세운 도시국가로, 강인한 군인을 양성하는 것이 국가의 목표가 될 만큼 철저한 군국주의적 교육을 하였고, 교육에 대한 국가 통제가 강하였다. 고대는 귀족, 평민, 노예로 태어나긴 하지만 그 신분이 안정적인 것이 아니었다. 전쟁에 패망하면 귀족이나 평민으로 태어났더라도 상대국의 노예가 되는 것이 기정사실이었다. 그러하기 때문에 전쟁에서 패망하지 않으려면 무엇보다 전쟁에 이길 수 있는 강한 힘이 필요하였다. 이러한 분위기를 잘 대변해 주는 나라가 스파르타이다.

스파르타는 국가 최고의 목적이 생존이라고 할 수 있을 만큼 강한 힘을 요구하였기 때문에 이에 필요한 극기와 인내, 엄한 규율을 통해 강한 스파르타인을 양성해야 했다. 이를 위해서 필요한 신체적 훈련으로 말타기, 활쏘기, 창던지기, 씨름 등을 통하여 강하고 민첩한 신체를 단련시켰다.

스파르타의 교육목적은 리쿠르구스(Lycurgus)법을 바탕으로 국가의 생존목적을 수행하기 위하여 강한 힘과 극기, 인내력, 복종심을 기르면서 국가에 대한 충성심을 함양하는 것이었다. 그러기 위해서는 태어날 때부터 튼튼한 아이만 키워졌고, 병약한 아이나 신체불구아는 산속에 버려져 죽게 되거나, 아니면 인정 많은 사람이 데려다 키우도록 내버려 두었다.

스파르타의 교육단계는 가정교육기와 국가교육기로 나눌 수 있다. 가정교육기는 출생부터 7세까지로 가정에서 부모가 양육하였고, 국가교육기는 8~20세의 기간으로 부모와 떨어져 엄격한 육체적 훈련과 애국심 교육을 받았다. 8~18세의 청소년은 국가가 운영하는 병영에서 엄격한 신체적 훈련을 받았다. 18~20세의 2년간은 전문적인 군사훈련을 받았고, 이후 10년간 군복무를 하였으며, 30세가 되면 시민권을 얻어 결혼도 하고 자유생활을 누릴 수 있었다.

이처럼 스파르타에서는 한 개인의 출생과 양육, 결혼까지도 국가의 간섭과 통제 속에 이루어졌으며, 훌륭한 시민이란 강인한 신체를 가진 군인이었다. 따라서 그들의 교육방법은 학습자 개인의 수준을 고려하기보다는 일종의 훈련이었다. 교육이 가지는 내재적인 가치는 철저하게 무시되었다는 점에서 후세 교육에 기여한 점은 없다고 볼 수 있다.

(2) 아테네의 교육

아테네는 이오니아(Ionia)족으로 구성된 민족으로 스파르타와는 달리 자유스러운 교양인을 양성하는 것이 목적이었다. 스파르타에서 강한 무사를 길러내는 것이 목적이었다면, 아테네는 심신의 건강과 영혼의 아름다움을 추구하는 지혜를 지닌 사람을 육성하는 것을 소중하게 여겼다. 그래서 아테네의 교육목적은 훌륭한 교양인을 길러 내는 것이며, 아울러 지혜 있는 인간을 길러 내기 위한 교육을 중요한 목적으로 삼았다.

아테네에서는 자유인이 되기 위한 시민의 자격조건을 갖추기 위하여 가장 필요한 것이 개인의 교양이라고 믿었다. 이러한 점에서 볼 때 아테네의 교육은 한 인간의 개성을 조화롭게 발달시키는 것에 있었다고 볼 수 있다. 아테네에서 훌륭한 시민이란 조화로운 인간발달을 의미하는데, 여기서 말하는 조화로운 인간발달이란 절제력과 용감성, 관대함 같은 덕목과 자아통제력을 개발하는 것을 목적으로 하고 있다.

아테네에서는 출생부터 7세까지 가정에서 어머니를 통해 신화나 일화를 들으면서 성장했고, 8~16세는 음악학교와 체육학교의 두 종류 학교에서 교육을 받았는데, 읽기, 쓰기, 셈하기, 시와 음악 등은 음악학교에서 배우고 체조와 운동경기에 필요한 훈련은 체육학교에서 받았다. 그리고 16~18세는 지식교육과 신체훈련을 동시에 받았는데, 지식교육은 소피스트들과 접촉함으로써, 신체훈련은 공립경기장에서 운동경기와 군사훈련을 받음으로써 이루어졌다. 2년간 군 복무 후 20세가 되면 완전한 시민으로서의 특권을 얻어 자유로운 시민으로 정치 활동에도 참여할 수 있었다. 이러한 아테네의 자유스러운 분위기에서 소크라테스(Socrates), 플라톤(Platon), 아리스토텔레스(Aristoteles) 같은 철학자들이 탄생한 것이다.

〈표 3-1〉 아테네 교육과 스파르타 교육의 비교

	아테네	스파르타
교육기초	솔론(Solon) 헌법	리쿠르구스(Lycurgus) 법전
교육목적	• 초기: 미와 선의 조화로운 융합인 양성 • 후기: 개인발전을 위한 지식과 기능의 습득	• 애국정신이 투철한 군인 양성 • 이상적인 군인이 되기 위해 필요한 신체적 완성과 복종의 생활화
교육내용	3Rs, 시, 체육, 음악	체육, 군대훈련, 3Rs
교육방법	개성중심의 진보적(자유주의적)	국가중심적 · 통제적인 군사교육
교육단계	• 0~6세: 가정교육 • 7~15세: 교복(教僕)을 통한 교육 • 16~18세: 소피스트를 통한 교육, 차원 높은 신체단련 • 18~20세: 군복무 후 시민권 획득	• 0~6세: 가정교육기 • 7~17세: 국가교육기 • 18~20세: 군사훈련 • 20~30세: 군복무 후 시민권 획득
특징	• 개인의 자유의지를 바탕으로 한 자유주의, 인문주의 교육을 강조 • 진보주의적, 교양주의적 교육	• 군국주의, 국가주의, 보수적 · 상무적 통제교육 • 여성교육 중시
교육사적 의의	개성존중의 인문주의 · 자유주의 교육에 영향	전체주의 · 국가주의 · 군국주의 교육에 영향

(3) 소피스트의 교육

소피스트(sophist)는 원래 지자(知者) 또는 현인(賢人)을 가리키는 말로 어느 방면에 탁월한 사람에게 부여된 존칭이었지만, 페르시아전쟁(B.C. 500~B.C. 497) 직후 아테네가 융성기를 맞이하면서 등장한 아테네의 전문적인 지식인 집단을 의미하게 되었다.

페르시아전쟁에서 대승을 거둔 아테네인들의 사고방식은 공동체 중심적이기보다 개인주의적 · 이기주의적이었다. 이런 사회적 상황에서 젊은이들은 입신양명을 위해 아테네로 몰려들었다. 그 당시 출세의 척도는 남을 설득하기 위한 능수능란한 웅변이었다. 이러한 배경 속에서 등장한 이들이 바로 소피스트이다. 그들의 근본사상은 프로타고라스가 "인간은 만물의 척도이다. 존재하는 사물에 대하여는 그것이 존재한다는 것의 척도이며, 존재하지 않는 사물에 대하여는 그것이 존재하지 않는다는 것의 척도이다."라고 단정하는 것과 같은 인식론상의 회의론에 두었다. 소피스트가 주로 가르쳤던 필수과목은 토론, 웅변, 수사학이었다. 소피스트에게 교육이란 보편적 진리를 탐구하는 과정이 아니라 단지 사회적·정치적으로 출세하기 위한 세속적인 지식과 기술을 전달하는 수단일 뿐이었다. 이 같은 소피스트의 교육관은 지식을 세속화·전문화했다는 점에서 높이 평가할 수 있지만 협소한 개인주의, 조야한 감각주의, 극단적 상대주의가 건전한 사회생활과 도덕생활을 거부하고 파괴하는 결과를 가져왔다.

2) 로마의 교육

[그림 3-1] 로마 왕정시대

출처: http://tuttitalia.tistory.com/m/post/95

로마는 처음 이탈리아반도의 티베리스 언덕 위에 세워진 조그만 도시국가였으나 점차 힘이 강해지면서 이탈리아반도를 통일하고 대제국을 건설한 나라이다. 처음에는 왕정을 행했던 도시국가였으나 공화정을 거쳐 제정시대로 발전하였다. 로마인은 그리스인과는 달리 모방능력이 뛰어나고 실제적이며 공리적인 성향이 강하였다. 그리스인이 다분히 사변적이고 철학적이며 예술적인 성향이 강하였다면, 로마인은 현실적·실제적·세속적인 성향이 강하여 사색이나 철학보다는 실제 생활에 필요한 지식과 기술을 익히는 것을 중시하였다. 그래서 로마인들은 군대의 조직과 운영, 건축이나 토목공사, 법의 제정과 시행에 뛰어난 능력을 발휘하였다.

로마 사회는 일찍부터 법률사상과 법이 발달하였다. 12동판법과 시민법, 만민법의 발달이 그 증거이다. 키케로는 자연법과 만민법, 시민법을 토대로 법체계를 완성한 철학자이자 법학자다. 로마의 교육내용은 3Rs(읽기·쓰기·셈하기)과

12동판법, 체육 등이었으며 특히 체육이 강조되었는데, 용감한 전사를 길러 내기 위해 신체단련이 필요하였기 때문이다. 교육방법도 마찬가지로 군사훈련이 주류를 이루었고, 법률의 암송이 전부였다.

[그림 3-2] 로마 공화정시대

출처: https://commons.wikimedia.org/wiki/File:Maccari-Cicero.jpg

공화정시대의 교육은 가정과 병영에서 실제적인 직업훈련과 군사훈련을 통하여 유능한 시민과 용감한 전사를 길러 내는 것이 주된 목적이었고, 제정시대에는 웅변술에 능한 사람을 길러 내는 것이 목적이었다. 그 당시에는 출세하기 위해서는 유창한 웅변과 연설이 필요하였는데, 단순히 목소리만 큰 것이 아니라 투철한 애국심과 공리에 밝은 웅변가가 중요하였다. 로마의 교육사상가로는 키케로, 세네카, 퀸틸리아누스 등을 들 수 있다. 이 시기에 세워진 교육기관으로는 문자학교, 문법학교, 수사학교를 들 수 있다. 문자학교는 초보적인 읽기, 쓰기, 셈하기 등 초등교육 수준의 기초교육을 담당하였고, 문법학교는 언어나 문자 연구를 위한 교육기관으로 중등교육을 담당하였으며, 수사학교는 유능한 웅변가와 전문적인 지식인을 양성하기 위한 학교로 고등교육을 담당하였다.

[그림 3-3] 로마 제정시대

출처: https://ko.wikipedia.org/wiki/로마_제국

〈표 3-2〉 왕정 · 공화정 · 제정시대의 비교

	왕정시대	공화정시대	제정시대
개요	• 학교교육은 없었음 • 가정과 사회가 유일한 교육장소 • 주지적 교육활동보다 경험을 통한 실제 학습을 중시	• 실제적 · 실리적 · 도덕적 · 애국적 성격을 띰. 즉, 이 시대는 아직 그리스 문화를 수입하기 이전으로 로마 고유의 성격이 두드러짐	• 학교교육이 본격적으로 진행
교육 기관	가정 · 사회	가정	루두스(Ludus) 문법학교 수사학교, 법률학교
교육 목적	도덕적 · 시민적 생활 함양	용감하고 순종하는 군인	지적 · 도덕적인 유능한 웅변가의 양성과 실용적 인간의 육성
교육 과정	생활을 통한 경험과 모방교육	읽기, 쓰기, 셈하기, 12동판법, 체육(군사훈련)	7자유학과, 웅변술, 수사학, 라틴어, 그리스 문법

3) 중세의 교육

중세는 서로마제국이 고트(Goth)족에게 멸망(A.D. 476)한 후 동로마제국마저 오스만투르크족에게 멸망한 15세기까지 약 1,000년간을 말하는데, 종교적으로는 기독교, 경제적으로는 봉건제도, 사상적으로는 스콜라철학이 이 시기를 지배하였다. 중세 전기의 교육은 기독교 사상의 영향으로 종교적인 성격이 강하였다. 금욕생활과 내세주의가 강하였으며, 인간을 선한 존재가 아닌 악한 존재로 보았다. 또한, 학문도 교부철학과 스콜라철학의 발달로 수도원 교육이 성행했다. 교부철학은 기독교 신학이 형성된 시대에 교회를 육성한 아버지 역할을 한 소위 '교부'들이 논의한 철학을 말하는데 2세기부터 7세기에 걸쳐 수립된 철학이다. 스콜라철학은 교회의 교리를 합리화하기 위한 운동으로 시작한 철학으로, 성서의 내용을 학문화하고 교리를 이성적인 견해에서 체계화할 필요를 느껴 본산학교와 수도원학교에서 학문연구가 이루어졌다.

교구학교, 초신자학교, 문답학교, 고급문답학교, 본산학교, 수도원학교 등의 기독교 학교가 세워졌고, 이 학교의 특징은 신앙활동과 교육활동이 병행되었다는 점이다.

교구학교는 가난한 아이들을 위한 학교로 초등교육을 담당하였고, 초신자학교는 세례받지 못한 사람들을 위하여 기독교의 기본 교리를 전수하기 위해 세운 학교이며, 문답학교는 초신자와 교구학교의 교사를 양성하기 위한 학교로 신학 이외에도 철학, 수사학, 천문학과 문학, 그리스어와 로마서적 등을 연구하였다. 고급문답학교는 문답학교가 널리 보급되면서 교사를 대량으로 양성할 필요를 느껴 교사 양성기관으로 설립한 학교이다. 본산학교는 교회 성직자를 위한 중세의 전문적인 학문 연구기관이자 스콜라철학자들의 연구 본산지였다.

수도원학교의 교육목적은 금욕생활을 통한 내세의 준비였기 때문에 육체적인 쾌락과 현실에서의 욕구와 욕망을 멀리할 수 있어야 하고 가정적인 문제나 정치적인 문제에서도 초연할 수 있어야 한다고 가르쳤다. 수도원학교에서의 교육내용은 주로 7자유과였는데, 7자유과는 문법, 수사학, 천문학, 음악의 4과로 이루어져 있다.

이 외에도 중세 후기의 교육은 기사도 교육과 시민교육의 발달, 대학의 발달을 들 수 있다. 중세 후기에 중앙집권적이고 종교적인 성격이 쇠퇴하고 세속적인 성격이 강하게 나타나면서, 중앙집권적 통치체제가 붕괴하고 봉건적인 통치체제가 출현하였다. 이에 봉건영주들은 자신의 신변과 토지를 지키려는 방법으로 전문적인 기사를 양성하게 되었다. 이때 필요한 것이 기사도 교육이며, 기사도는 기독교적인 무사를 의미한다. 야만적인 무사들에게 기독교정신을 습득시키고 교회의 영주와 부녀자, 약자들을 보호하도록 가르치는 것이 기사도 교육의 목적이었다.

다음으로 시민교육의 발달을 들 수 있다. 시민교육의 경우, 십자군전쟁 이후 상업과 무역이 발달하면서 자유로운 도시가 생겨나고, 봉건제와 장원제의 붕괴로 그들의 속박에서 벗어난 농노들이 상공업을 통해 부를 축적하였고 그들이 귀족계급과 승려들에 맞설 수 있는 신흥 상공계급으로 부상하면서 경제적인 이득을 추구하려는 방편으로 도제제도를 도입하였다. 도제제도는 오늘날 개인교습이나 사사제도라고 할 수 있는데, 도제제도에서는 엄격한 과정과 절차를 거친 도제, 장인, 마스터를 두고 있었다.

중세 중 · 후반기에 본산학교나 수도원학교에만 고등교육을 맡길 수가 없어서 출현한 것이 대학이다. 11세기경 학생들과 교수들이 모여 하나의 길드(조합)를 조직함으로써 시작된 것이 종합대학교(university)로 발전하였고, 교수와 학생의 합숙소가 오늘날의 단과대학(college)이 되었다. 중세 최초의 대학인 이탈리아의 볼로냐 대학은 12세기에 세워졌고 살레르노 대학, 프랑스의 파리 대학, 영국의 옥스퍼드 대학과 케임브리지 대학, 독일의 빈 대학과 하이델베르크 대학은 12~14세기에 세워졌다. 중세의 대학에서는 주로 라틴어로 강의가 이루어졌으며, 7자유과에 속하는 수학, 기하학, 천문학, 수사학, 논리학 등이 교과내용이었다.

4) 근세의 교육

근세는 16~19세기를 말하며, 중세와는 달리 신 중심에서 인간중심으로, 내세주의에서 현세주의로, 인간의 욕망과 욕구를 끊임없이 참고 견디는 금욕주의가 아니라 적절하게 노출하고 충족해 나가야 한다고 생각하는 자연주의로, 외부적 권위가 아니라 개인주의로 강조점이 달라졌다.

근세에서는 인간을 악한 존재가 아닌 선한 존재로 보고 이러한 본성을 그대로 드러내는 것이 아름답다고 보았다. 또한, 인간이 본래 가진 본성을 억압하기보다는 적절하게 노출하고 충족하는 것이 마땅하다고 생각하였다. 그렇기 때문에 교육의 목적도 인간성을 존중하고 선천적으로 타고난 성장 가능성을 최대한 발휘시키는 것을 무엇보다 중요하게 생각하였다.

근세는 한마디로 인간성 회복운동기라고 할 수 있다. 인간 본연의 모습을 회복하자는 운동이 문예부흥 운동이라 할 수 있고, 이러한 인간성 회복운동이 문학과 예술과 교육에 영향을 끼쳐 낭만주의 예술과 인문주의 교육을 낳았다. 낭만주의 예술은 인간의 자연스러운 노출을 소재로 하고 있고, 인문주의 교육은 인간의 지성을 높이고 고매한 인격을 함양하는 데 노력을 기울였다. 이를 위해서는 그리스어의 고전과 라틴어를 공부해야 한다고 생각했다.

(1) 르네상스와 인문주의 교육

르네상스(Renaissance)는 고대 그리스와 로마의 고전문학, 예술, 사상으로의 회귀를 의미하는 문예부흥 운동이다. 르네상스라는 말이 부활, 부흥이라는 의미가 있는 만큼 그리스와 로마의 화려했던 인간중심, 인간성 발견운동으로 돌아가자는 운동인 것이다. 중세 기독교 문화는 자아의 욕구를 억압하고 자유로운 활동을 허락하지 않았고, 인간을 악하게 보았기 때문에 행복과 희망을 내세에서만 추구하고 현세에서는 끊임없이 참고 견디는 인고의 생활을 강요했지만, 근세는 생명의 가치를 인정함과 동시에 명랑하고 활발한 인간적인 생활 속에서 참다운 행복이 있음을 믿도록 한 것이다.

르네상스 운동의 근본사상은 인문주의(humanism)를 출현시켰고, 신 중심에서 인간 중심으로, 내세주의에서 현세주의로, 금욕주의에서 자연주의로 변화시켜서 이러한 세계관, 인간관이 교육에도 영향을 끼쳐 인문주의 교육을 낳게 한 것이다. 대표적인 인문주의 교육자는 비토리노(Vittorino da Feltre), 에라스뮈스(Desiderius Erasmus), 라블레(Francois Rabelais) 등이다.

(2) 종교개혁과 교육

종교개혁은 16세기 독일을 중심으로 일어난 운동으로, 서민을 중심으로 기존 교회의 부패와 타락성에 반발하여 일어난 운동이며 루터(M. Luther)가 발단이 되었다. 그는 인간은 형식이 아닌 믿음을 통해서만 구원이 가능하다고 생각했다. 즉, 미사에 형식적으로 참여하거나 교회에 기부하는 것으로 구원을 받을 수 있는 것이 아니며, 참다운 신앙은 개인의 내면과 양심의 문제이고, 모든 사람이 성서를 최고의 권위로 생각하여 각자 스스로 읽고 해석하는 성서주의를 주창하였다. 이는 대중에 대한 교육을 확대해 나가는 계기가 되었다.

루터는 가톨릭의 세속화와 타락을 반대하고 신앙을 통한 구원을 주장하여 종교개혁의 선봉장이 되었는데, 그는 종교개혁가일 뿐만 아니라 위대한 교육자이기도 하다. 그의 교육사상을 간단하게 소개하면 보통교육의 의무화, 공교육의 실시, 학교교육의 중시, 세속적 교육 강조, 아동중심 교육의 강조, 교직의 중요성과 고귀성 강조 등이다. 특히 루터는 성서를 가장 중요한 교과로 생각하고 누구나 성서를 읽을 수 있는 기초교육으로서의 의무교육을 강조한 최초의 선각자이기도 하다.

(3) 실학주의 교육

실학주의는 인문주의에 대립하는 개념으로 관념보다는 사물을, 언어나 서적을 통한 교육보다는 실물자료를 활용한 교육을, 즉 실생활에 필요한 교육과 공리주의의 원리에 따른 교육을 중요시하고 실천하는 교육을 말한다.

실학주의는 크게 인문적 실학주의, 사회적 실학주의, 감각적 실학주의로 구분하여 살펴볼 수 있다.

① 인문적 실학주의

인문적 실학주의는 그리스 · 로마의 고전을 통해 실생활에 유용한 인간을 양성하는 데 목적이 있다고 할 수 있으며, 고전의 형식보다는 내용을 중시했고, 현실생활의 중요성을 강조하였다. 대표적인 인문적 실학주의자로는 프랑스의 라블레와 영국의 밀턴(John Milton) 등을 들 수 있다.

② 사회적 실학주의

사회적 실학주의는 고전 같은 서적을 통한 교육보다는 실제 사회의 직접적인 접촉을 통하여 신사를 양성하는 데 목적을 두고 있었다. 이를 위해 지식교육보다는 풍부한 사회경험을 쌓도록 주안점을 두었는데, 지력, 덕성, 체육을 포함한 전인적인 교육을 강조하였고 단순한 암기에 따른 기억보다는 이해와 판단을 강조하였으며 강제나 체벌을 반대하였다. 대표적인 인물로는 프랑스의 몽테뉴(Michel De Montaigne)와 영국의 로크(John Locke) 등을 들 수 있다.

③ 감각적 실학주의

감각적 실학주의는 경험과 관찰을 통한 직접적인 교육을 강조해서 과학적 실학주의라고도 부른다. 감각적 실학주의는 언어나 서적을 통해서 학습하기보다는 실물이나 표본 같은 감각적 대상을 직접 관찰하는 것이 아동의 흥미를 유발하고 이해를 증진할 수 있다는 관점이며 직관에 따른 교육원리의 모체를 이루고 있다. 대표적인 학자로는 코메니우스를 들 수 있는데, 그는 세계 최초로 그림이 든 교과서이며 시청각 교육의 원조격인 『세계도회(*Orbis Sensualium Pictus*)』(1657)와 교육에 관한 논술로는 최초의 교육학서라 할 수 있는 『대교수학(*Didactica Magna*)』(1658)을 저술하여 근대교육의 발전에 기여하였다.

(4) 계몽주의 교육

계몽주의는 18세기에 나타난 사회양상으로, 칸트(Immanuel Kant)에 따르면 계몽이란 미성숙의 상태에서 벗어나는 것으로 진리의 표준을 이성에 두었고 인간은 이성에 따라서만 행복한 삶을 유지해 나갈 수 있다고 믿었다. 그러므로 계몽주의는 이성을 억압하는 종교, 정치, 사회 등의 모든 권력구조를 제거하여 스스로 생각하게 하고, 모든 문제와 사물을 이성의 힘으로 따질 수 있게 하는 데 목적을 두었다.

Immanuel Kant
(1724~1804)

계몽주의 교육은 합리적인 것을 추구하고 지적 도야를 통한 이성의 계발에 주안점을 두었기 때문에 교육내용도 과학이나 철학을 중요하게 여겼다. 이 시대의 교육사상으로는 자연주의와 합리주의, 범애주의 등을 들 수 있으며, 대표적인 사상가로는 루소(Jean-Jacques Rousseau)와 바제도(Johann Bernhard Basedow) 등을 들 수 있다.

(5) 신인문주의 교육

신인문주의는 계몽사상의 합리주의적이고 공리주의적인 것에 반기를 들고, 정의와 인간성의 원만한 발달, 역사와 민족을 소중히 여기고 고대 그리스의 고전 속에 담겨 있는 정신과 사상을 본받자는 사상이다. 이러한 인도적인 사상이 문예적 · 철학적인 면에서는 낭만주의로, 교육에서는 신인문주의로 사상적 체계가 성립된 것이다.

신인문주의는 그리스나 로마의 고전을 형식적 · 기계적으로 모방하는 것이 아니라 고전 속에 포함된 사상을 본받으려는 것을 목적으로 하였다. 대표적인 학자로는 페스탈로치(Johann Heinrich Pestalozzi), 헤르바르트(Johann Friedrich Herbart), 프뢰벨(Friedrich Wilhelm August Froebel) 등을 들 수 있다.

페스탈로치는 고아의 아버지이며 서민학교의 창설자로서 인류의 교육자로 불린다. 그는 교육의 목적을 3H(Head, Heart, Hand)의 조화로 보았다. 헤르바르트는 교육학을 과학적 · 학문적으로 체계화한 인물이다. 프뢰벨은 유치원 교육의 창시자이며 유아교육의 아버지로, 조직적인 놀이를 위한 은물을 창안하여 현대 유치원교육의 교구발달에 선구적인 역할을 하였다.

5) 현대의 교육

20세기 이후를 현대라고 부르는데, 현대의 교육은 고대, 중세, 근세의 교육과는 확연하게 다른 특징을 가지고 있다. 우선 아동을 보는 관점과 교육의 방식 등 여러 가지 면에서 가히 혁명적이라고 표현할 수 있을 만큼 교육에서 많은 변화가 일어났다. 현대 교육의 특징을 몇 가지로 구분하여 설명하면 다음과 같다.

(1) 교육의 과학화

20세기로 접어들면서 과학의 발달과 더불어 교육의 과학화가 이루어졌다. 특히 교육에 심리학이 도입되면서 여러 가지 심리검사가 교육대상자를 정확하게 알게 하는 자료로 활용되었으며, 교육기자재의 도입은 전통적인 교수방법에서 벗어나 어떻게 하면 좀 더 효율적이고 효과적으로 가르치고 학습할 수 있는지를 연구함으로써 교수방법과 교육방법의 발전을 가져왔으며, 이는 앞으로도 많이 진화할 것으로 예상된다.

(2) 아동중심의 교육

19세기 후반까지만 해도 아동은 탄광지대에서 석탄을 채굴하는 등 노동착취의 대상이었으며, 상대적으로 교육의 주요한 대상에서 제외되었다고 해도 과언이 아니다. 그러나 20세기에 들어서면서 '20세기는 아동의 세기'라고 발표하기도 하고, 아동에 대한 관심이 높아지면서, 아동중심의 교육이 이루어졌고, 이를 계기로 아동이 노동에서 해방될 수 있었으며 교육의 주요한 대상이 되었다. 또한, 아동을 보는 관점에도 많은 변화가 일어났다. 이전까지만 해도 아동을 작은 야만인 또는 석고나 밀랍처럼 조각할 수 있는 존재로 생각했으나, 진보주의자들은 이러한 생각을 뜯어고치는 데 일조하였다. 진보주의자들은 아동이 미숙하긴 하지만 고유한 인격을 가지고 있는 인격체로 인정해 줘야 함을 요구했다.

(3) 교육의 사회화

그전까지만 해도 학교의 시설이나 인력 등은 해당 학생들에게만 개방하고 지역사회 주민들에게는 아무런 혜택이 없었다. 그러나 20세기에 들어서면서 지역사회 학교를 통하여 학교의 시설과 인력이 지역사회 주민들을 위해 개방되었다. 그러면서 지역사회 주민들이 학교의 시설을 이용하여 문해교육, 교양, 오락, 취미활동 등 기초생활 교육뿐만 아니라 전문성을 키울 수 있는 분야에 이르기까지 학교의 시설이나 환경을 적극적으로 활용하게 되었다. 이러한 지역사회 학교를 통하여 평생교육의 개념이 도입되고 '요람에서 무덤까지'의 교육이념을 실천하기 시작하였다.

chapter

04

교육의 철학적 기초

교육철학은 교육의 여러 가지 현상에 대한 철학적 탐구를 가리키는 것으로, 교육의 여러 행위와 교육의 문제를 철학적인 관점에서 접근하는 것을 말한다. 이러한 문제는 교육의 본질적인 문제라고 할 수 있다. 즉, 교육이 나아가야 할 방향과 추구해야 할 이념을 탐구하는 것이 교육철학이다. 교육은 인간을 대상으로 하는 학문이기 때문에 다양한 철학적 관점이 있을 수 있고, 교육현상을 이해하는 점에서도 마찬가지이다. 이 장에서는 교육철학의 개념과 기능, 다양한 현대 교육철학의 동향을 살펴보고자 한다.

1. 교육철학의 개념

흔히 '철학' 하면 가장 먼저 위대한 철학자인 소크라테스, 플라톤, 아리스토텔레스 등과 함께 '머리 아프다', '어렵다'는 이미지를 떠올리는 것이 사실이다. 물론 철학은 쉽지 않다. 하지만 철학을 인간에 비유하면 척추에 해당하는 부분이고, 건물로 비유하면 대들보에 해당한다고 할 수 있다. 인간의 중심을 잡아 주는 역할을 하는 척추가 없다면 살아갈 수 있겠는가? 또 건물을 짓는 데 중심인 대들보 없이 아무리 실내장식을 잘 꾸며 놓은들 그 건물이 얼마나 오래 지탱할 수 있을 것인가? 이와 마찬가지로 철학은 물질적인 가치보다 정신적인 가치를 더 중요하게 생각하는 부분이라고 할 수 있다.

급변하는 현대 사회에서는 정신적인 가치에 해당하는 철학을 한낱 사치스러운 유희나, 시시콜콜한 것으로 생각하고 온통 물질적인 가치에 치중하는 경향이 많아 보인다. 단적인 예로 들 수 있는 것이 현대 의학이나 과학기술은 날마다 발전하고 있는데, 이에 반대되는 점(占)집이 늘어나고 있다는 것이다. 이것은 자신의 철학이나 신념 없이 부화뇌동하는 사람이 많다는 의미로 생각할 수 있다. 또한, 사회변화가 심하다는 말이 될 수 있을 것이다. 하지만 내 인생의 주인은 나 자신인데, 내 생각이나 신념 없이 어떻게 이 험한 세상을 헤쳐나갈 수 있을 것인가?

철학은 물질보다는 정신을, 또 자신의 중심을 잡아 주는 것이라고 할 수 있다.

철학의 어원을 살펴보면 '지혜를 사랑하는 학문'이라고 설명되어 있다. 지금 우리가 쓰고 있는 철학은 'philosophy'라고 하는데, 이 말은 다시 'philos(사랑)'와 'sophia(지혜)'라는 두 낱말이 합쳐서 이루어진 것이다. 즉, 철학은 Love of wisdom, '지혜를 사랑하는 것'이라는 뜻이 된다. 지혜를 사랑하는 것은 생각하는 학문이라는 말이기도 하다. 그만큼 많이 생각하라는 말이기도 할 것이다. 여기서는 먼저 철학의 영역을 살펴보고 다음으로 교육철학의 기능을 살펴보고자 한다.

철학의 영역은 크게 존재론(存在論), 인식론(認識論), 가치론(價値論), 논리학(論理學)의 네 가지로 나누어 설명할 수 있다. 먼저 '존재론'은 이 우주의 궁극적인 본질 혹은 실체를 규명하려는 철학적인 노력이라고 할 수 있다. 이 세상에서 변화하지 않고 그대로 머물러 있는 것은 아무것도 없다. 이것이 바로 존재론이 가지고 있는 가장 중요한 물음이다. 이 세계의 모습은 무한히 다양하지만 실재는 하나라고 보는 입장을 일원론(一元論)이라 하고, 그 하나가 정신 혹은 영혼이라고 보는 입장은 관념론(觀念論)이라 하며, 그 하나가 물질 혹은 객관적으로 파악할 수 있는 것이라고 보는 견해는 실재론(實在論)이라 한다. 또한, 우주의 본질이란 끊임없이 변화하고 발전하는 그 자체이며, 그 너머에 어떠한 본질이 따로 존재하는 것이 아니라는 뜻이 실용주의(實用主義)이다.

'인식론'은 진리 또는 지식의 근거와 특징을 밝히려는 철학적 노력을 말한다. 진리와 진리가 아닌 것은 어떻게 구분하고, 안다는 것과 알지 못한다는 것은 어떻게 구분하며, 우리가 어떻게 하면 참다운 앎에 도달할 수 있는지가 인식론의 큰 과제이다.

참다운 앎에 도달할 수 있다고 보는 입장과 도달할 수 없다고 보는 입장이 있다. 참다운 앎에 도달할 수 있다고 보는 입장은 자명하고 확실한 지식이야말로 의심의 여지가 없다고 주장하고, 반대의 관점은 지식은 단순히 의견에 불과하며 자명하고 확실한 지식은 없고 단지 우리가 그렇게 생각할 뿐이라고 주장한다.

이 양극단 사이에 또 하나의 입장이 있을 수 있는데, 그것은 절대 불변의 것이 아니라 상대적이고 확률적이며 개선 가능하다고 보는 입장이다. 여기서 인간의 지식이란 광석을 발굴해 내듯이 어딘가 숨겨져 있는 것, 즉 전혀 새로운 것을 발견해 내는 것이 아니라 이 세계 안에서 이루어지고 있는 현상을 설명하기 위해 인간이 만들어 낸 인식의 도구 또는 설명의 도구에 불과한 것이라고 본다.

세 번째로 '가치론'은 선(善)과 악(惡), 바른 것(正)과 그릇된 것(邪), 아름다운 것(美)과 추한 것(醜), 가치 있는 것과 가치 없는 것, 정의와 불의, 목적과 수단 등의 문제와 관련지어 그 근거와 판단기준, 대상 등을 밝히려는 철학적 노력으로 윤리학과 미학이 대표적인 분야이다. 윤리학은 인간의 개인적 · 사회적 행위의 질과 도덕성의 문제를 다루며, 착한 사람, 좋은 사회, 훌륭한 삶의 본질과 기준을 밝히는 일을 하게 된다. 미학은 예술과 인간의 삶과 경험 속에 들어 있는 아름다움의 본질과 기준, 그 대상을 밝히기 위해 힘쓰는 학문이다.

마지막으로, '논리학'은 우리가 어떤 철학적인 결론에 도달했을 때, 그 결론에 도달하기까지의 사고과정이 과연 타당한 것이었는지를 검토하는 데 있어서 여러 가지 규칙과 기준을 밝히려는 철학적 노력이라고 할 수 있다. 논리적 사고에는 연역법과 귀납법이 있다. 연역법은 보편적인 원리로부터 구체적인 사실에 대한 지식을 끌어내는 추리의 과정이고, 귀납법은 반대로 개개의 구체적인 사실에 대한 관찰을 통하여 어떤 보편적인 법칙이나 원리를 이끌어 내는 추리의 과정이다. 그러나 현대에 이르러서는 어떤 주장의 타당성을 논리학에만 의존하는 철학적 탐구방법에 회의를 갖게 되었다. 왜냐하면, 어떤 결론에 도달하기까지의 추리과정이 아무리 논리적이라고 하더라도 그 결론이 근거로 삼고 있는 전제가 참 또는 거짓을 검증할 수 없는 종류의 것이라면 그 결론도 참인지 거짓인지를 밝혀낼 수가 없으며 의미가 없는 주장이라는 것이다.

논리학을 기본으로 하여 성립된 철학사조로 논리실증주의와 분석철학이 대표적이다. 논리실증주의는 문장의 논리적 검증을 통하여 진위를 검증하는 반면, 분석철학은 하나의 진술이나 개념이 그 인간과 사회, 문화 등의 맥락 안에서 어떠한 의미가 있는 것인지를 밝히려는 방향으로 기울어지고 있다. 분석철학은 철학의 이론체계라기보다는 철학적 방법론으로 여겨지고 있다.

2. 교육철학의 기능

교육이론의 탐구방법은 크게 과학적 접근과 철학적 접근의 두 가지 접근 방법이 있다. 과학적 접근은 과학적 탐구를 통하여 이론을 추출하는 것을 말하고, 과학적 접근은 철학적 탐구를 통하여 철학적 이론을 끌어내는 것을 의미한다. 과학적 접근은 사물 또는 현상을 기술하고 설명하며 이 진술을 기초로 예언하고 통제하는 원리를 얻는다. 이에 반하여 철학적 접근은 사물 또는 현상을 분석 · 평가하며 여러 가지 생각을 통합하는 지적 활동이다. 그러므로 과학적 접근이 사물과 현상을 기술 · 설명 · 예언 · 통제하는 기능을 가지고 있다면, 철학적 접근은 분석 · 평가하고 생각한 것을 통합하는 기능을 지닌다고 할 수 있다.

1) 분석적 기능

분석적 기능은 이론적 혹은 일상적 언어의 의미와 거기에 내포된 논리적 관계를 명확하게 하고 여러 가지 가치기준을 밝히는 행위를 말한다. 우리가 일상적으로 사용하는 용어에는 의미가 분명하지 않은 것이 많은데, 간혹 오해를 불러일으키기도 하고 또는 혼자서 임의대로 해석하여 전혀 엉뚱한 방향으로 일이 진행되거나 진행되지 않는 경우도 있다. 분석적 기능은 이처럼 의사소통을 명확하게 하고 올바른 사고를 위해서는 무엇보다도 언어의 의미나 가치 판단의 기준 같은 것을 분명히 할 필요가 있다.

교육철학의 분석적 기능은 교육적 언어와 의미를 분명하게 밝히고 여러 의미 사이의 논리적 관계를 분명하게 드러내는 활동을 말한다. 예를 들어, 우리가 일상적으로 사용하는 용어에는 가치어와 가치중립어, 비난어 등이 있는데 이 용어들을 구분하고, 애매하고 모호하여 혼동하기 쉬운 용어 등도 구분하여 명확하게 사용하는 것을 말한다.

여기에서 추가로 설명해야 할 것 중에서 가치어와 가치중립어, 비난어가 있다. 가치어는 말 그대로 가치 있게 쓰이는 말을 의미하는 것으로, 예를 들어, 교육, 도덕, 정의감 등 그 자체가 가치 있는 것이다. 가치중립어는 가치 있을 수도 있고 아닐 수도 있다는 것을 나타내며 대표적인 예로는 훈련을 들 수 있다. 비난어는 말 그대로 비난을 듣는 말을 의미하는 것으로 대표적인 예로 세뇌, 간첩 등이 있다.

2) 평가적 기능

평가적 기능은 말 그대로 어떤 준거(criterion), 기준(standard) 또는 규범(norm)에 비추어 가치판단 또는 가치를 평가하는 행위를 말하는 것으로 사실을 있는 그대로 기술하고 설명하는 식의 과학적 탐구, 즉 과학적 이론과는 그 개념을 달리하고 있다.

예를 들어, 이것은 좋다, 저것은 나쁘다, 그것은 보통이다 등의 가치판단을 내리는 행위를 평가적 기능이라 한다. 이때 평가는 반드시 어떠한 주어진 준거, 기준 또는 규범에 근거한 평가라야 한다. 그렇기 때문에 평가적 기능은 주어진 어떤 준거, 기준 또는 규범에 비추어 어떤 실천, 이론, 주장, 원리의 만족도를 밝히는 행위를 말한다. 평가적 기능의 예를 들면, 철수의 중간고사 성적이 국어 93점, 수학 82점, 영어 79점, 과학 68점이라고 가정해 보자. 이 학생의 성적을 평가하라고 하면 우리는 대부분 국어 수, 수학 우, 영어 미, 과학 양과 같은 식으로 평가를 하는데, 이것은 아무런 의미가 없다. 철수의 성적을 평가할 만한 명확한 근거가 있어야 한다는 것이다. 이러한 기준을 제시해 주는 것이 평가적 기능이라고 할 수 있다.

3) 사변적 기능

철학을 한다는 것은 어떤 의미에서 보면 사색(생각)하는 과정이라고 할 수 있다. 물론 사색이 철학의 전유물은 될 수 없지만 어떤 문제를 해결하기 위해 사색에 잠기는 것을 철학한다고 본다. 물론 훌륭한 강의나 강연을 하기 위해서는 원고를 잘 쓰고 많은 이론적인 지식을 공부하는 것도 중요하지만, 어떻게 강의를 끌어내고, 어떤 예를 들어야 학습자가 쉽게 이해할 수 있을지 많은 생각을 하는 것이 중요하다. 따라서 철학의 최대 기능은 사변적 기능이라 할 수 있으며, 깊이 있는 사색을 통하여 통찰에 이를 수 있다고 할 수 있다. 이러한 사변적 기능은 우주의 본질과 인간의 근본문제가 무엇인지를 밝혀내는 문제이다.

또한, 사변적 기능은 제시된 문제를 해결하기 위해 새로운 가설을 설정하고 아이디어나 개념을 찾아내는 이론적 활동이라고 할 수도 있고, 아이디어나 개념을 통하여 새로운 해결책 등 어떤 모종의 생각, 즉 새로운 안을 만들어 낸다는 점에서 창안(創案)적 기능이라고 해도 무방할 것이다.

4) 통합적 기능

인간의 삶에서 부딪히는 여러 가지 문제는 다양한 분야가 복잡하게 얽혀 있다. 마찬가지로 다양한 학문 영역은 삶의 복잡한 문제를 이해하고 설명하고 해결하려는 여러 가지 노력의 결과로 형성된 것이다. 이러한 여러 가지 문제를 해결하기 위해서는 다양한 기준이나 관점을 통합적으로 조정하고 종합하여 일관성 있는 체계를 만들어 내는 것이 중요한데, 이런 문제를 탐구하는 것을 통합적 기능이라고 한다.

통합적 기능은 하나의 현상이나 과정을 전체로 파악하고 여러 부분과 차원을 통합하여 이해하려는 행위로 표현할 수 있다. 즉, 나무도 보고 숲도 볼 수 있는 안목을 말한다. 깊은 산속에 들어가서 우거진 수풀만 보고 와서는 그 산 전체를 보았다고 말할 수 없듯이, 나무도 보고 숲도 보고 전체를 종합해서 볼 수 있는 안목을 키우는 것을 말하는 것이다.

교육학은 이론적으로 심리학, 사회학, 인류학, 역사학, 행정학, 경제학 등 여러 다양한 학문과 관련되어 있다. 그렇기 때문에 교육과 관련하여 다양한 학문 영역에서 발견한 새로운 이론과 새로운 제안을 전체로 통합할 수 있는 일관된 이해가 필요하다.

3. 현대 교육철학의 사조

1) 20세기 전기의 교육철학

(1) 진보주의

진보주의는 전통적인 교육에 반기를 들고 등장하여 20세기의 미국뿐만 아니라 전 세계의 교육에 일대 개혁을 일으킨 교육사조라고 할 수 있으며, 교사중심의 전통적인 교육의 편협성과 형식주의가 낳은 비인간화에 대한 반발로 일어난 교육운동이다. 또 진보주의는 실용주의 내지는 실험주의 철학사조로, 아동을 보는 관점에 있어서 진보주의 이전에는 아동을 석고나 밀랍처럼 조각할 수 있는 존재로 생각하고 성인의 축소판으로 생각하여 아동 고유의 인격이나 사고는 없는 것으로 여겨 성인이 마음대로 조종할 수 있는 존재로 생각한 것을 완전히 바꾸어 놓았다. 진보주의자들은 아동도 나름의 인격을 가진 고유한 존재이며, 사고나 표현이 없는 것이 아니라 나름대로 생각을 가지고 있으나 표현하는 방식이 서툴러서 성인의 입장에서는 생각이 없는 것으로 보일 뿐이지 절대 생각이 없는 존재가 아니라고 했다.

진보주의자들은 이 세상에서 변하지 않고 고정된 것은 아무것도 없으며, 변화 그 자체가 만물의 속성으로 진리는 절대적인 것이 아니라 상대적이라는 철학적 입장에 바탕을 두고 있다. 진보주의 교육의 대표적인 교육철학자인 듀이에 따르면, 교육은 전통적인 교육에서 주장하는 미래의 생활을 위한 준비가 아니라 현재의 생활 그 자체를 의미 있게 만들어 가는 것이다. 따라서 교육의 목적은 현재 경험의 계속적인 성장에 있는데, 여기서 말하는 경험의 성장은 현재 당면한 문제를 해결하는 과정에서 획득한 지식이나 규범 혹은 원리 등의 축적과 그 자체의 개선을 의미하는 것이면서 동시에 지력의 발달을 의미한다.

진보주의자들은 경험을 통하지 않고서는 학습할 수가 없다고 생각한다. 따라서 학생에게 교과내용을 전달하는 전통적인 교육방법을 부정하고, 학생이 직접 그 내용을 경험해야 한다고 주장한다. 교육이란 사회에 나가기 위한 준비단계이며, 현재의 학생생활에도 도움을 줄 수 있어야 하므로 학교는 전문가나 지식인을 목표로 학생을 교육하기보다는 건전한 생활인의 육성을 목표로 해야 한다고 주장하고 있다.

진보주의 교육철학의 선구자인 듀이와 그 추종자들은 교육을 생활, 성장, 경험의 재구성, 사회적 과정이라고 말한다.

아울러 진보주의자들이 내세운 교육의 원리를 넬러(George F. Kneller)는 다음과 같이 요약하고 있다.

- 교육은 미래 생활을 위한 준비가 아닌 현재의 생활 그 자체이다.
- 학습은 아동의 흥미와 직접적으로 관련되어야 한다.
- 교육 내용의 이수에 앞서 선행되어야 할 것은 문제 해결 방법을 배우는 것이다.
- 교사는 아동을 통제하고 지시하는 입장이 아니라 그들의 입장에서 도와주어야 한다.
- 학교는 경쟁보다 협동을 장려하는 곳이어야 한다.
- 민주주의만이 성장에 필요한 사상과 인격의 자유로운 상호작용을 허용하고 촉진한다.

듀이를 비롯한 진보주의 교육자들은 미국을 비롯한 여러 나라에서 교육의 개혁을 위한 하나의 중요한 흐름을 형성하게 되었으며, 우리나라 교육에도 많은 영향을 끼쳤다고 할 수 있다. 그러나 학습자의 개인적 경험과 흥미에 대한 지나친 강조는 교육의 사회적 기능과 문화적 전통을 간과하는 문제를 낳았으며, 기본적인 학습능력의 저하와 현대 사회의 발전에 필요한 학문적 지식 학습의 저조라는 문제점을 드러내었다는 점에서 본질주의자와 항존주의자로부터 비판의 대상이 되었다.

이를 구체적으로 열거하면 다음과 같다.

- 아동에게 지나친 자유를 부여했다.
- 아동의 흥미를 지나치게 강조하여 비교적 어려운 학과인 과학이나 수학 과목을 피하고 쉬운 학과를 택하게 했다.
- 자유를 지나치게 존중한 나머지 방향감각을 경시했고, 현재의 생활을 중시하여 미래에 대한 교육의 준비성을 소홀히 했다.
- 민주적인 방식을 과신함으로써 가치의 절대적인 측면을 보는 안목을 키우지 못했다.
- 아동중심에 너무 치우치다 보니 목표설정을 명확하게 하지 못했다.
- 아동의 흥미를 지나치게 강조하다 보니 근본적인 지식을 소홀히 다루었다.

(2) 본질주의

본질주의는 진보주의 교육사조의 비판으로부터 성립하였으며, 진보주의와 항존주의를 절충했다고 해서 절충주의 혹은 근본주의라고 부르기도 한다. 본질주의자들은 진보주의자들이 지나치게 아동의 흥미와 자유를 존중한 나머지 진정한 인류의 문화유산을 전달하는 것을 망각하고 있다고 비판하였으며, 진보적 학교에서는 학습자가 기본적인 학문을 학습할 수 없다고 보았다.

본질주의가 교육을 보는 관점은 인류가 쌓아 놓은 공적 전통 중에서 가장 본질적이고 핵심적인 것을 배워야 한다는 것이다. 다시 말하면, 교육은 교육목표를 인류의 문화유산 중 과거의 핵심적인 경험, 즉 문화유산 중에서 가장 본질적인 것으로 골라 조직적인 학교교육을 통해서 다음 세대에 전승시키고자 하는 교육 사상이다.

넬러가 말하는 본질주의 교육에 대한 원리를 요약해 보면 다음과 같다.

- 본질주의는 훈련의 중요성을 강조한다.
- 교육의 주도권은 아동 · 학생에게 있는 것이 아니라 교사에게 있는 것이다.
- 교육과정의 핵심은 주어진 교과를 철저하게 이수하고 자신의 것으로 만드는 데 있다.
- 학교는 전통적인 학문적 훈련방식을 계속 유지해야 한다.

본질주의자들은 고등학교 수준까지는 교과를 통합하지 말고 별도의 독립된 교과목으로 가르치는 것이 바람직하다고 주장한다. 통합은 각 교과목 내용을 충분히 학습한 뒤에 이루어져야 한다는 것이다. 따라서 본질주의는 진보주의가 어린 아동에게 교과중심이 아닌 활동중심 · 주제중심의 수업을 하는 것을 잘못이라고 비판하며 반대하고 있다. 초 · 중등학교 학생에게는 앞으로 살아가는 데 필요한 지식과 기술 등을 가르치고 대학교육에서 민주사회의 지도자로 육성하기 위한 준비작업으로 문제해결 능력을 중심으로 교과를 통합하는 것이 좋다는 견해이다.

이러한 견해에도 불구하고 본질주의는 여러 가지 면에서 진보주의자들의 입장에서 비판을 받았는데, 이를 구체적으로 나열해 보면 다음과 같다.

- 교육내용 면에서 체계적이면서 현실문제의 해결에 도움이 되는 학문을 중시하기 때문에 전반적으로 자연과학을 강조하고 인문, 사회과학을 경시하는 결과를 낳았다.
- 본질주의가 내포하고 있는 보수성을 비판받았는데, 이러한 보수성은 필연적으로 지적진보성과 지적창의성을 저해했다.
- 본질주의는 체계적인 지식의 전수와 학습현장에서의 교사의 주도권을 강조

한 나머지 학생의 자발적인 참여와 학습동기를 경시했다.

(3) 항존주의

항존주의는 1930년대 진보주의 교육이념을 전면 부정하면서 등장한 교육이론으로 '영원한', '불변하는', '항존'의 의미를 지니는 진리의 절대성과 불변성, 영원성을 믿으며 변하는 것과 일시적인 것을 거부하는 신념을 말한다. 즉, 시간과 공간을 초월한 절대적인 진리를 말하며, 이것은 진보주의 교육에 대한 저항에서 시작되었다고 할 수 있다. 저항이라는 것은 진보주의가 말하는 변화에 대한 저항을 말한다. 항존주의의 입장은 인간의 본성은 변하지 않으며 본질적으로 같다는 가정에 기초한다. 항존주의 교육에는 '절대의 원리'가 적용되는데, 이것은 '변화의 원리'가 적용되는 진보주의 교육과는 완전히 상반된다.

항존주의 교육철학은 고대 그리스의 이성관과 지식관을 그대로 이어받고 있다. 그들은 인간은 이성을 지니고 있는 존재이며 이성의 계발을 통해 인간다운 삶을 영위할 수 있다고 보았다. 항존주의 교육의 최대 목적은 이성의 계발에 있다. 이러한 이성의 계발은 영원불변하는 진리를 습득함으로써 계발된다고 보았다. 영원불변하는 진리는 일시적인 진리를 말하는데, 이러한 변치 않는 진리를 찾아내는 노력을 게을리해서는 안 된다는 것이다.

넬러의 항존주의 교육원리를 요약하면 다음과 같다.

- 인간의 본성은 어디에서나 동일하기 때문에 교육은 모든 사람에게 동일해야 한다.
- 이성은 인간이 지니고 있는 최고의 속성이므로 교육은 인간의 이성을 계발하는 데 초점을 맞추어야 한다.
- 교육의 임무는 일시적인 가치나 시류에 편승하는 것이 아니라 영원한 진리를 추구하는 데 있다.
- 교육은 생활의 모방이 아닌 생활의 준비가 되어야 한다.

- 학생들은 우주의 영원성을 접하게 하는 기본적인 교과를 배워야 한다.
- 학생들은 오랜 세월에 걸쳐 축적된 열망과 업적이 담긴 '위대한 저서(The Great Books)'를 읽어야 한다. 여기에서 '위대한 저서'란 인류의 문화유산과 정신이 담긴 고전을 말한다.

Robert Maynard Hutchins
(1899~1977)

항존주의의 대표 학자인 허친스(Robert Maynard Hutchins)는 학생이 쉽게 접하고 읽을 수 있는 시집이나 소설, 에세이집보다는 인류의 문화유산과 정신이 고스란히 담겨 있는 역사서나 사상집 등의 고전을 읽어야 하며, 이러한 고전 읽기를 통해서만이 자신의 인생을 바꿀 수 있다고 하였다. 시집이나 소설, 에세이집을 깎아내리는 것은 아니지만 소설이나 시집을 통하여 내 인생을 바꾸기는 쉽지 않다는 말이다. 아니면 작가가 그려 놓은 틀 속에 자신을 가두어 그 틀을 벗어나지 못하게 한다는 의미일 것이다.

이상에서 살펴본 것과 같이, 항존주의는 산업혁명과 더불어 과학의 급속한 발달로 절대적 가치를 상실하고 방황하는 시대 상황 속에서 정신적 가치의 우월성과 절대적 가치를 중시하면서 삶의 지표를 명확하게 제시하려 했다. 그럼에도 불구하고 지나치게 이상적이며 현실을 무시했다는 점 등 여러 가지 비판을 받았다.

항존주의의 비판점은 다음과 같다.

- 지나치게 귀족주의적, 주지주의적인 경향을 띤다.
- 교육을 위대한 고전에만 한정함으로써 현실의 학문을 무시하고 고전의 지식을 영원한 것으로 만든다는 점에서 현실을 무시한다.
- 비민주적이다. 민주주의는 개인의 개성을 존중하고 다양한 개인의 가치를 존중하며 인정하는 데 반해, 항존주의는 유일하고 절대적인 가치를 높이 평가하는 바람에 민주주의 기본이념을 위협할 수 있다.

(4) 재건주의

재건주의는 기존의 진보주의, 본질주의, 항존주의 교육철학에 대한 비판에서 시작하며 현대의 문화적 위기를 극복해야 한다고 주장한다. 재건주의가 다른 교육철학과 다른 점은 미국 또는 세계의 문화는 현재 심각한 위기에 직면해 있고, 또 종래의 교육으로는 이 위기를 극복할 수 없다는 두 가지 위기를 전제로 하고 있다는 점이다. 특히 재건주의가 주목받고 있는 점은 스푸트니크 쇼크 이후 미국 교육이 근본적으로 재검토되고 비판받는 과정에서 새로운 교육철학으로 세계적인 이목을 집중시켰다는 점이다. 재건주의는 인류가 심각한 문화적 위기 상태에 있다고 규정하는 교육철학이다. 그래서 재건주의는 위기를 전제로 하고 있으며, 이러한 위기를 극복할 수 있는 미래를 위한 청사진, 즉 마스터플랜을 교육을 통하여 제시해야 하고 또 교육을 통하여 극복해 나가야 한다고 주장한다.

재건주의 철학자들은 발전이란 자연적으로 이루어지는 것이 아니라 인간이 어떤 목적을 성취하기 위해 계획하고 노력할 때에만 가능하다고 주장하고, 이러한 계획은 교육을 통하여 실현 가능하다고 믿는다. 그들은 자신이 환경을 이해하고 통제할 수 있는 인간을 만드는 것이 교육의 목적이라고 본다.

넬러의 재건주의 교육이론을 요약하면 다음과 같다.

- 교육의 가장 중요한 목적은 사회를 재구성하는 데 필요한 프로그램 제작에 있다.
- 새로운 사회질서는 완전히 민주적인 것이어야 한다.
- 교사는 재건주의 사상의 타당성과 긴급성을 민주적 방법으로 학생을 설득시켜야 하고, 교육자는 맡은 과업을 열심히 수행해야 한다.
- 교육의 목적과 방법은 행동과학을 통해 발견된 연구성과에 따라 재구성해야 한다.
- 학생, 학교, 교육은 크게는 사회적 · 문화적 힘에 따라 재구성되어야 한다.

재건주의는 사회 · 문화적 위기 시대의 교육은 학습자와 대중들에게 문화변화 및 사회변화에 대한 시대적 요구와 긴급성을 일깨우고 교육을 통한 새로운 사회 질서의 정립과 문화개혁에 대한 확신을 심어 줄 수 있어야 한다고 보았다. 그러나 재건주의 교육철학은 위기에 처한 사회현실에 대한 기본적인 문제의식을 밝히는 것에 성공했더라도 교육실제에는 크게 영향을 끼치지 못하였으며, 오히려 사회 전체를 일시에 개혁하려는 시도는 공상적인 사회개조 이론이라는 평을 면하기 어렵다.

재건주의의 비판점은 다음과 같다.

- 재건주의는 교육의 힘을 지나치게 과신하고 있다. 앞에서도 언급한 것과 같이 재건주의는 현대문명이 처한 위기를 교육을 통하여 해결해 나가야 한다고 생각한다. 교육이 사회변화를 주도해 나가던 시대는 이미 지난 것 같다는 생각이 든다. 사회변화의 속도가 워낙 빠르고 다양하기 때문에 교육을 통하여 사회변화를 주도해 나간다는 것은 무리가 있다.
- 재건주의는 미래사회를 어떤 가치관에 입각해서 세울 것인지에 대한 구체적인 논의가 결여되어 있다.

2) 20세기 후기의 교육철학

(1) 실존주의

실존주의는 제2차 세계대전 이후 죽음에 대한 불안과 인간의 취약성을 경험하면서 절망적인 허무주의를 극복하고 인간의 주체성을 회복하는 인간 존재에 관한 철학이다. 실존주의 전까지만 해도 철학의 관심이 외적 세계였음에 반해 실존주의는 내적 세계, 즉 인간 자신에게 집중했다. 제1, 2차 세계대전을 겪으면서 모든 질서와 권위, 가치 등이 의심스러워진 상황에서 이렇게 불안한 사람들에게 확고하면서도 절대적인 어떤 것이 필요했다. 그리하여 사람들은 오로지 자기 자신의 내면적인 것으로 돌아가 내면에서 마지막 위안을 삼으려고 했으며, 이러한 인간의 가장 내면적인 핵심을 '실존(Existence)'이라는 개념으로 표현하였다. 또 어떤 학자는 실존과 대립하는 개념으로 현존재라는 용어를 사용하여 실존의 개념을 명확하게 설명하고 있다.

실존과 현존재의 개념은 우리가 흔히 명확하게 구분하지 않고 사용하는 경우가 많은데, 실존과 현존재는 엄연히 구분되는 개념이다. 흔히 실존은 실제로 있는 모습이라고 생각하기 쉬우나 우리 눈앞에 실제로 존재하는 모습이 아니다. 그것은 현존재라는 의미이다. 예를 들어, 이상적인 배우자상으로 내세우는 조건을 우선순위로 꼽으라면 외모를 기준으로 해서 키가 몇 센티미터 이상, 인물은 어떤 연예인을 기준으로 그 정도 수준, 그 외 또 어떤 조건 등을 내세우는 경우가 많다. 그러나 이러한 것들은 모두 현존재라는 것이다.

반면에 실존은 그 사람만이 가지고 있는 고유한 것, 다시 말하면 인간성이나 따뜻한 마음씨, 다른 사람을 배려하는 것 등의 대체 불가능한 존재를 의미한다. 키나 외모는 언제든지 대체할 수 있지만 실존은 오직 그 사람만이 가지고 있어 대체 불가능한 것을 말하는 것이다. 대표적인 실존주의자로 꼽을 수 있는 분이 예수님이다. 성경에 보면, 예수님은 아흔아홉 마리의 양을 안전한 곳에 머무르게 해 두고 한 마리의 길 잃은 양을 찾아 나선다. 아흔아홉 마리의 양과 한 마리의 양은 숫자로 따져 비교할 수도 없지만 아흔아홉 마리의 양이 한 마리의 양을 대체할 수 없다는 것이다. 그러므로 실존주의자들이 생각하는 진정한 의미의 교사 역할은 학생과의 끊임없는 대화를 통해 학생 자신의 정체감을 확인시켜 주고 자신의 성취 수준을 스스로 설정할 수 있도록 도와주는 역할이다. 그러므로 아동에게 자신의 일은 자신이 할 수 있도록 자유로운 분위기를 만들어 주는 것이 중요하다고 주장한다.

(2) 분석철학

분석철학은 1960년대 들어서 영국과 미국을 중심으로, 기존의 형이상학적 사정을 사변적 · 종합적으로 탐구하는 방법을 비판하고 교육철학을 객관적인 체계를 갖춘 독립적인 학문으로 발전시키려고 한 학문이다. 분석철학은 쉽게 말하면 우리가 일상에서 사용하는 용어나 개념의 모호성을 제거하기 위하여 사용하는 언어의 분석, 즉 언어의 논리적 구조를 명확하게 밝히고 그 뜻을 분명히 밝히는 작업을 중시하였다. 분석의 개념은 학자마다 조금씩 견해를 달리하는데, 복잡한 것들의 궁극적인 구성요소를 밝혀내는 것을 분석이라고 하기도 하고, 개념이나 명제를 명료하게 하거나 정의를 내리는 것을 분석이라고 하기도 한다.

실존주의와 더불어 20세기 철학의 새로운 주류를 이룬 분석철학이 대두하게 된 배경은 철학의 본질에 관한 반성에서 찾을 수 있고, 또 다른 이유는 형이상학을 배제한 논리나 검증을 철학하는 방법으로 규정하려는 움직임에서 찾을 수 있다. 이렇게 형성된 분석철학의 일반적인 경향은 크게 논리실증주의와 일상언어학파로 나누어 볼 수 있다.

논리실증주의는 논리적 분석방법을 사용하여 의미 있는 명제가 어떤 명제인지에 대한 검증 가능성의 기준을 제시하는 것이다. 일상언어학파를 대표하는 학자로는 비트겐슈타인(L. Wittgenstein)을 들 수 있다. 우리가 일상에서 사용하는 언어를 그대로 관찰하고 분석함으로써 그 의미를 분석하는 것을 뜻하며, 이를 통하여 그 언어를 사용하는 사람들의 삶을 이해하게 된다는 것이다. 다시 말하면, 분석철학은 교육에서 사용하는 여러 개념의 의미를 명확하게 하는 일과 교육과 관련된 이론과 주장의 정당성을 밝히는 일, 이론이나 주장의 논리적 가정을 밝히는 일, 교육과 관련된 이론의 성격을 명확하게 하는 일 등을 말한다. 대표적인 학자로는 러셀(Bertrand Russell), 무어(George Edward Moore), 비트겐슈타인(Ludwig Josef Johann Wittgenstein) 등이 있다.

(3) 포스트모더니즘

포스트모더니즘(postmodernism)의 등장배경은 1950년대 초 역사학자인 토인비(A. J. Toynbee)가 처음 사용한 이래 철학, 예술, 과학, 문화, 교육 등 여러 분야에서 폭넓게 사용되고 있으며, 20세기 산업사회의 지배적인 문화논리를 이루었던 모더니즘을 초월 또는 극복하자는 사상이다. 포스트모더니즘은 상반되는 두 가지 속성을 가지고 있다. 먼저 인간의 해방을 추구한다는 특성에서 볼 때 포스트모더니즘은 유토피아적 인본주의 속성을 가지고 있다. 또한, 대중이 사회 모순의 총체적 인식 또는 사회개혁에 대한 의지를 형성하는 것을 가로막는 대신 어떤 것이든 좋다는 상대주의의 속성과 상품 소비가 주는 일회적 행복감을 즐기게 한다는 특성에서 상업적 보수주의 속성을 가지고 있음을 알 수 있다. 즉, 포스트모더니즘은 근대사상을 비판하고 극복하고자 하면서도 근대주의의 일부 특성을 계승하고 있다.

포스트모더니즘은 전통적인 교육관을 비판하고 이를 해체하려는 논리를 전개한다는 점에서 낭만주의와 맥을 같이하는데, 포스트모더니즘을 주장하는 학자들의 사상을 요약해 보면 다음과 같다.

- 포스트모더니즘은 전통적인 교육방법에 대한 전환을 요구한다. 전통적인 교육방법이란 지식의 일방적인 전달과 주입이라고 할 수 있다. 이러한 교육방법은 결과적으로 보면 학생의 사고와 행동을 무비판적 · 수동적 · 경직된 것으로 만들어 버려서 자유롭고 창의적인 사고를 할 수 있는 틀을 만들어 주지 못한다는 것이다. 교육은 교사와 학생, 학생과 학생 간의 대화와 토론을 통한 상호작용 안에서 새로운 가치를 추구해 가는 동반자적 관계가 중요하다고 주장한다.
- 포스트모더니즘은 학교에서 가르치고 있는 지식에 대한 전통적인 관점을 전환할 것을 요구한다. 전통적으로 교육이 포함하는 지식은 객관적이고 명확한 것으로 인식되었기 때문에 교육이 추구하는 가치는 절대적이거나 보

편적으로 인식되었지만 포스트모더니즘은 그러한 지식관과 가치관을 거부하고 있다. 즉, 보편타당한 것으로 간주되었던 교과 지식의 전반적으로 재검토하고 재인식할 필요가 있음을 시사하고 있다.

- 포스트모더니즘은 학생중심의 교육을 강조하고 열린 교육환경을 제공한다. 포스트모던 사회에서는 빠르게 변화하는 청소년을 받아들이고 학생 개개인의 고유한 특수성과 독립성, 그들만의 고유한 문화 등을 인정하면서 지식중심의 교육환경 속에서 다양한 감성중심의 교육을 강조하고 있다.
- 포스트모더니즘은 기존의 교육과정을 비판하고 다양한 관심과 가치를 존중할 수 있는 교육과정을 강조하고 있다. 학교의 교육과정은 단일의 보편적인 지식과 가치를 전달하는 것이 아니라 다양한 관심과 가치를 존중할 수 있어야 하고 또 그것을 반영할 수 있어야 한다고 보는 것이다.

chapter

05

교육의 사회적 기초

1. 교육사회학의 의미

1) 교육사회학의 개념

인간은 사회를 떠나서는 살 수 없고 사회의 구성원으로 살아가야만 인간다운 삶을 영위할 수 있다. 따라서 우리는 인간을 사회적 동물이라고 부른다. 인간은 사회구성원으로 성장하면서 사회적 · 문화적 특성에 따라 각기 다르게 성숙하고 발전해 간다. 이처럼 인간은 자신이 속해 있는 집단 속에서 여러 가지 행위양식이나 가치규범과 같은 문화내용을 학습하고 내면화하는 과정을 거치게 되는데, 이러한 과정을 넓은 의미에서의 교육이라 할 수 있다. 이렇게 인간은 배움을 통해서 존재와 존속을 할 수 있고 또한 스스로 자연환경에 대한 대응력과 지적 능력 및 판단능력을 넓혀 간다. 따라서 교육은 사회적 맥락 속에서 수행되고, 사회성을 간과할 수 없으므로 사회적 탐구에 관심이 쏠릴 수밖에 없다. 특히 근대사회로 접어들어 공교육제도가 확립되고 학교교육이 교육의 중심적 역할을 담당하면서부터 교육에 대한 사회학적 관심은 커지기 시작했다.

사실 교육은 그 자체가 사회현상이다. 교육이란 그 시대의 사회 · 정치 · 경제적 조건의 영향을 받음은 물론 사회의 각 부분이나 영역에 영향을 끼친다. 즉, 사회적 요구로 생겨나서 교사와 학생 또는 학생과 학생 간의 인간관계를 중심으로 전개되는 사회현상이다. 따라서 교육사회학은 교육현상에 있어 사회학적 방법을 통해 교육문제를 탐구하는 학문이라 할 수 있다. 다시 말해, 교육사회학은 교육에 대한 연구로서 교육체계와 교육의 과정에서 발생하는 집단의 관계를 사회학적인 연구에서 성취된 지식, 기술, 방법 등으로 연구하는 학문이다. 이처럼 교육사회학은 독립된 학문의 성격보다는 교육학과 사회학을 접목한 학문적 영역이라 할 수 있다(권건일, 송경애, 2007). 교육사회학에 대한 개념을 종합한 리차드(Richard Stanley Peters)는 교육사회학을 "교육에 대한 사회학적 연구로 교육체제와 교육의 과정에서 일어나는 집단관계를 사회학적인 연구에서 이루어진 지식, 기술, 방법 등으로 연구하는 것"이라고 했다. 뒤르켐(Emile Durkheim)은 교육사회학을 사회학적 연구를 통하여 분석된 지식과 기술, 연구방법을 교육 실제에 적용하는 학문이라고 정의하면서 교육사회학의 연구 영역과 대상을 같이 소개하였다.

- 교육의 사회적 사실과 사회학적 기능에 대한 연구
- 교육과 사회 · 문화적 변동과의 상호관계에 대한 연구
- 다양한 교육제도에 대한 문화적 비교 연구
- 사회제도로서의 학교와 교실에 대한 연구

한편, 피터스(Richard Stanley Peters)와 스미스(Walter R, Smith) 같은 도덕 및 철학적 이론을 중시하는 교육학자들은 교육적 사회학(educational sociology)이라는 개념으로 교육현상에 대해 사회학의 원리를 적용하여 교육학에서 연구문제를 찾았다. 즉, 실제적 교육문제와 관련을 맺거나 논리적 연결이 있는 사회학적 지식을 교육실천에 응용하려고 하였다. 내트로프(Pual Natrop)는 "교육사회학을 교육 사실과 교육현상에 관한 과학 또는 사회적 교육학(social pedagogy)"이라고 정의했다. 페릴리우스(Robert. J. Parellius)는 "교육사회학은 사회학의 과학적 연구방법으로 교육현상을 연구하는 것"이라고 정의하고 있으며, 브라운(Hugh Brown)은 "교육사회학이란 사회학적 제 원리를 교재와 활동, 방법, 학급조직, 측정 등을 포함한 전체 교육과정에 응용하는 하나의 새로운 학문"으로 정의하였다. 이와 같은 교육사회학에 대한 학자들의 견해를 종합하면, '교육사회학'은 교육학자들이 중심이 되어 연구한 영역으로 도덕적 · 철학적 · 실천지향적인 것으로 보고 교육적 문제를 강조하고 있으며, 나아가 사회적 유형 · 학문지향적인 성격을 가지고 사회적 문제를 강조하고 있다고 정의할 수 있다.

2) 교육의 사회적 기능

개인이 개인생활의 방편과 사회적 순응의 수단으로서 교육을 필요로 하는 반면, 사회는 사회대로 그 문화의 보존과 발전 또는 사회질서의 유지와 개선을 위하여 교육이 필요하다. 그래서 교육은 사회적 필요에 따라서 작용하는 사회적 근본 기능이라 하겠다.

교육이 갖는 사회적 기능은 사회가 갖는 문화내용을 유지, 계승하는 일과 각계각층에서 요구되는 인력을 공급하여 사회의 계승, 발전을 도모하는 일, 급격히 변하는 사회생활에 건설적이고 창의적으로 적응할 수 있게 하는 일, 사회의 결속과 통합을 기하는 일과 사회의 창의적 변화를 촉진하는 일 등을 포함한다. 여기서는 교육의 보수적 기능과 진보적 기능으로 나누어 설명하고자 한다.

(1) 교육의 보수적 기능

교육이 사회질서를 유지하는 일에 충실하여야 한다는 생각은 현대인이라면 누구나 가지고 있을 것이다. 그것은 아마도 원시시대에도 간접적으로 나타난 것으로 보이는데, 당시에 그것을 알 수 있는 것 중 하나는 그 집단생활의 보존이다. 집단생활의 보존을 위해서 분명 원시인들 간에는 간접적으로 교육이 이루어졌을 것이고, 점차 문명이 만들어짐에 따라서 사회적 전통이 쌓이고 문화라는 것으로 이루어졌다.

옛날에는 주로 문화의 전달을 여러 사회기관, 즉 가정, 직장, 교회 등에서 행하였다. 그러나 인간의 생활이 복잡해지고 문화내용이 고도화됨에 따라 이러한 역할을 수행하기 위한 국가기관이 필요하게 되었고 학교는 이 같은 요청에 따라 생겨났다. 그러므로 학교의 임무는 무엇보다도 문화의 전달에 있는 것이라고 할 수 있고, 이런 학교에서 과거의 문화를 전달한다는 것은 바로 보수적 기능을 뜻하기도 한다.

사회의 유지와 존속을 위하여 학교 교육이 가지는 보수적 기능은 대단히 중요하다. 문화를 전달하고 젊은 세대를 사회화하는 데 가장 기본적인 것을 가르치는 곳이 학교이기 때문이다. 그리고 더불어 학교가 젊은 세대에게 문화를 전달하고, 과거에 높이 평가되고 인정되어 선택된 가치 · 사고 · 행동 · 감정을 학습하게 하는 것은 사회의 유형 유지를 위해 사회가 학교에 요구하는 중요한 기능이다.

(2) 교육의 진보적 기능

Jean-Jacques Rousseau
(1712~1778)

교육의 진보성이라고 하는 것은 보수성과는 사뭇 다르다. 그래서 교육의 진보적 기능을 강조하는 이들은 교육은 현존 사회의 유지와 보존을 위한 수단이 아니라 사회를 개혁하고 개선하는 수단이자 방편이라고 본다. 한마디로 머물러 있는 것이 아니라는 것이다. 교육의 역사를 살펴보면, 교육의 진보적 성격에 대한 강조는 플라톤의 사상에서 시작되어 오늘에 이르기까지 줄기차게 주장되어 오고 있다. 플라톤은 교육을 이상국가 건설의 기본 수단이라고 하였는데, 그의 이 같은 견해는 18세기의 계몽사상가들이 부흥시켜 다시 활발한 전개를 보였다. 그 대표적인 이가 루소이다. 성선설을 주장한 그는 사람은 그릇된 사회로 말미암아 악해지므로 사회를 개혁해야 인간도 선하게 살 수 있다고 보았다. 또한, 루소는 자연의 손으로 인간을 교육하여 이러한 자유인의 수효가 늘어나 사회에 가득 찰 때 사회의 진보와 개선을 할 수 있다고 하였다.

이렇게 교육의 사회적 기능을 전통적 측면과 사회적 측면으로 구별하였으나 간단하게 구분할 수 없고 여러 가지 기능으로 분석된다. 그린(Davis Green)은 교육의 사회적 기능을 다음과 같이 요약하였다.

- 사회의 질서 유지와 발전 도모의 기능
- 인간의 사회화 기능

- 문화유산의 전달기능
- 사회생활에서의 동기유발 기능
- 사회구성원 각자의 능력 향상의 기능
- 사회제도와의 밀접한 상호 부조의 관계 수립 기능

뿐만 아니라 대부분의 교육사회학자는 교육의 사회적 기능을 문화유산의 계승 기능, 사회통합의 기능, 사회충원의 기능, 사회적 지위이동 촉진 기능, 사회개혁의 기능 등으로 구분하고 있다.

(3) 문화유산의 계승 기능

교육의 가장 중요한 기능 중 하나가 바로 인류의 문화유산을 후대로 전달하고 계승하는 기능이다. 문화의 계승은 사회화의 기능, 사회적응 기능, 사회 유지 등을 포함하는 포괄적인 개념이다. 교육은 문화를 창조하고 사회의 변화를 촉진하는 사회 · 문화적 기능을 가지지만 우선은 과거로부터 계승되어 온 문화를 유지하는 기능을 수행한다. 개인적 차원에서 볼 때 아이들은 사회구성원으로서 인정받기 위해 그 사회에 적응해야 하고, 그 사회에 적응하기 위해서는 그 사회가 공인하는 언어, 사고, 감정, 태도, 지식, 가치관, 행동양식을 학습하여 내면화해야 한다. 이러한 학습은 대부분 학교교육을 통해서 이루어진다.

학교교육을 넓게 보아서 인간의 사회성 형성을 목표로 삼는 일면이 있다면, 의도적이든 비의도적이든 간에 그것은 사회적 기능으로서 영위되는 사회화과정이라고 볼 수 있고, 또한 이와 같은 사회화과정은 사회의 지속적 발전과 밀접하게 관련되는 작업이다. 교육의 사회적 기능에 대한 관점은 다양하게 나타나고 있지만, 크게 집약해 보면 보수주의적 관점으로 과거의 문화유산을 중시하는 기능, 진보주의적 관점으로 현재의 사회생활 적응을 중시하는 기능, 사회개혁주의 관점으로 사회변화와 미래를 위한 기능으로 나누어 볼 수 있다. 이러한 사회적 기능을 수행하는 다양한 관점에서 학교교육을 중심으로 사회적 기능을 살펴보면 다음과 같다.

문화 전달의 기능은 교육의 사회화(socialization) 기능이다. 문화가 제공하는 지식, 기술, 가치, 규범, 언어 등 제반 생활양식과 행동양식을 후 세대에게 학습하도록 하고 사회생활에 잘 적용할 수 있도록 하는 기능이다. 문화는 사회구성원 간에 널리 보급되고 세대 간에 지속하여 온 역사적 전통으로서 존속 · 발전한다. 바로 이 과정이 문화의 전달이다. 그 전달방법은 비의도적 · 무의도적 과정에서 이루어지며 매스컴을 통해서도 이루어지지만, 전형적인 기관은 학교이며 학교교육의 주된 사회적 기능 중의 하나이다.

학교는 기성문화와 사회제도를 전달하고 유지 · 보존하는 기관으로서, 이러한 기능을 가진 학교는 정적인 사회에서 특히 중요하다. 학교는 기성문화나 제도의 변혁보다 전통적 관습을 중시하고 타성과 형식성을 강조한다. 이처럼 사회화를 통하여 다음 세대가 하여금 사회에 적응하게 하는 것이 바로 사회의 안전과 유지를 위해 필요한 교육의 중요한 기능인 것이다. 학교에서의 사회화는 인지적 사회화 기능과 규범적 사회화의 기능으로 나눌 수 있다. 인지적 사회화 기능이란, 지식이나 기술을 습득시키는 기능이며, 규범적 사회화의 기능은 가치관이나 행동양식을 형성시키는 기능을 의미한다.

뒤르켕은 아동의 도덕적 발달에서 학교의 역할이 가장 중요한 것이 되어야 한다고 판단하였다. 도덕교육은 개인이 그가 속한 사회의 규범과 이상을 가지고 일관성 있는 방식으로 행동하도록 도덕적으로 사회화하는 데 있다. 그리고 도덕교육을 위한 가장 좋은 교육적 방안은 학급을 사회 집단으로 활용하는 것이다. 이를 위해 일정한 규칙, 규범을 내포한 학습정신, 학급에 대한 충성심, 가정과 같은 학습을 이루는 것을 강조한다.

(4) 사회통합의 기능

사회통합(social integration)의 기능이란 이질적인 여러 요소가 각기 고유의 기능을 유지하면서, 전체적으로는 모순과 갈등이 없이 조화를 이루며 발전하는 기능을 의미한다. 이 기능은 문화유산의 계승 기능의 이차적 기능이라고도 하는데, 이 두 기능이 모두 사회화를 통하여 공인된 태도, 규범, 가치관 등의 생활양식과 행동양식을 육성함으로써 전체 사회의 조화를 이루어 간다는 점에서는 차이가 없다. 그러나 사회통합의 기능은 문화유산의 계승 기능보다 강제성을 띠는 사회적 통제와 사회적 제재의 기능을 가진다는 점에서 구분된다.

학교 교육을 통한 통합적 기능은 학교사회 내에서 학생의 바람직한 행동을 권장하고 비정상적인 일탈행동에 대해서는 제재를 가한다. 그 결과 학생이 사회가 공인하는 방향으로 나아가게 한다. 그러나 이러한 사회적 통합을 형성하는 것은 다양하고 복잡한 현대사회에서 매우 어려운 일이며, 학교교육의 힘만으로는 어려운 과제가 되고 있다. 따라서 현대 사회에서 이질요소의 통합을 위해서는 다양한 사회기제(social mechanism)를 활용한다. 사회질서 유지를 위한 법과 공권력의 발동을 예로 들 수 있다. 그러나 사회적 통합을 형성하기에 보다 능동적이고 바람직한 방법은 교육을 통한 공통의 사회의식과 사회의 동의를 형성하는 일이다. 특히 학교교육을 통한 사회통합의 기능은 학교 수업을 중심으로 한 정치적 사회화 등을 통해서 심층적인 의식구조의 변화를 가져오는 데 의의가 있다. 즉, 학교는 학생에게 공통의 이념과 사상 그리고 가치관 형성을 통한 사회적 통합이 이루어지도록 하는 기능을 가지고 있다.

모든 국가가 의무교육제도를 통하여 국민의 지적 수준과 문화 수준을 높이고, 새로운 국가목표 설정을 통해 더 높은 지적 수준과 문화 수준을 추구하는 것은 국민형성(nation building)을 도모하는 것이라 할 수 있다.

(5) 사회충원의 기능

교육이 수행하는 기능 중 사회충원의 기능은 가장 현실적이고 구체적인 기능이다. 이 기능은 지식, 기술, 가치관, 태도 등의 육성을 비롯하여 인력의 선발, 분류, 배치 등의 기능을 포함하는 의미를 가진다. 이 같은 기능은 가정교육을 비롯한 사회교육제도에서도 직·간접적으로 수행하지만 주로 학교교육이 담당한다. 따라서 학교교육의 기능으로서 인력의 선발, 분류, 배치 기능은 사회충원의 기능이다. 사회의 유지와 존속을 위해 다양한 기능을 수행하게 되는데 그 기능에 따라 지위와 역할이 다르다. 각각의 지위와 역할은 그에 상응한 지식과 기술 및 자질을 요구하는데, 학교교육은 이런 요구에 맞게 학생의 능력, 적성, 흥미 등을 기초로 하여 인력을 선발하고 교육하여 배치하는 기능을 가진다. 현대사회에는 수많은 직업이 있다. 캐나다 직업 사전에 따르면 세상에는 2만여 종의 직업이 있고, 한국의 경우도 현재 약 1만 8백여 종의 직업이 있다고 한다. 일의 종류에 따라 지위와 역할이 다르며, 지식과 기술 수준이 다르게 요구된다. 교육은 이러한 사회적 요구를 인력의 선발, 분류, 배치 등을 통하여 충족한다.

사회가 고도로 산업화하면서 학교교육을 통한 인력 양성은 매우 중요한 역할로 주목받았다. 더욱이 산업구조와 사회구조의 급격한 변화는 인력 수급의 요구를 점차 심화시키고 있다. 학교수준과 학력은 사회적 선발과 배치에 매우 중요한 기준이 되고 있다. 오늘날과 같은 개방사회에서는 학교의 졸업증서가 사회적 선발과 지위의 배분에 결정적인 요인으로 작용하고 있는 것이 일반적인 현상이다. 이에 따라 대개 전문직종이나 관리직종에는 고학력자를 배치하고, 미숙련 단순노동직에는 저학력자를 배치하게 되었다.

우리나라의 사회충원은 과거와 같은 신분과 귀속적 요인을 따르기보다 교육수준에 따라서 그 부여조건이 제한되는 경우가 일반적이다. 이러한 학력 위주의 사회적 선발과 기회 제한의 문제는 능력사회의 이념에 배치되는 현상으로 나타나 능력이나 업적보다는 졸업장, 학위 소지 여부를 더 중요시하는 경향을 가진다.

(6) 사회적 지위이동 촉진 기능

사회이동(social mobility)이란 원래 개인이나 집단이 한 사회적 위치에서 다른 위치로 이동하는 것을 말한다. 현대 개방사회에서 학교교육은 개인의 사회적 지위를 결정해 주는 중요한 요인이 되고 있다. 학교교육의 성과는 사회가 요구하는 능력을 부여하기 때문에, 결과적으로 학교교육은 사회적 지위 향상을 위한 조건을 충족해 줌으로써 사회이동을 가능하게 해 주는 것이다.

사회이동에는 크게 두 가지 양상이 있다. 하나는 상하 계층으로 이동하는 수직적 이동이고, 다른 하나는 직종이나 지역적으로 이동하는 수평적 이동이다. 특히 고학력을 중시하는 사회적 풍토에서는 학교교육을 많이 받아야만 하위계층에 속하는 직업에서 상위계층에 속하는 직업으로 상승 이동할 가능성이 커진다. 또 고학력 위주의 사회에서는 고학력을 얻기 위해서 고등교육기관이 몰려있는 대도시로 집중하는 수평적 이동을 초래한다. 이처럼 학교교육은 수직적 이동뿐만 아니라 수평적 이동까지도 촉진하는 역할을 한다.

사회적 지위나 계층의 상승이란 권한, 권위, 재산, 대우 등에서 남보다 유리한 위치에 놓이게 됨을 뜻한다. 이러한 동기로 사회 상승의 기회를 얻고자 노력하며, 그 상승의 기회는 교육수준과 학업성취 수준에 비례하는 것이 일반적이다. 우리나라의 경우도 교육이 오래전부터 개인과 가문의 사회적 지위, 권위를 나타내는 기준이 되어 왔다. 우리 부모 세대의 자녀 교육열은 이러한 맥락에서 이해할 수 있다.

(7) 사회개혁의 기능

학교교육은 기존 사회의 유지를 위해서 문화를 전승하는 역할을 담당하기도 하지만, 다른 한편으로는 새로운 문화를 창조하고 더 바람직한 방향으로 변화시키는 기능을 담당하기도 한다. 또한, 학교교육은 사회로부터 영향을 받기도 하지만, 다른 한편으로는 학교교육이 사회에 영향을 미친다는 점에서 적극성과 능동성을 가진다. 교육의 사회변화와 주도적 역할에 대한 주장은 미국의 교육학자 브라멜드(Theodore Brameld)의 재건주의 교육원리에 잘 제시되어 있다.

재건주의자들이 지적하고 있는 현대 문화의 병폐는 생활 · 건강 · 교육 수준의 불균형, 인구의 폭발적 증가와 기아, 대지 · 수질 · 식품 · 공기의 오염, 국가 간의 적대감과 증오심, 인종 간의 긴장과 파괴행위, 전체적 정치체제(사이비 민주주의), 도덕감각의 붕괴와 매춘화, 과학의 폭발적 발달로 요약된다.

이러한 현대 문화의 병폐와 그에 따른 위기를 의식하고 새로운 사회를 건설해야 하는데, 이를 위해 무엇보다도 학교가 앞장서야 마땅하다고 주장한다.

학교교육의 사회개혁 기능은 사회변화를 유도하고 촉진하는 역할을 의미한다. 이러한 기능은 창의력과 태도의 개방을 비롯하여 문화의 분화를 통해서 이루어질 수 있다. 비과학적 사고방식에서 벗어나 합리적인 사고를 할 수 있게 하고 개방적인 가치와 태도를 보이도록 해야 한다. 또한, 학생이 사회적 문제와 문화적 위기를 각성하게 하고 그러한 문제의 해결에 학생이 적극적으로 참여할 수 있도록 계획하여야 한다.

사회적 의식을 각성시키기 위하여 학생이 현실에 대해 의문을 제기할 수 있도록 권장하여야 하며, 종교, 정치, 경제, 교육 등의 논쟁거리를 탐구하도록 권장해야 한다. 왜냐하면, 논쟁거리들을 탐구함으로써 전통적 견해가 발전할 수 있기 때문이다. 사회개조를 위한 교육의 당면과제는 문화를 어떤 방향으로, 어느 영역의 문화를 중심으로 창조할 것인지, 또 어떤 방법으로 수행할 것인지 등의 계획에 관한 것이다.

2. 교육과 사회화

1) 사회화의 개념

사회는 두 사람 이상이 모인 집단이다. 그러나 단순히 집단들이 모였다고 해서 이것이 사회가 되는 것은 아니다. 사회가 되기 위해서는 그 사회가 추구하는 공통된 생활양식, 언어습관, 가치관을 공유해야 한다. 따라서 한 개인이 사회에 소속되기 위해서는 그 사회가 공유하고 있는 다양한 양식, 언어, 습관, 가치관 등을 배워야 하는데, 이렇게 한 개인이 자기가 소속해 있는 사회의 행동양식, 가치관, 규범과 같은 문화를 학습하고 내면화하는 과정을 사회화라고 한다.

사회화의 개념은 보는 관점에 따라서 그 양상이 달라지는데 크게 개인적인 측면과 사회적인 측면으로 구분할 수 있다. 첫째, 사회적인 측면에서 보면 사회의 문화가 한 세대에서 다음 세대로 전달되고 각각의 개인이 사회의 구성원으로 성장하여 사회에 통합되는 과정을 의미한다. 다시 말해서 사회를 유지하고 성원을 통제하기 위해 집단의 규범이나 가치에 맞는 행동양식을 기르는 역할을 부여하며, 동시에 사회구성원의 행동양식에 유사성을 형성하여 전체 사회의 기능이 원활하게 수행되고 더 나아가 사회가 계속 발전할 수 있도록 통합하는 기능을 갖는 것을 의미한다. 브룸(Lois Bloom)과 셀즈닉(Philip Selznick)은 "사회화란 문화가 전승되고 개인이 조직된 생활양식에 적응하는 방식을 말한다. 사회화는 생물적인 유기체를 인간화하여 통제하고, 정체의식을 가진 자아로 변화시키며, 나아가 이상 · 가치 및 열망도 부여해 준다."라고 정의하고 있다.

둘째, 개인적인 측면으로서 "인간이 가지고 있는 잠재적 가능성을 개발하여 '개인적' 성장과 발달을 이루는 과정이다."라고 사회화를 정의한다. 즉, 사회생활에 필요한 행동양식, 언어, 직업적 역할을 습득하고 내면화하여 타인과의 관계 속에서 생활하는 방식을 학습하는 것으로서, 사회적 기대와 기대에 대처하는 방식을 습득함으로써 사회에 적응할 수 있게 된다고 보는 것이다. 시웰(William H. Sewell)은 개인적 측면에서의 사회화를 "한 개인이 자기가 속해 있거나 혹은 속하게 될 집단의 기술, 지식, 태도, 가치 및 동기 등을 선택적으로 습득하는 과정"으로, 최정웅(1993)은 "자기가 소속한 집단이나 사회의 가치와 관습, 행동양식이나 문화양식, 혹은 규범이나 제 규정을 습득하고 실천해서 그가 속한 사회적 환경에 적응해 가면서 유능한 사회 성원으로 성장해 가는 과정"으로 정의하고 있다.

윤정일(1995)은 사회화가 되기 위한 기본 조건을 다음과 같이 세 가지로 구분하여 정리하고 있다.

첫째, 사회적 상호작용이다. 인간의 성격발달은 어느 정도 선천적 기질이나 생물학적 특성의 영향을 받지만 사회적 상호작용을 통해서 더 영향을 받는다. '늑대 어린이'나 '늑대 청년' 등의 사례는 인간이 다른 사람과의 사회적 교섭과 접촉을 통해서 또는 인간문화 속에서만 인간으로서 사회화할 수 있음을 보여 준다. 둘째, 생득적 학습능력이다. 인간은 다른 동물보다 상당히 높은 지적 잠재능력을 갖추고 태어난다. 그래서 일생 다른 동물보다 많은 것을 배울 수 있다. 인간은 본능적 성향에 따라 행동하는 것보다는 생후에 학습한 행동을 하는 영역이 훨씬 넓다. 인간은 학습할 수 있는 잠재능력을 갖추고 태어나기 때문에 사회화할 수 있다. 셋째, 언어능력이다. 약간의 지능을 가진 동물은 더러 있지만 언어를 사용할 줄 아는 동물은 인간뿐이다. 언어는 지식, 정서, 가치, 태도 등을 표현하고 전달하는 중요한 수단이다. 인간 집단에서 언어를 통한 상징적 상호작용은 사회화과정의 중요한 양식이 되며, 나아가 사회와 문화가 존속할 수 있는 결정적 요인이 된다.

2) 사회화과정

사회화는 인생의 어느 한 시기에 국한되는 현상이 아니라 인간의 사회생활이 계속되는 한 지속적으로 일어나는 사회활동이다. 사회화과정은 단기간에 이루어지는 특정한 기능이나 지식의 습득과는 달리 비교적 장기적이고 지속적인 과정이며, 다른 사람과의 직접적인 접촉을 통해 이루어진다. 사회화를 다른 말로 사회적 학습이라고 할 수 있는데 다음의 몇 가지 형태로 나타날 수 있다.

첫째, 보상과 처벌 혹은 조작적 조건화다. 조건화는 주위에 지속된 자극이 있는 경우 일정한 유형의 행동이 반사적으로 수반되는 것을 의미한다. 이것은 행동주의 학자인 파블로프(Ivan Petrovich Pavlov)와 스키너(Burrhus Frederic Skinner)에서 그 예를 찾아볼 수 있다. 대부분 학생은 상이나 칭찬을 받기 위해 혹은 벌이나 꾸중을 듣지 않기 위해 열심히 공부한다. 이렇듯 사람은 보상과 처벌, 조건화에 따라 많은 사회적 행동을 배우고 사회화하게 된다는 것이다.

둘째, 모방과 동일시 학습이다. 이것은 접촉하는 타인의 행동을 모방하는 사회적 학습을 말하는 것으로서 모방은 다른 사람의 특정한 행위만을 본받아 흉내 내는 과정이며, 동일시는 개인이 영화, 성공담 속의 인물, 특정 인물과 유사한 태도와 행동을 나타내려는 경향을 말한다. 이렇듯 사람은 모범적인 인물을 정해서 모방하는 방법을 통해서도 사회화가 이루어진다.

셋째, 내면화 과정이다. 개인은 현재의 규범과 가치를 수동적으로 내면화하기도 하지만 변동하는 환경 속에서 과거의 지식이나 경험을 새로운 맥락에서 계속 적용하면서 자신의 목적을 달성해야 하는 경우도 많다. 이런 학습과정을 문제해결이라고 하는데 인지적 학습으로 이해할 수 있다. 문제해결의 방법을 배우는 것은 특히 복잡한 현대사회에서 개인이 효과적으로 환경에 적응하고 행복한 생활을 하기 위해 매우 중요하다.

이상의 사회적 행동에 대한 각각의 학습형태는 모두 각각 나름의 장 · 단점을 가진다. 조건화와 모방은 효과적이기는 하지만 비판적 사고력을 자극하지 않으므로 이에 따른 사회적 학습방법은 현대의 급변하는 산업사회에는 적합하지 않다. 그리고 문제해결법은 사고력과 비판력을 고양하기에는 유용하지만 현재의 규범과 가치를 위태롭게 할 염려가 있고, 또한 어느 정도는 사회화와는 다른 결과를 낳을 수도 있음을 염두에 두어야 한다.

3) 사회화기관

한 인간이 성장 · 발달해 가면서 사회적 학습을 하는 것에 영향을 주거나 사회화의 매개에 영향을 주는 기관이나 담당자를 사회화기관 또는 대행자라고 한다. 대표적인 기관으로는 가족, 또래집단, 학교, 직장, 대중매체 등이 있다.

(1) 가족 · 가정

가족과 가정은 일차적 사회화기관으로서 아동의 사회화가 시작하는 장소이며 가장 기본적인 사회 단위이다. 따라서 개인은 자기 뜻과 상관없이 가정의 생활방식에 따라 여러 가지 행동, 태도, 가치를 배운다. 가정에서의 사회화 내용은 신체발달을 위한 양육, 언어 습득, 예의범절 및 인격수행, 사회적 기술을 갖추기 위한 기반 확립 등이며, 가정에서의 자녀양육 방식이나 가족 구성원 간의 인간관계 구조는 사회화에 직접적인 영향을 준다.

(2) 또래집단

아이가 점점 자라서 놀이터에 나간다든지 또는 유치원에 다니게 되면 지금까지 상대해 보지 못한 놀이동무들과 교제하게 되는데, 이때 그 놀이동무들을 또래집단 또는 동료집단이라 부른다. 이러한 또래집단은 사회화의 중요한 대행자로서 아동기, 청소년기의 인성발달에 영향을 준다. 또래집단에서는 친구와의 상호작용 중 어떻게 말하고 행동하는지 터득하며, 타인과의 관계에서 자신을 억제하는 자제력을 습득하고, 성 역할 및 자신의 사회적 위치, 역할의 개념을 형성한다. 피아제 이론에 따르면, 자기중심성이 완화되는 계기가 되기 때문에 사회성 발달에 큰 영향을 준다고 할 수 있다. 특히 이전까지의 종적 관계에서 벗어난 횡적인 관계에서 질서의식을 습득하고 독립심과 자발적 행동양식 등을 습득하게 된다.

(3) 학교

학교는 가정이나 또래집단에 비하여 다분히 계획적 · 합리적 · 의도적인 사회화기관으로 학생은 학교교육을 통하여 일반적인 태도, 가치 및 기능을 습득하며 동료들과의 비공식적 상호작용 또는 교사나 상급생들과의 관계를 통하여 사회적 역할을 배운다. 따라서 아동기, 청소년기 사회화의 가장 중요한 기능을 담당하는 기관이라고 할 수 있다. 사회화의 내용은 직업생활을 위한 지식과 기술 습득, 사회규범과 문화적 가치 학습 등이며, 교육과정을 통해 사회의 요구에 따라 유능한 사회인을 배출한다.

(4) 직장

직장은 직업과 관련된 활동이나 전문 직업에 필요한 지식, 태도, 기술 등을 습득하는 사회화기관으로서 직장을 중심으로 한 취미생활과 타인과의 상호작용을 통해 사회화할 수 있으며, 가정과 학교와는 달리 합리적이고 비정의적인 사회화 기관이다.

(5) 대중매체

대중매체(mass media)는 오늘날 가장 광범위한 사회화기관이다. 대중매체는 각 개인의 사회화에서 순기능과 역기능을 가지고 있어 부모나 교사는 아동이 대중매체로부터 긍정적이고 교육적인 영향을 받을 수 있도록 선도해야 한다.

3. 교육사회학의 이론적 관점

넓은 의미에서 교육사회학은 교육과 사회의 관계를 설명하는 학문이다. 더욱 구체적인 의미로는 교육의 사회적 과정과 제도로서의 성격을 설명하는 학문이라 할 수 있다(김병성, 2004). 교육은 사회를 떠나서 성립할 수 없는 것처럼 교육이론 역시 사회이론을 떠나서는 설명할 수 없는 부분이기 때문에 교육사회학이라는 학문의 탄생은 당연하며, 이에 따른 이론적 틀이 존재한다.

이 절에서는 많은 교육사회학의 이론 중 거시적 접근에서 사회의 본질을 규명하고자 한 기능이론과 갈등이론, 미시적 접근에서 사회의 본질을 규명하고자 한 해석학을 살펴보고, 각각에 대한 비판이론도 알아보고자 한다.

1) 기능이론적 관점

기능이론과 갈등이론은 모두 거시적 관점에서 사회의 본질을 규명하고자 한다. 기능이론의 명칭은 기능이론 외에 구조기능이론, 질서모형, 평행모형 등이 있다. 명칭에 따라 이론의 강조점이 서로 다르나 모두 포함하여 기능주의 이론으로 부르는 것이 일반적이다. 기능이론은 사회학의 아버지로 불리는 콩트(Auguste Comte)나 사회 유기체설을 제시한 스펜서(Hebert Spencer)에서 그 이론적 기초를 찾을 수 있다. 뒤르켕은 이론적 근거를 발전시켰고, 파슨스(Talcott Parsons)는 사회학 이론을 구축하였으며 머튼(Robert King Merton)이 이를 정예화하였다. 1980년 중반에는 기존의 기능주의에 대한 다양한 비판을 적극적이고 창의적으로 수용함으로써 이론 자체의 설명력을 높이는 동시에 통합이론을 위한 패러다임을 제시하려는 노력에 힘입어 신기능주의로 나타나고 있다.

기능주의 이론에서 언급하는 주요 개념은 기능, 유지, 존속, 통합, 결속, 안정, 균형, 항상성, 합의, 질서, 사회화 등이다. 따라서 '어떻게 사회의 유지 및 존속을 할 수 있는가?'에 대해 체계적인 설명을 제공한다. 18세기 후반 유럽은 산업화와 도시화로 격심한 사회변동을 겪고 있었고 프랑스 대혁명 이후로 정치가 불안정하여 사회사상가들이 하여금 사회질서에 깊은 관심을 끌게 하였다. '사회가 왜, 어떻게 만들어지고, 무엇이 사회를 유지하는가?', '무엇이 사회를 변동시키는가?' 등의 의문에 대하여 사회학자들은 생물학의 종의 이론과 진화론, 세포이론의 발달에 영향을 받아 그 해답을 구하고자 하였다. 그래서 기능주의 이론가들은 개별 유기체와 사회 유기체를 비교하여 사회를 유기체에 비유한다. 즉, 사회의 본질은 상호의존적인 관계 또는 부분의 집합으로 구성된 체계로 보고 유기체에 비유하여 여러 기관이나 부분이 전체의 생존과 존립에 공헌하고 있는 관계로 본다(김경식, 안상헌, 윤주국, 이병환, 장홍재 역, 2007).

- 사회와 유기체는 둘 다 성장 · 확대라는 면에서 비유기체적 물질과 구별할 수 있다.

- 사회와 유기체에서 구조의 점진적 분화는 기능의 분화를 수반한다.
- 사회와 유기체에서 한 부분에서의 변동이 다른 부분에 영향을 미치는 것과 같이 전체의 부분들은 상호의존적이다.
- 사회와 유기체에서 전체의 각 부분은 그 자체가 소사회 또는 유기체이다.
- 사회와 유기체에서 전체의 생명은 파괴될 수 있다. 그러나 그때 부분들은 잠시 더 존속할 것이다.

이처럼 기능주의는 사회 내의 제도들은 모두 함께 일하는 상호의존적인 부분들로 이루어져 있고, 각 부분은 전체 사회의 기능 중 일부 필요한 활동에 기여한다는 것을 전제로 출발한다. 이 접근은 인간 유기체의 생물학적 기능과 같은 것으로 생각하여, 각 부분이 전체를 위한 역할을 하며 모든 부분은 생존을 위하여 서로 의존한다고 본다. 예를 들어, 인체는 손, 발, 코, 귀, 입, 위, 폐 등 여러 기관의 부분으로 구성되어 있어 이들이 각기 담당하고 있는 기능을 순조롭게 수행함으로써 인체의 생존과 활동을 가능하게 만드는 것처럼, 사회의 각 부분도 상호의존하며 항상 안정을 유지하려는 속성을 지니고 있다는 것이다.

기능주의에 따르면 학교교육의 사회적 기능은 전체 사회에 대한 적응 체계적 기능으로 전체 사회의 유지에 기여한다. 즉, 학교교육에서의 기능주의의 기본 입장은 교육과 사회관계를 긍정적으로 파악하고 교육의 순기능을 강조하는 것이다. 뒤르켕은 사회학적인 시각, 도덕교육의 중요성 등을 주장하며, 학교교육은 전체 사회의 지배적인 행위 유형들을 의도적으로 전달해 줌으로써 한 사회의 존속에 기여하는 수단으로 이해한다. 즉, 교육의 기능을 한 사회의 공통적 감성과 신념인 집합의식을 새로운 세대에 내면화하는 것을 의미한다고 하였다. 따라서 기능론적 관점에서 볼 때 학교제도는 안정된 사회를 유지하는 데 필요한 태도, 가치, 기술, 규범 등을 다음 세대에 전승하는 매우 중요한 역할을 한다.

이를 좀 더 구체적으로 서술하면 다음과 같다(김경식 외 역, 2007).

- 학교교육은 지적 목적을 추구한다. 언어나 수학 등과 같은 인지적 지식은

물론, 종합하거나 평가하는 탐구능력도 습득시킨다. 이러한 것들이 사회를 유지·존속·발전시키는 데 필요하기 때문이다.

- 학교교육은 사회통합을 위한 정치적 목적을 추구한다. 그 나라의 정치, 역사, 위인의 생애를 가르쳐 후세들이 기존의 정치적 질서에 적절히 참여하고 사회통합에 이바지하도록 하다. 구성원들이 질서, 공중도덕, 법에 순종하도록 하며, 이민자나 산업 근로자도 동화시켜서 한 사회 안의 이질적 요소를 동질화해 통합을 추구한다.
- 학교교육은 경제적 목적을 추구한다. 교육은 개인의 직업 준비뿐만 아니라 국가나 경제에 필요한 노동 인력을 양성하기 위해서도 구성원을 훈련시킨다. 즉, 교육은 사회구조나 산업구조의 변화에 맞는 인간을 길러 내기 위해 노력한다.
- 학교교육은 사회적 목적을 추구한다. 구성원의 사회적·도덕적 책임감을 고취시키고 사회문제를 해결·개선하며, 사회개혁을 위한 정신을 전수함으로써 가정이나 교회가 지니는 기능을 보완한다. 교육은 개인을 특정 사회에 걸맞은 사회적 존재로 만들거나 특정 사회적 역할을 습득시키는 과정이다.
- 학교교육은 인재를 선발·훈련·배치하는 기능을 수행한다. 학교는 재능 있는 사람을 선발하여 교육한 후 적재적소에 배치·충원시키는 합리적 기구이다. 학교가 선별장치라는 말은 교육의 선발기능을 뜻하는 말이다.
- 학교교육은 사회이동을 촉진하는 기능을 수행한다. 타고난 신분이 아닌 개인이 쌓은 실력·능력·업적·실적 등에 따른 사회이동임을 전제함으로써 교육은 사회적 지지를 획득하는 공정한 게임이 된다고 본다. 그래서 교육제도는 위대한 평등화 장치라는 주장도 가능하다.

한편 교육과 사회과학에서 기능주의는 많은 공헌을 하였지만 이에 대한 비판도 만만치 않게 받고 있다. 기능주의 이론은 오랫동안, 특히 미국의 사회학에서 지배적 이론으로 그 위치가 확고했지만, 1960년대 이후 그 한계가 명백해짐에 따라 위상이 약해지기 시작했다.

기능주의의 비판점을 살펴보면 다음과 같다.

- 기능주의는 다양한 관심과 이념, 갈등하는 이익집단이 많이 있다는 사실을 인식하지 못하고 통합과 합의를 지나치게 강조한 나머지 집단 간의 갈등을 잘 다루지 못하고 있다. 즉, 교육을 둘러싼 사회가 경쟁적인 이데올로기의 각축장이라는 점을 전혀 고려하지 못한 것은 기능론적 교육관이 가지는 커다란 오류라고 지적한다.
- 기능주의는 인간을 사회화의 주체가 아닌 객체로 봄으로써 아동에 대하여 수동적인 존재, 사회의 종속적 존재라는 입장을 견지한다. 또한, 기능주의 관점에서는 학급의 역동성(교사와 학생 또는 학생과 학생의 관계)과 같은 상호작용을 분석하는 데 어려움이 있다고 지적한다. 이와 관련하여 기능주의 접근은 교육과정의 내용, 즉 무엇을 가르치고 어떻게 가르치는지와 같은 것을 잘 다루지 못한다는 비판을 받고 있다.
- 기능이론은 기회균등, 업적주의, 경쟁적 사회이동 등을 전제로 하지만 불평등한 출발, 과정, 결과에 따라 불평등한 사회이동이 일어나고 있는 현실에 무관심하다. 능력의 차이에 따른 소득의 차이를 당연한 것으로 여김으로써 불리한 계층의 불행을 소홀히 다룬다.
- 변화가 일어날 때 그 변화는 느리고 계획적이며 체제의 균형을 전복하지 못한다는 기능주의 가정은 모든 상황에서 타당한 것은 아니다. 연쇄반응과 같은 변화의 가정은 함의를 지니고 있지만 그것이 안정된 사회나 급속히 변화하는 사회의 실제들을 반드시 반영하는 것은 아니다. 이처럼 교육에 대한 기능주의 분석은 다소 엄밀성이 부족하며 인과적 적합성을 가지고 있지 못한다.
- 교육 선발이 능력 본위로 이루어진다는 기본 전제 때문에 선발과정의 귀속적 측면에 대한 관심을 소홀히 다루었다는 비판이다. 이것은 학교교육을 단지 사회의 영향 속에서 움직일 수밖에 없는 종속변수로 취급했다는 것이다. 그러나 학교는 학교 나름대로 능동적 역할을 수행하고 교사와 학생도 학교가 정한 목표에 자율적으로 임하거나 때로는 그것을 수정하기도 한다.

- 학교교육을 통한 사회이동을 과신한 나머지 과잉교육 현상이 나타난다. 과잉교육이란 고학력 실업이나 저고용 현상을 빚어내는 교육적 부작용이다. 교육을 통한 사회적 지위 상승이동을 노리다 보니 과잉교육 현상이 생긴다. 한국 사회의 학력 인플레이션을 그 대표적 예로 들 수 있다.

2) 갈등이론적 관점

갈등이론은 기능이론과 대조적으로 사회의 실체를 개인과 개인 또는 집단과 집단의 끊임없는 세력 다툼, 경쟁, 저항 관계로 본다. 갈등이론은 마르크스(Karl Heinrich Marx)나 베버(Max Weber) 등의 이론과 사상에 그 지적 뿌리를 두고 있으나, 기능이론에 대한 도전과 비판적 관점은 신 마르크스주의자들이 활발하게 전개하였다. 이 이론적 발전은 랄프(Ralf Gustav Dahrendorf), 밀즈(Charles Wright Mills), 코저(Lewis Coser) 등이 이끌었다. 1960년대를 거쳐 1970년도에 들어오면서 미국에서의 현대 갈등이론은 고도의 사회적 및 인종적 갈등과 관료주의화 · 산업화 · 도시화를 통한 억압에 회의를 느끼면서, 유럽 사회학적 사고방식에 친숙한 지식인들의 반응으로 그 출발점을 찾았다.

갈등이론이 중시하는 개념들은 갈등, 경쟁, 억압, 통제, 대립, 변화, 계급, 착취, 재생산, 물화, 소외, 이데올로기, 허위의식, 계급의식 등이다. 갈등 이론가들은 기능주의적 자유주의 이데올로기의 허구성을 지적하면서 학교교육을 통한 평등사회 실현에 회의를 가진다. 그들은 학교교육의 기회 확대와 양적 성장에도 불구하고 사회적 불평등은 여전히 존재한다는 점을 들어 기능주의를 부정한다. 즉, 교육이 지배집단의 권익을 정당화하고 주입해서 기존 사회의 계층구조를 재생산하는 데 주력한다고 주장하고 있다.

이러한 갈등이론은 마르크스의 계급투쟁론을 기반으로 발전하였다. 마르크스의 갈등이론은 계급갈등이론이나 경제갈등이론으로 불리며, 사회 생산관계에서 비롯된 계급적 갈등이 주요 관심사이다. 갈등이론은 인간이 소유하고자 하는 대상물은 제한되어 있으나, 개인의 소유욕은 무한하여 이 모순을 해결할 수 없기에 경쟁과 갈등이 불가피하다는 기본 전제를 가진다. 마르크스적 관점은 학교교육의 기능이 지배집단의 신념과 가치를 종속계급에 보편적인 가치로 내면화하는 기능이라고 주장한다. 또한, 지배와 종속의 관계를 유지해 주고 여러 세대에 걸쳐 영속화해 주는 기능을 학교교육이 담당하고 있음을 주장한다. 이처럼 계급 불평등 구조를 사회적으로 재생산하여 현존 지배체제를 영속화하는 기능을 재생산기능이라 한다. 이러한 재생산 기능을 다루는 이론을 재생산이론이라 부르며, 보울즈(S. Bowles)와 진티스(H. Gintis)가 후에 이 이론을 체계적으로 연구하였다.

기능이론은 업적주의적인 현대사회에서 학교교육의 긍정적인 기능을 강조하고, 학교는 아동의 미래의 직업적 역할을 효과적으로 수행하는 데 요구되는 전문적인 기술과 능력을 길러 주며, 전체 사회의 질서 유지를 위하여 필요한 공통의 가치, 신념, 규범 등을 내면화하는 효율적인 기체라고 생각한다. 이에 반해 갈등이론은 학교의 중요한 기능이 인지적 기술을 제공하거나 공통의 가치를 습득시키는 것이라기보다 산업화한 기술사회 혹은 자본주의 사회의 지배적인 가치를 가르치는 것으로 본다. 그리하여 충성심을 기르고 현 상태에 의존하도록 하며 혜택받은 사람의 이익을 영속화하고 가난한 사람에게 그 분수를 지키도록 가르친다는 것이다.

한편 갈등이론이 현행 학교교육의 사회적 성격을 해석하기 위한 다양한 해석 틀을 제공하고 현행 학교교육의 문제점을 사회구조적 문제와 연결시켰다는 점을 공헌하였음에도 불구하고, 학교교육의 본질적인 모습을 왜곡하거나 해석의 오류가 존재한다는 비판을 면치 못하고 있다.

이런 갈등론적 교육이론에 대한 비판들을 정리하면 다음과 같다.

- 구조결정론에 빠져서 교육이 경제구조나 문화구조에 따라 일방적으로 그 성격이 결정된다고 설명한다. 따라서 교육행위의 설명에서 인간의 의지를 무시하고 사회조건만을 지나치게 강조한다.

- 사회구조를 단순히 이분법에 따라 설명한다. 지배자와 피지배자, 가진 자와 못 가진 자 등으로 사회구성원을 양분하고 교육이 지배자와 가진 자에게만 봉사하는 것으로 규정하고 있어 교육의 본질적 모습을 왜곡하거나 과장하고 있다는 것이다.
- 학교교육의 공헌을 무시하고 있다. 학교교육이 전통사회의 구속적인 신분세습제도를 약화시키고 업적주의적 사회이동을 가능하게 해 준 공헌을 전적으로 부정하고 있다.
- 갈등과 세력 경쟁을 지나치게 강조한 나머지 교육이 사회적 결속력을 높이고 국가 공동체 의식을 높이는 데 기여한 점을 과소평가하고 있다.
- 교육 선발의 불평등 요소를 강조함으로써 교육을 통한 능력과 재능의 선별을 인정하지 않으며, 사회적 상승이동에 기여한 학교교육의 공헌도 무시하는 경향이 있다.
- 갈등이론에서는 교육체제의 내용을 분석하지 않음으로써 교육정치학 이론의 출현과 필요를 느끼지 않았으며, 따라서 만족할 만한 교육변동이론이 발전될 수 없게 하였다.

3) 기능이론과 갈등이론의 비교

지금까지 살펴본 교육상의 기능론적 관점과 갈등론적 관점을 비교하면, 기능주의 이론은 재능 활용의 능률과 사회적 통합을 위한 교육의 기능을 강조했지만, 갈등이론은 기존 학교교육에 대한 비판에 주력하여 불평등의 정당화와 지배층 문화의 주입을 논박하고 있다. 두 이론을 정리하여 비교하면 〈표 5-1〉과 같다(이종각, 2000). 결국, 두 이론의 차이를 한마디로 정의하자면 '안정지향' 대 '변화지향' 혹은 '상호의존'대 '상호대립'이라고 말할 수 있다. 그러나 이러한 차이에도 불구하고 두 이론은 일정한 공통성을 지니고 있다.

첫째, 기능이론과 갈등이론은 모두 학교교육을 사회구조와 지나치게 관련지어 논하고 있다. 둘째, 두 이론 모두 인간을 외부의 자극, 특히 사회의 요구나 필요에 따라 단순히 반응하는 수동적인 존재로 보고 있다. 셋째, 두 이론은 모두 거시적 접근으로 교육이 현장 유지 또는 현재의 체제 유지에 얼마나 공헌하며 기능하는지를 설명하고 있다.

〈표 5-1〉 기능이론과 갈등이론의 비교

	기능이론	갈등이론
사회관	• 사회의 모든 요소는 안정지향적이다. • 사회의 각 요소는 상호의존적이며 통합적인 기능을 한다. • 사회변화는 점진적이고 누적적으로 진행된다. • 사회체제 유지를 위해 사회구성원의 공동체 의식을 강조한다. • 사회의 지위배분은 개인의 성취능력에 따라 달성된다. • 사회의 가치 · 규범 · 관습 등은 구성원들의 합의에 따른 것이며, 보편적이고 객관적인 성격을 지니고 있다.	• 모든 사회는 변화지향적이다. • 모든 사회는 불일치와 갈등이 일어나고 있다. • 사회변화는 급진적이고 비약적으로 진행된다. • 사회의 각 집단은 경쟁적이고 대립적인 관계를 지니고 있다. • 일반적으로 사회가 선호하는 가치는 지배집단과 관련을 맺고 있다. • 사회의 각 기관들은 지배집단의 이익에 봉사하고 있다. • 사회갈등의 원인은 재화의 희소성과 불평등한 분배에 기인한다.
교육관	• 학교는 사회의 안정과 질서에 기여하는 제도다. • 학교는 사회가 요구하는 기술, 지식 등과 공동체 의식을 전수한다. • 학교는 사회구조적 모순을 해결해 주며, 사회 평등화를 도모한다. • 교육은 독립적이며 자율적이라는 자유주의적 이데올로기에 근거하고 있다. • 학교는 개인의 재능과 노력에 따라 공정한 평가를 하며, 아울러 정당한 사회적 보상이 주어진다.	• 학교는 기존의 위계질서를 공고히 하며, 지배계급층의 이익에 종사하는 도구이다. • 학교는 기존의 질서를 재생산함으로써 사회 불평등을 영속화한다. • 교육이 이데올로기적 상부구조로서 경제적 토대의 대응체라는 유물론적 해석에 근거하고 있다. • 학교는 피지배계층에게 기존의 불평등한 위계구조에 순응하도록 강요하는 이데올로기적 기관이다. • 학교는 인간을 강요하고 억압함으로써 타율적이고 수동적인 존재로 전락시키고 있다.

4) 해석학적 관점

기능주의와 갈등주의 이론은 사회체제와의 관계 속에서 학교가 어떤 역할을 수행하고 있는지를 거시적으로 분석하는 데 관심을 모았다. 그러나 1960년대 이후 체제나 구조보다는 과정과 상호작용을 보다 강조하는 미시적 접근방법이 점점 관심의 대상이 되었다. 특히 1970년대 이후의 학교 교실을 연구대상으로 삼아 연구하는 규범적 패러다임보다는 학교에서의 교사-학생 간 사회적 상호작용론, 현상학, 민속방법론 등 사회학적 이론을 중요시하였다. 교육과 사회의 관계를 미시적 측면에서 해석하는 해석학적 관점에서는 교사와 일상생활, 행위자 자신의 상황 등에 대한 해석에 강조점을 둔다.

윌슨(John Tuzo Wilson)은 사회학을 크게 '규범적 패러다임'과 '해학적 패러다임'으로 구분했다. 규범적 패러다임은 인간의 사회적 행위가 규칙에 따라 지배되고, 그러한 행위 패턴의 사회학적 설명이 자연과학적 모델을 통해 이루어질 수 있다고 본다. 반면 해석적 패러다임은 이런 전제들을 의심한다. 즉, 인간의 사회적 행위란 일정하게 공유된 규칙에 따라서 일관되게 이루어지는 것이 아니라 서로의 행동을 의미 있게 받아들이고 해석하면서 상호작용하는 해석적 과정이라는 것이다.

해석학적 관점에서 볼 때 세상의 실체와 그 법칙은 인식 주체, 즉 인간의 인식 밖에 객관적으로 존재하는 것이 아니라 인간이 부단히 구성하여 가는 것이다. 사회과학에서 해석학은 인간의 상호작용 속에서 이루어지는 해석과 의미 부여에 관심을 두고, 상호작용을 하나의 해석적 과정으로 파악한다. 따라서 상호작용이 실제로 일어나고 있는 일상세계를 구체적으로 이해하기 위한 해석적 기술을 강조한다. 이러한 해석학적 패러다임은 해석하는 학자마다 분류하는 방식이 다양한데, 일반적으로 후설(Edmund Husserl)과 슈츠(Arnold Schutz)가 기초를 닦은 현상학적 해석학, 미드(George Herbert Mead)와 브루머(Herbert George Blumer)로 대표되는 상징적 상호작용론, 상징적 상호작용론자와 현상학자들의 관심사로부터 도출되어 나온 민속방법론 등이 이에 해당한다.

먼저 현상학적 해석학은 웨버(Maximilian Carl Emil Weber)의 이해사회학과 하우저의 철학방법론을 병합하여 슈츠가 체계화한 이론으로, 외부에 객관적으로 존재하는 것에 대한 과학적 실증주의적 접근이 아니라 의식의 과정, 즉 행위자들의 주관적인 상태가 어떻게, 어떤 방법으로 생성되고 유지 · 변화되는지에 관한 것이다. 또한, 교육에 대한 현상학적인 접근은 교육 참여자들, 즉 교장, 교감, 교사, 학부모가 교육경험을 어떠한 의미로 받아들이는지에 대한 깊이 있는 이해를 제공한다.

둘째, 상징적 상호작용론은 프래그머티즘의 사상을 배경으로 한 이론이다. 상징적 상호작용론적인 관점에서 학교교육은 교사와 학생의 관계, 즉 교수-학습과정이라는 것은 일반적으로 규정할 수 없는 성질의 것이며, 그것이 이루어지는 상황과 교사, 학생에 따라 다양한 의미로 해석할 수 있고, 다양한 관계가 끊임없이 진행되면서 형성 · 발전되어 간다고 볼 수 있다. 또한, 사회관계는 상호작용 관계에 있는 쌍방이나 일방이 자신의 행동에 대하여 상대방이 어떻게 대응할 것인지를 예견하고, 상호 용납할 방법으로 상황을 정의하며, 쌍방이 수용할 수 있는 행동의 한계를 설명해 준다. 사회를 사람들 간의 상호작용 관계로 봄으로써 사회의 분변하는 구조적 측면을 중시하는 기능주의 이론과는 달리 사회의 과정적 측면을 강조한다.

마지막으로, 민속방법론은 1960년대 초 가핑클(Harold Garfinkel)이 발전시킨 것으로, 우리가 일상생활에서 당면하게 되는 타인과의 관계를 규정짓는 기본원칙에 관한 연구다. 현상학과 마찬가지로 민속방법론은 '저기 어딘가'에 이미 존재하는 외재적인 실체를 부정한다. 이들에게 직접 관찰 가능한 것은 하나의 공통적인 사회적 실재에 대한 감각을 만들어 내는 사람들의 노력이다.

지금까지 살펴본 상호작용론, 민속방법론, 해석학, 현상학적 관점은 거시적 관점이 소홀히 다룬 미시적이고 구체적인 사실들을 들여다봄으로써 우리가 흔히 간과할 수 있는 구체적 현실을 관심의 표면으로 끌어올린 장점이 있다. 그럼에도 해석학적 관점은 다음과 같은 한계점을 지니고 있다.

첫째, 해석학적 관점은 주관적 측면을 강조하다 보니 사회구조의 영향력을 과소평가할 우려가 있다. 둘째, 해석학적 관점에서 사용되는 개념들은 추상적이어서 그 뜻이 명확하지 않을 때가 많다. 셋째, 해석학적 관점은 주관적 측면을 강조하는 것 같으면서도 정작 인간의 무의식, 감정, 욕구, 동기, 포부 등의 심리적 측면을 과소평가한다. 넷째, 너무 사소한 일상적 현상에 초점을 맞추다 보니 사회가 당면하고 있는 중요한 문제를 간과할 우려가 있다. 다섯째, 해석학적 교육관은 교육이 어떠한 방향으로 이루어져야 한다는 것을 말하지 않을뿐더러 어떤 주장을 한다 해도 그 내용이 일관되거나 명확하지 않다. 여섯째, 교육의 미시적인 차원에 주된 관심을 두다 보니 해석학적 교육관은 사회가 교육에 미치는 영향력을 소홀히 다룬다.

4. 인간과 사회 그리고 문화

1) 인간의 사회성

인간은 생물학적 유기체인 동시에 사회적 소산이다. 인간이 하나의 인간이 되기 위해서는 생물학적으로 성장 · 발달해야 하며 동시에 사회적으로 성숙해야 한다. 이러한 점에서 해비거스트(Robert J. Havighurst)와 뉴가튼(Bernice Neugarten)은 인간발달에는 서로 다른 두 면이 있는데, 그것은 생물학적인 면과 사회적인 면이라고 하였다. 그러므로 아동이 성인이 되기 위해 필요한 것으로는 적당한 영양, 적절한 주택, 질병으로부터의 해방과 같은 생물학적인 요소뿐만 아니라 사회적인 요소도 그에 못지않게 중요한 요인이 되고 있다는 것이다.

인간성은 문화와 역사적 전통을 가진 사회 안에서 그 사회의 영향에 의해 이룩된다. 그러므로 인간에게는 사회성이 바로 본성이다. 인간의 본성은 나면서부터 개인에게 주어지는 것이 아니고 사회적인 삶을 통해서 이루어진다. 인간은 사회를 떠나서는 존재할 수 없으며, 인간의 본성은 자연적인 상태에서는 다른 동물에 비해서 비전문적이고 약하며 미완성의 성격을 지녔는데, 사회적인 공동생활을 통해서 완성되어 간다. 그러므로 인간은 사회적 존재이며, 인간의 본성은 사회성이라 할 수 있다.

인간의 모든 경험과 행동은 사회화의 과정을 통해서 사회적인 환경으로 말미암아 결정되고, 인간의 사유와 가치판단과 행동을 그의 사회화과정에서 이룩된 사회성을 통해서 비로소 인간이 되는 것이다.

이규호(1974)는 인간의 사회성을 다음과 같은 세 가지 측면에서 고찰한다.

- 인간은 언제나 일정한 사회적 집단의 구성원이다.
- 인간은 여러 집단의 구성원인 동시에 여러 가지 역할의 담당자이다.
- 인간의 사회성의 한 측면은 다른 인간과의 상호 행동을 통해서 결정된다.

집단 구성원으로서의 사회적인 자아, 일정한 역할의 담당자로서의 자아, 상호 행동을 통해서 드러나는 사회적인 자아는 인간의 사회성의 세 가지 측면이다. 집단의 구성원으로서 사회적인 자아는 문화적인 환경에 의해서 이루어진 사회성의 측면이고, 역할의 담당자로서의 사회적인 자아는 사회적 구조에 의해서 만들어진 사회성의 측면이며, 상호 행동을 통해서 드러나는 사회적인 자아는 대인적 영역에서 다른 인간들과의 관계를 통해서 이룩한 사회성의 측면이다. 이처럼 인간의 사회성은 사회적 환경과 사회적 구조와 대인관계를 통해서 결정된다.

인간의 정신이나 인성은 신체의 발달과 같이 기원적 세포에서 이미 나타나는 것이 아니고, 개체가 자라면서 얻는 사회적 경험에 따른 것이다. 이러한 면에서 인간의 본질(human nature)은 사회적으로 획득된 것이다. 사람이 어떠한 개인으로, 어떠한 사회적 특성으로 발달하여 가느냐는 그가 사회 속에서 다른 사람들과 어떤 교섭을 가지며, 무엇을 배웠고, 사회적 교섭에서 무엇을 경험했는지에 달려 있다. 따라서 개체는 사회적 상호작용을 통해서만 하나의 개인(person)이 된다.

브룩오버(W. B Brookover)에 의하면, 인간을 성장할 수 있게 하는 요소에는 생리적 유기체, 자연적 환경, 사회 · 문화적 환경의 세 가지가 있는데, 이 중에서도 인간을 인간의 모습으로 만드는 데 있어서 가장 중요한 것은 어디까지나 사회 · 문화적 환경의 힘이다. 인간성은 생리학적 유전과 사회 · 문화적 환경의 종합 및 상호작용 과정을 통해서만 이루어진다. 결국, 사회 · 문화적인 힘에 의해서 하나의 사회인이 되는 것이다. 개인의 인간성은 사회 · 문화적 환경 속에서 이루어진다. 즉, 개인은 그의 사회 · 문화적 환경에 적응해 가면서 그 안에서 인정받는 유능한 성원이 되어 가는 것이다. 그러므로 인간성은 어디까지나 사회화과정을 통해서 가능하다. 사회화과정을 통하여 동물적인 인간의 본능이 길들고 변화되어 사회적 인간으로 변화 · 발전되는 것이다.

2) 사회적 동물로서의 인간

아리스토텔레스는 인간을 사회적인 존재라고 말하였다. 그가 말하는 사회적인 존재라는 것은 인간이란 본질적으로 다른 사람과 공동체를 이룩하면서 살게 되어 있다는 것이다. 인간은 본래 가정, 이웃, 국가라는 일정한 사회 속에 태어나며, 그 속에서 여러 형태의 사회화과정을 통하여 각 사람의 개성이 형성되며, 여러 가지 생활양식을 습득하게 되는 것이다. 그러므로 어떤 인간이든 특정한 사회나 문화의 테두리를 벗어나 고립된 개인으로서는 살아가기가 어렵다. 만일 인간이 나면서부터 인간적 환경에서 떠나 다른 동물이나 자연환경 속에서만 자라나게 된다면, 그 인간의 성장은 결코 인간으로서의 성장이 아니라는 것을 많은 학자가 증명하고 있다. 말하자면 인간이 간직하고 있는 인간적 유전 요소는 반드시 인간적 환경 속에서 발달할 수 있다는 것이다. 다시 말하면, 인간으로서의 사고, 감정, 언어 및 행동 등은 일정한 사회 · 문화적 여건 속에서만 성장 · 발달하는 것이다. 사람은 부모와 가족의 사회적 접촉이 이루어지고 있는 가정이라는 사회 집단 속에 태어난다. 그리고 가정과 이웃이라는 사회적 테두리 속에서 여러 사람과의 접촉을 통하여 성장해 간다. 아울러 그가 태어나고 자라는 가정이나 사회 안에서 그곳에 마련되어 있는 공동 생활양식으로서의 문화, 즉 그 집단이나 사회의 전통과 가치, 그 밖에 언어를 포함하는 여러 가지 행동양식을 습득해야만 한다. 개인이 그 사회의 성원으로서 여러 가지 생활에 순응하기 위해서 이는 부득이한 일이기 때문이다.

사회적 동물로서의 인간은 나면서부터 자기가 태어난 사회적 테두리 안에서 여러 형태의 사회적 접촉을 하면서 생활에 필요한 여러 가지의 방편과 생활양식을 배우게 된다. 아동은 아동으로서 이를 배워야 하며, 어른은 어른으로서 이를 가르쳐 주려고 노력한다. 이 같은 의식적 · 무의식적 노력과 과정을 우리는 교육이라고 칭한다.

인간의 삶과 그의 모든 경험은 언제나 사회 집단 안에서 이루어진다. 인간은 본질적으로 처음부터 다른 사람과의 공동체와 더불어 그 존재가 가능하다. 인간은 사회 속에서 태어나 삶을 영위하다가 사회 속에서 생(生)을 마친다. 사회를 떠난 인간은 하나의 동물은 될지언정 인간은 되지 못하며, 따라서 개체인 인간이 하나의 인간다운 인간이 되기 위해서는 반드시 사회 · 문화적인 영향을 받아야 한다. 그러므로 인간은 어쩔 수 없이 사회적 동물이요, 사회적 존재가 될 수밖에 없다.

미완성의 극히 나약한 존재로 태어나는 인간은 출생한 시점을 기준으로 보면 다른 동물에 비해서 지극히 불완전한 상태에 있으나, 가정을 기준으로 한 사회에 의존해서 만물의 영장으로 변해 간다. 그러므로 인간은 철두철미하게 사회의 소산이요, 사회적 존재이다.

인간이 사회적인 존재라는 것은 인간이 다른 사람들과의 공존관계에 의존하는 존재라는 것을 의미한다. 인간은 누구도 혼자서 고립해서는 생존할 수가 없다. 인간은 다른 사람과의 공존에 의해서만 그 생존이 가능하다. 이것은 의식주 등의 외적인 면뿐만 아니라 정신적 · 정서적 면에서도 그 접촉과 이를 통한 정신적인 안정감이 필요하다. 인간은 언제나 다른 사람과의 정서적 · 정신적 유대가 필요한 존재이다. 이것은 인간이 근본적으로 사회적인 존재라는 것을 증명하는 것이기도 하다.

인간은 원래 본질적으로 사회적인 존재이다. 인간 존재는 사회 안에서만 혹은 적어도 사회와 더불어서만 생각할 수 있다. 사회를 떠난 인간 존재는 생각할 수 없다. 인간은 인간들과 더불어 사는 사회에서만 인간인 것이다.

사회적 존재로서의 인간의 모습을 결론적으로 요약하면 다음과 같다.

- 인간은 단독으로는 생존할 수 없고 따라서 다른 인간과의 공동생활에 의존하는 존재이기 때문에 사회적인 존재이다. 인간은 본질적으로 다른 인간들과 더불어 공존하는 존재이다.
- 인간은 또한 그의 경험과 행동에 있어서 언제나 초개인적인 질서들과 공동생활의 규범들을 통해서 제약되고 결정된다. 이러한 질서와 규범을 포괄해서 문화라고 할 수 있다. 그리고 이런 의미에서 인간은 문화적인 존재라고도 한다.
- 인간은 그의 경험과 행동에 있어서 그가 속하는 사회구조 안에서의 위치와 역할을 통해서 결정된다. 모든 위치와 역할은 언제나 그 인간에게 특수한 태도와 성품과 행동을 요구한다. 따라서 인간은 사회적인 존재이다.

3) 교육과 문화의 관계

문화가 인간과 더불어 출발하여 인간생활을 지배했듯이 교육도 인간과 더불어 출발하여 인간생활을 지배하고 있다.

문화의 형성은 자연적이며 복합적인 오랜 인간생활의 과정을 통해 마련된 것으로 이러한 문화의 가치, 신념 및 규범은 인간생활에 지대한 영향을 미치고 있다. 교육에서도 의도적으로 행해지든 무의도적으로 행해지든 인간생활에 미치는 영향은 지대하다. 그런 점에서 문화와 교육의 관계에 대한 논의는 있음직한 일이다. 문화는 후천적 · 역사적으로 형성된 외면적이고 내면적인 생활양식의 체계로서 인류의 역사와 더불어 넓고 깊은 인간 문화를 형성 · 축적하고 있다. 그런데 사회 안에 형성된 문화는 사회 안에서 성장하며 생활하는 인간에게 지대한 작용을 한다. 한국 사회에서 태어난 사람이 한국말을 익혀 쓰며 한국사람 다운 생활양식을 가지며 심지어 한국적인 인성을 지니게 되는 데 비하여 미국 사회에서 태어난 사람이 미국말을 익혀 쓰며 미국사람다운 생활양식을 가지며 미국적인 인성을 지니게 외는 것이 바로 그 사회의 문화가 그 사회의 인간에게 지대한 작용을 하고 있음을 입증하는 것이다.

미개사회에서 형성된 문화는 보잘것없을 정도로 아이와 성인이 더불어 생활하는 가운데 습득되지만, 지금과 같이 고도로 발달한 문화는 의도적인 교육을 통해서만 부분적이나마 문화생활에 적응할 수 있다. 다시 말하면, 오늘날 고도의 문화는 체계적이고 의도적이며 선택적인 교육의 필요를 제시했으며, 그러한 내용의 교육을 통해서만 문화화된 개인으로서 행복하게 살 수 있으며 사회화된 개인으로서 사회에 유용한 생활을 전개할 수 있다.

이처럼 문화의 발달은 교육의 필요를 초래했고, 문화의 내용이 교육의 내용으로 작용했음을 고려할 때 문화와 교육의 관계는 문화가 독립변인이며 교육이 종속변인인 관계를 나타낸다고 할 수 있다.

고도화된 문화는 교육적 작용을 절실히 요청하게 되었고 문화내용이 곧 교육내용으로 작용하였다는 관점에서 문화는 독립변인이고, 교육은 종속변인인 듯싶으나, 교육은 문화보존이라는 기능과 문화발전이라는 창의적 기능을 지니고 있어 교육 없이는 문화소멸을 초래하고 문화발전을 기대할 수 없다는 관점에서 교육이 독립변인이고 문화가 종속변인으로 생각할 수도 있다는 바를 전술하였다.

이와 같은 문화와 교육의 관계는 상호관계를 지닌 상관성으로 결론짓는 것이 타당하다. 다시 말하면, 새로운 문화의 형성은 교육에 반영되어야 할 것이며 알찬 교육작용은 새로운 문화발전에 기여하는 기능을 수행하므로, 결국 문화는 교육에 영향을 주고 교육은 문화에 영향을 주면서 상호 관련 속에 인류의 역사와 더불어 상호 발전을 하는 것이다. 즉, 문화는 교육에 대하여 독립변인이며 종속변인이고 또한 교육은 문화에 대하여 독립변인이며 종속변인인 것이다.

chapter
06

교육 심리학의 기초

1. 교육심리학의 성격

1) 교육심리학의 정의

교육심리학은 교육 상황에서 학습자 개개인의 행동변화에 관련된 심리 현상에 관심을 가지고 인간 행동의 변화를 위해 심리학적 법칙을 적용하는 학문이다. 따라서 교육심리학은 가르치는 것과 관련된 인간 사고와 행동이 변할 수 있다는 전제에서 출발하며, 이 변화에 기여하는 심리적 변인을 과학적으로 밝히는 것이 심리학의 중요한 관심사이다.

교육의 궁극적인 목적은 인간의 사고와 행동의 올바른 변화를 유도하는 데 있다. 이를 위해 인간의 행위를 보다 객관적이고 체계적으로 이해하여 인간 행동을 바람직한 방향으로 변화시킬 수 있는 이론을 체계화시키는 것에 교육심리학의 관심이 모아지게 된다. 교육심리학이 심리학에서 독자적인 학문으로 대두된 지 1세기도 채 되지 않았지만 트로우(Trow, M.)는 "교수와 학습을 다루는 심리학 분야의 한 영역"으로 정의하였고, 교육학의 아버지인 헤르바르트는 "교육의 목적은 윤리학에서, 교육의 방법은 심리학에서 구하여야 한다."라고 주장하였다. 이후 손다이크(Edward Thorndike)의 대표 저서인 『교육심리학(*Educational Psychology*)』이 출간되면서 교육학의 기초 학문으로 중요하게 다루어졌다. 또한, 손다이크는 교육심리학의 중요 영역을 지성, 도덕성 및 기능의 생득적 기초를 실험 · 측정하고 정신기능의 향상을 지향하며, 개인차와 그 원인을 밝히는 학문으로 보았다. 울포크(Anita Woolfolk)는 교육심리학을 "교수-학습과정에 관한 학문으로, 심리학의 방법과 이론, 그리고 자체의 이론과 방법을 적용한다."라고 하였다.

이처럼 교육심리학은 실제 교육현장에서 이루어지는 교육활동의 과정을 이해하고, 이들 과정을 개선하기 위하여 자발적으로 원리를 발견하고 실천함으로써 인간의 창의적인 행동을 개발하게 하는 학문이라고 할 수 있다.

2) 교육심리학의 연구영역

교육심리학은 교육에 대한 이해와 개선을 근본 목적으로 하고, 교수자에게 효율적인 전략을 마련해 주는 역할을 한다. 그러므로 교육심리의 연구 영역은 매우 다양하며, 그 자체의 연구대상과 연구주제, 연구방법을 가진 독자적인 연구영역을 가지고 있다. 이러한 영역을 주제별로 정리하면 다음과 같다.

(1) 학습자에 대한 이해

교육은 학습자를 대상으로 하는 활동이므로 학습자의 특성에 대한 올바른 이해 없이는 효과적인 교육을 할 수 없다. 교육과 관련된 학습자의 특성은 학업성취에 관련이 있는 지능, 창의성과 같은 인지적인 요인과 성격, 사회성, 도덕성과 같은 정의적인 요인이 있다. 특히 인간의 행동 특성을 인지적 요인과 정의적 요인으로 나눌 때 인지적 요인을 교육심리학에서 어떤 영역보다도 중요시하는 측면이 있다. 학습자의 이해는 이러한 요인의 시기에 따른 발달적인 변화와 그 수준을 이해하는 측면과 더불어, 각각의 학습자가 지닌 개인차를 이해해야 한다.

(2) 학습과 교수과정에 대한 이해

교육의 목적은 학습자에게 교육내용을 효과적으로 전달하는 것이다. 그러나 교육의 목적이 같다고 해서 학습자에게 같은 방법으로 적용할 수 있는 것은 아니다. 학습자의 특성이나 사회문화적 배경에 따라 교육방법은 다르게 나타나기 때문에 교수와 학습이 이루어지는 방법은 다양하다. 교사는 학습하고자 하는 내용을 학습자가 성취할 수 있도록 도울 수 있는 접근 방법을 결정해야 하고, 학습자의 내·외적 조건을 체계적으로 조직하여 효과적인 학습이 이루어질 수 있도록 학습과 관련된 여러 가지 요인을 잘 이해해야 한다. 그러나 무엇보다도 학습자의 학습동기를 유발하는 것은 교사에게 매우 중요한 과제이다. 교사가 아무리 훌륭한 교재와 수업을 준비하여도 학습자가 교사의 수업을 들을 마음이 전혀 없다면 학업성취는 이루어지지 않는다. 따라서 다양한 연령의 학습자를 어떻게 동기화시켜 성공적인 학업 성취로 이끌 수 있는지에 대한 이해가 필요하다.

(3) 교수자에 대한 이해

교육은 교육의 대상인 학습자와 교육의 주체인 교수자의 상호작용 과정이다. 학습자에 대한 이해 못지않게 교수자에 대한 이해 또한 중요하다. 교수자의 특성은 자신이 수행하는 다양한 교수활동과 관계되며 학습자의 학업성취와 행동에도 영향력을 행사한다. 또한, 교수자의 인성과 심리적 안정감, 교수효능감, 교수자의 기대 등과 같은 교수자의 자질은 학습자의 학업성취뿐만 아니라 태도 및 동기화에도 중대한 영향을 미친다.

(4) 평가에 대한 이해

평가는 학습목표의 달성을 측정하며 앞으로의 학습목표를 설정하는 기반이 된다. 평가는 학습자의 동기와 학습을 증진시키고 교수자가 자신의 수업을 개선하는 데 도움을 준다. 그러므로 교육활동을 효과적으로 수행하기 위해서는 교육과정에 작용하는 제 요인과 교육의 성과를 객관적으로 측정하고 평가하는 것이 필요하다. 이러한 측정과 평가를 통해 학습자의 수업목표 달성을 확인하고, 교수-학습과정을 설계하는 데 피드백을 받을 수 있다.

2. 학습자 특성의 이해

1) 학습유형

학업상황에서는 학생마다 학습속도, 수행수준, 선호하는 학습환경 등에서 다양한 개인차를 보인다. 학습유형(learning style)은 새로운 정보에 집중하고, 그 정보를 처리하고 기억하는 방식이다. 학습유형은 질적인 차이 또는 선호하는 것을 나타내는 가치중립적인 개념이기 때문에 학생이 선호하는 학습유형에 따라 성취에 영향을 준다.

(1) 학습유형에 영향을 주는 요인

던과 던(Dunn & Dunn, 1992)은 환경요인, 정서요인, 사회요인, 생리요인, 심리요인 등에서 학생의 학습하는 요령이 학습유형을 형성하는 데 중요한 구성요소가 된다고 하였다.

① 환경요인

첫째, 소리(sound)는 공부할 때 들리는 소리에 대한 반응을 말하며, 공부할 때 조용한 분위기에서 학습의 효율이 높은 경우, 반대로 라디오나 음악을 들을 때 학습의 효율이 높은 경우를 말한다. 둘째, 빛(light)은 빛에 대한 반응 정도를 나타내는 것을 말하여, 빛이 밝은 분위기에서 학습의 효율이 높은 경우, 반대로 약간 어두운 곳에서 학습의 효율이 높은 경우를 말한다. 셋째, 기온(temperature)은 온도에 따른 학생의 경향을 나타내는 것으로 온도가 높은 곳에서 학습의 효율이 높은 경우, 반대로 온도가 낮은 곳에서 학습의 효율이 높은 경우를 말한다. 넷째, 가구 및 좌석의 디자인(design)은 푹신한 가구에서 학습의 효율이 높은 경우, 반대로 딱딱한 가구에서 학습의 효율이 높은 경우를 말한다.

② 정서요인

첫째, 동기(motivation)는 무엇을 하고자 하는 의지를 말하며, 외적으로 동기화되거나 내적으로 동기화되는 경우를 말한다. 둘째, 지속력(persistence)은 과제를 할 때 시작한 과제를 끝까지 하는 것과 중간에 포기하는 경우를 말한다. 셋째, 책임(responsibility)은 자신이 결정한 일에 관해서 끝까지 잘해야겠다고 생각하는 경우를 말한다. 넷째, 구조화(structure)는 학업상황에서 체계적으로 구조화되어 있고 스스로 선택한 것을 선호하는 경우, 반대로 체계적인 지시 없이 자기 방식대로 하는 것을 선호하는 경우를 말한다.

③ 사회요인

학생이 공부하는 모습을 보면 혼자 공부하는 것을 좋아하는 경우, 둘이서 공부하는 것을 좋아하는 경우, 집단으로 공부하는 것을 좋아하는 경우, 성인과 함께 공부하는 것을 좋아하는 경우 등 선호하는 방식이 다양하게 나타난다.

④ 생리요인

첫째, 지각(perception)요소는 감각기관의 지각 차이를 나타낸다. 듣기를 통한 자료를 잘 받아들이는 경우, 혹은 직접 눈으로 보거나 읽는 것을 잘 받아들이는 경우를 말한다. 둘째, 간식은 공부하는 동안 음식 · 음료를 즐기는 정도를 나타낸다. 집중했을 때 아무것도 섭취하지 않는 경우, 반대로 먹지 않으면 집중이 되지 않는 경우를 말한다. 셋째, 시간은 개인의 최대 능률 발휘시간이 언제인가를 나타낸다. 아침 시간에 일의 능률이 최고인 경우, 혹은 늦은 새벽에 능률이 최고인 경우를 말한다. 넷째, 이동은 공부하는 동안 움직이고자 하는 욕구를 말한다. 학습에 흥미를 느낄 때 오랜 시간 움직이지 않는 경우, 반대로 흥미를 느껴도 오래 움직이지 않는 것이 힘든 경우를 말한다.

⑤ 심리요인

첫째, 전체적/분석적(global/analytic)인 경향성이다. 전체적인 형태나 인상에 집중하는 경우, 혹은 학습과제에서 차이점을 잘 분별해 내는 경우를 말한다. 둘째, 좌뇌/우뇌(left/right)의 경향성이다. 학습에서 좌뇌 사용적인 경우, 혹은 우뇌 사용적인 경우를 말한다. 셋째, 충동적/숙고적(impulsive/reflective)인 경향성이다. 충동적인 경우는 빠르게 반응하고 오류가 많지만 숙고적인 경우는 철저하게 분석하여 천천히 반응한다.

2) 발달이론

(1) 발달의 개념

발달연구는 주로 연령에 따른 변화과정에 관심을 두기 때문에 연령변인이 중요하다. 인간의 경우 발달이란 수태에서 사망에 이르기까지 사람의 일생 동안 심신의 기능이나 구조가 양적으로 증대하고 질적으로 향상되어 가는 과정이다. 여기에서 양적으로 증대하는 것을 성장(growth)이라 하고, 질적으로 향상되어 가는 것을 성숙(maturation)이라고 한다. 따라서 발달(development)은 성장과 성숙 모두를 포함하는 것이며, 잠재하고 있는 본질이 점차 그 모습을 나타내면서 변화하는 현상이다.

인간의 발달적 변화 과정에는 직접 관찰하기 쉬운 신체적 · 행동적 변화와 관찰하기 힘든 정서와 감정의 변화에 이르기까지 인간의 모든 특성을 포함한다. 이처럼 발달을 변화의 과정으로 정의할 때 발달적 변화를 가능하게 하는 것은 모든 인간이 선천적으로 가지는 유전적 특징인 성숙과 경험으로 인한 학습이다. 성숙은 쉽게 관찰할 수 있는 신체적 변화와 우리가 문제를 발견하고, 그것을 해결하고, 다른 사람의 감정을 이해하는 능력과 같은 심리적 변화에 기여한다. 또한, 학습(learning)은 경험을 통하여 감정, 사고, 행동의 유형에서 비교적 영구적인 변화를 나타나게 하는 수단이다. 그러므로 발달은 성숙과 학습에 의해 일어나는 변화라고 할 수 있다. 즉, 발달이란 시간이 지남에 따라 자연적으로 발생하는 성숙과 의도적인 연습 및 훈련을 통한 학습에 의해 계속 변화하는 과정이다.

(2) 발달의 원리

인간의 발달에는 여러 요인이 작용하고 그 결과로 개인차가 나타나며 사춘기의 신체적 · 심리적 변화나 정신적 능력의 발달 정도는 학습내용, 학습방법, 학습결과 등에 끊임없이 작용하고 있어서 교육의 실제에서는 학습자의 발달과 관련된 정보가 필요하다. 이처럼 인간이 발달할 수 있게 하는 것은 유전적 특징인 성숙과 후천적인 경험으로 인한 학습이므로 어떤 유전적 특징과 어떤 경험과 교육을 받았는지에 따라 인간의 발달 모습이나 발달속도는 달라질 수 있다. 그러나 이러한 차이에도 불구하고 인간의 발달은 대체로 일정한 원리와 순서에 따라 이루어진다.

이러한 발달의 원리를 제시하면 다음과 같다.

① 발달에는 일정한 순서가 있다.

인간의 발달 속도는 개인마다 다르나, 발달에는 일정한 순서와 진행되는 방향이 있다. 아동발달에 있어서 일정한 순서와 방향이 있다는 사실은 발달의 전 단계가 다음 단계의 기초가 됨을 뜻하며, 한 단계에서 다음 단계로 이행한다는 것은 더욱 높은 차원의 발달이 이루어짐을 의미한다. 예를 들어, 유치의 발생순서라든지, 모음으로부터 자음으로의 언어 발달 등을 들 수 있다.

② 발달은 계속된 과정이지만 발달의 속도는 일정하지 않다.

신체의 각 부위나 정신기능에 있어 발달의 속도는 일정하지 않다. 어린이의 발달을 관찰하면 여러 측면에서 차이가 나타나지만 모두가 일련의 연속선상에서 점진적으로 변화하는 것을 알 수 있다. 물론 발달에는 결정적 시기가 있어서 유아기나 사춘기의 급격한 신체적 발달, 유아기의 언어발달과 같이 특정시기에 발달 정도가 급속히 신장되는 시기가 있다. 그러나, 그러한 시기에도 인간발달은 연속성 · 계속성 · 지속성을 유지하며 발달해 나간다.

③ 발달에는 개인차가 있다.

사람마다 여러 가지 특성상의 차이가 있고, 환경이나 주어진 경험이 다르기 때문에 발달 속도가 다를 수 있다. 물론 유전적 특성과 환경적 요인이 작용하는 범위나 우열에 대한 결론은 아직 불확실하나 그로 인해서 인간발달에 개인차가 발생한다는 사실은 사람마다 특성이나 행동에 차이가 있음을 인정하는 것이다.

④ 발달은 성숙과 학습의 상호작용을 통해서 일어난다.

인간의 발달은 생물학적 특성과 환경적 요인과의 상호작용의 결과로 형성된다. 신체적 발달을 보면 생물학적 특성으로서의 유전요인과 환경으로부터 주어지는 영향이나 훈련의 상호작용에 의한 결과이다. 또한, 신체적 발달, 지적 발달, 성격 발달 등이 각각 독립적으로 이루어지는 것이 아니라 서로 밀접하게 상호작용을 통해 발달이 이루어짐을 여러 연구를 통해 밝혀지고 있다.

⑤ 발달에는 결정적인 시기가 있다.

발달에는 가장 적절하고도 쉽게 이루어지는 결정적인 시기가 있다. 생의 초기 단계인 영유아기의 발달은 이후의 모든 단계의 성장발달에 영향을 미친다. 예를 들어, 영유아기는 신체 · 인지 · 정서 등의 뇌 발달, 또래와의 상호작용이 이루어지는 시기이다. 따라서 이 시기를 잘못 보내면 유아가 발달 초기에 따뜻하고 적절한 대인관계를 형성하지 못하고, 이러한 발달의 초기경험은 후기에서도 원만한 대인관계를 형성하지 못한다. 그러므로 발달의 초기경험은 인간에게 치명적이고 지속적인 영향을 남긴다.

3. 학습원리의 이해

학습의 주체인 학습자에 대한 연구와 더불어 교육심리학의 가장 중요한 관심은 학습이 발생하는 원리에 대한 연구이다. 심리학에서는 학습(learning)을 '경험이나 연습의 결과로 일어나는 행동상의 비교적 영속적인 변화'로 정의한다. 이러한 정의는 학교에서의 공부도 포함되지만 일상에서의 필요에 의해 배우는 운전이나 건강을 위해 테니스를 배우는 것 또한 학습의 한 유형으로 보는 것이다. 따라서 일반적으로 학습이란 인간이 다양하게 변화하는 환경에 맞추어서 자신의 행동을 변화시키는 모든 과정과 동기화되면 언제든 수행될 수 있는 행동 잠재력의 변화도 학습에 포함한다.

학습에서 관심을 가져야 할 중요한 문제는 인간 혹은 유기체가 어떻게 학습을 하거나 할 수 있도록 하는지에 대한 문제이다. 이러한 학습의 과정을 설명하고자 하는 것이 학습이론이다. 그러므로 학습이 발생하는 과정에 대한 탐색과 이를 바탕으로 최적의 학습효과를 얻고자 하는 학습이론으로 행동주의와 인지주의 입장에서 살펴보고자 한다.

1) 행동주의 학습이론

행동주의 학습이론은 미국의 심리학자 존 왓슨(Jone Watson)에 의해 주창되었다. 왓슨은 인간의 외현적인 행동을 관찰하여 그러한 행동을 일으킨 구체적인 자극을 알아낸다면 행동의 이유를 설명할 수 있으며, 특정한 조건에서 인간의 행동을 예측할 수 있다고 주장하였다. 따라서 행동주의 학습이론에 내재된 근본적인 학습원리는 자극(stimulus)과 반응(response) 간의 연합이다.

행동주의 학습이론은 인간의 외현적인 행동에만 초점을 두고, 학습이 진행되는 학습의 과정을 간과했다는 비판을 받고 있지만, 교육현장에서 나타나는 학습자의 바람직하지 못한 행동을 억제하고 바람직한 행동을 격려하여 지속시킬 수 있는 매우 효과적인 학습이론이다. 또한, 학습 자체에 대한 이해는 물론 정신지체나 아동기의 공포증과 우울증 및 성 역할 정체성 등 수많은 현상을 이해하는데 지대한 영향을 미쳤다.

(1) 자극-반응연합설

자극-반응연합설은 일반적으로 연합설이라고 한다. 이 학습이론은 손다이크에 의하여 체계화되었다.

손다이크는 동물실험에 의한 학습이론 연구의 선구자이다. 그는 굶주린 야생 들고양이를 상자 속에 넣고, 발판을 밟으면 상자 문이 열리도록 장치해 놓았다. 처음에 들고양이는 상자의 창살과 문을 긁는 등 많은 행동을 하다가 우연히 발판을 밟게 되자 상자 문이 열려 밖으로 나오게 되어 먹이를 먹게 된다. 이런 식으로 실험을 되풀이하면서 들고양이의 행동을 관찰하면, 실험의 횟수가 늘어날수록 들고양이가 발판을 밟고 나오는 시간이 짧아져서 결국은 거의 즉각적으로 상자에서 나오게 된다. 즉, 들고양이는 상자 문을 열고 나오는 것을 학습한 것이다. 이와 같은 실험을 통해 손다이크는 학습이란 시행착오의 과정을 통해 이루어진다고 주장했다. 그래서 이러한 학습을 시행착오에 의한 학습(random trial and error learning)이라고 하였다.

시행착오에 의한 학습은 다음과 같이 설명할 수 있다. 생소한 사태에서 동기 유발된 굶주린 들고양이는 욕구충족을 하기 위해 많은 시행착오를 하게 된다. 얼마 후에 들고양이는 우연히 욕구를 충족할 수 있는 일련의 반응을 하게 된다. 실험이 되풀이되면서 상자 속 들고양이의 착오반응은 점진적으로 약화하여 없어진다. 반대로 옳은 반응은 즉각적으로 뒤따르는 욕구충족 때문에 점차 강화된다. 결국, 특정 사태에 있어서 자극(stimulus) S와 학습된 행동반응(response) R과의 연결 또는 연합, 즉 S → R이 형성된다는 것이다.

그러나 이 동물의 시행착오에 의한 학습으로 인간의 학습을 설명하기는 어렵다는 것이 일반적인 견해이다. 인간은 동물과는 달리 전략을 세우기도 하고, 기억하면서 인지하거나 추리하면서 선택하는 능력이 있기 때문에 동물과 같은 시행착오는 거의 없다는 것이다. 유아가 나무토막을 쌓고, 말을 배울 때 시행착오에 의한 학습과 어느 정도 비슷한 점을 볼 수 있다. 그러나 이 시행착오설은 그러한 학습에 대한 우리의 이해에는 도움이 되지만 일반적인 학습의 장면에서의 유용성은 극히 제한적이다.

(2) 고전적 조건형성(classical conditioning)

고전적 조건형성은 러시아의 생리학자 이반 파블로프에 의해 체계화된 이론이다. 파블로프는 개의 타액 분비 반응에 관해 연구하던 중에 개가 음식물을 제공하

Ivan Petrovich Pavlov
(1849~1936)

기도 전에 먹이를 주는 조교의 발소리만 듣고도 타액을 분비한다는 사실을 발견하였으며, 이러한 개의 행동을 조건화 이론으로 설명하였다. 파블로프가 제시한 고전적 조건화의 원리는 특정한 반응과 전혀 관련이 없는 자극이 일정한 과정을 통해 특정한 반응을 일으킬 수 있음을 보여 주고 있다. [그림 6-1]은 파블로프의 고전적 조건형성 단계를 보여 주고 있다.

파블로프는 개에게 먹이를 주면서 동시에 종소리를 들려주었다. 개는 먹이를 먹으면 자연적으로 침을 분비한다. 이것은 자동적인 것으로 무조건 반응(Unconditioned Response, UR)이라고 하며, 무조건반응을 일으키는 자극을 무조건 자극(Unconditioned Stimulus, US)이라고 한다. 처음에 종소리는 개에게 물리적 반응을 일으키지 못하는 중성자극(Neutral Stimulus, NS)이다. 하지만 종소리와 먹이를 여러 번 연합시키면 종소리만으로도 침을 흘리게 된다. 이때 종소리는 조건자극(Conditioned Stimulus, CS)이 되고, 침 분비 반응은 조건반응(Conditioned Response, CR)이 된다.

파블로프는 개에게 무조건자극인 먹이를 줄 때마다 중성자극인 종소리를 들려주었다. 이와 같은 실험을 반복한 결과, 개에게 먹이 없이 종소리만 들려주어도 침을 흘리게 된다는 사실을 발견하였다. 이제 종소리는 더 이상 중립자극이 아니며, 개에게 침을 흘리게 하는 힘을 갖게 되었다. 개는 무조건자극 없이 종소리만으로도 침을 흘리도록 조건화되었기에 이때의 종소리는 중립자극이 아닌 조건자극으로 작용한다. 이렇게 종소리만으로 침을 흘리게 되는 것을 조건반응이라고 한다.

이처럼 어떠한 조건을 형성함으로써 반응을 유도하는 것이 고전적 조건화 이론이다. 우리가 일상에서 흔히 볼 수 있는 정서적 반응이나 태도는 고전적 조건형성의 결과라고 할 수 있다. 시험이라는 단어만 들어도 떨린다든지, 연인을 생

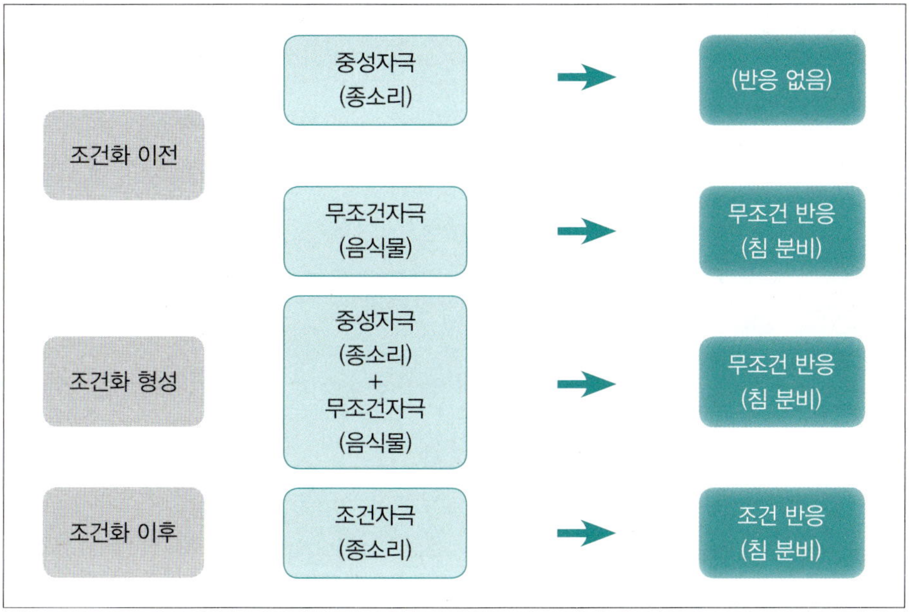

[그림 6-1] 파블로프의 고전적 조건형성 단계

각하면 즐거운 것처럼 시험이나 연인이라는 중성자극이 조건화되어 특정한 정서 반응을 일으킨다. 따라서 고전적 조건화는 학습자가 환경자극과 정서적 · 인지적 반응 사이의 관계를 학습하는 방식을 설명하는 데 많은 이바지를 하고 있다.

(3) 조작적 조건형성(operant conditioning)

스키너는 행동의 실험적 분석을 통하여 교육의 발전을 위한 학습기술 또는 정신질환이나 불량행동과 같은 이상행동의 수정기술 등에 크게 공헌하였다. 파블로프의 실험에서 조건반응은 단지 외부 자극에 의하여 야기된 반사반응에 관심이 있으나 스키너의 실험에서 조건반응은 인간의 욕구수준이나 외부의 환경에 따라 행동이 달라진다. 여기서 조작적 조건형성을 이해하기 위하여 스키너가 말하는 반응행동과 조작을 명확히 설명할 필요가 있다. 즉, 반응행동은 파블로프의 고전적 조건반사에서의 무조건반응과 같이 외부 자극에 대하여 즉각 반응하는 것으

Burrhus Frederic Skinner
(1904~1990)

로, 레몬즙이나 시큼한 깍두기를 보았을 때 침이 나오는 것이나 불빛을 보면 동공이 수축하는 것과 같은 반사적 행동을 지칭한다. 조작행동은 외부의 자극 없이 의도적으로 어떤 행동결과를 일으키도록 조작되는 행동을 말한다. 이러한 조작행동을 통하여 형성된 조건형성을 이른바 조작적 조건반사라고 한다.

스키너의 조작적 조건형성에 관한 실험은 다음과 같다. 스키너는 자신의 성을 붙인 스키너상자라고 하는 장치를 고안하여 흰 쥐를 가지고 실험하였다. 스키너상자의 장치는 지렛대를 누르면 먹이가 나오도록 되어 있고, 그것을 받는 먹이통 및 실험자에 의하여 조작이 가능한 조명을 지렛대에 부착한 것이다.

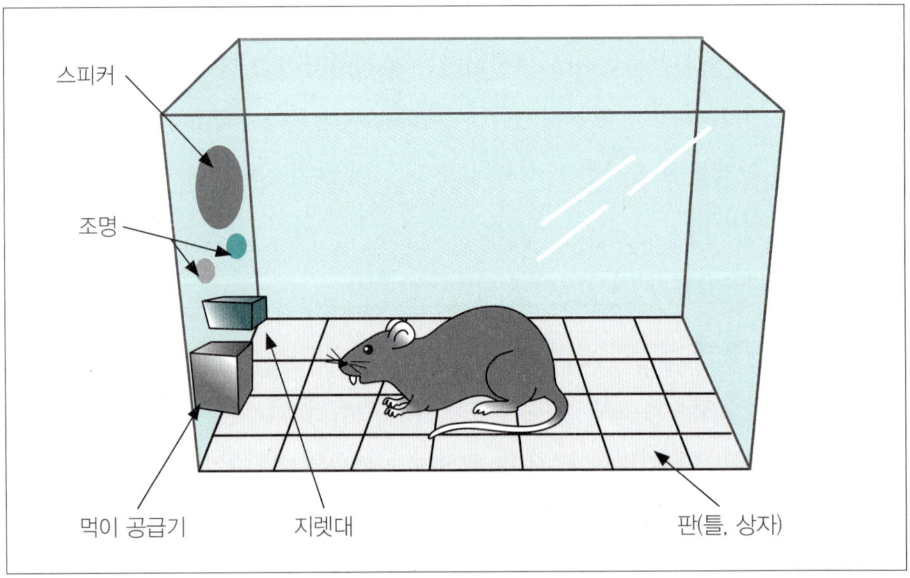

[그림 6-2] 스키너의 조작적 조건 형성

출처: https://ko.wikipedia.org/wiki/조작적_조건형성

① 강화

정적강화란 어떤 행동 후에 만족스러운 강화물을 제공함으로써 의도한 행동의 빈도와 강도를 증가시키고 유지하는 것을 의미한다. 스키너상자에서 우연히 지렛대를 눌렀는데 이때 먹이가 나왔다. 이후 쥐는 지렛대를 누르는 행동을 자주 함으로써 먹이를 쉽게 얻을 수 있었다. 먹이라는 보상은 지렛대를 누르도록 강화하고 상자 안을 배회하는 것을 약화함으로써 쥐의 행동을 조건화시킨다.

부적강화란 어떤 행동 후에 싫어하는 자극을 제거함으로써 의도한 행동의 빈도와 강도를 증가시키는 것을 의미한다. 스키너상자 바닥에 전류가 흐르고 있을 때 비둘기가 우연히 버튼을 누른다. 이때 전류가 멈추었다고 하면 비둘기는 전류라는 혐오자극을 회피하기 위해서 쪼는 행동을 증가시킨다. 이때의 전류는 부적 강화자극이 된다.

② 벌

벌은 원하는 어떤 행동의 발생비율을 약화 혹은 감소시키는 과정을 의미한다. 바람직하지 않은 행동의 빈도를 줄이지 못한다면 이는 벌이 아니다. 일반적으로 벌의 종류에는 수여성 벌(presentation punishment)과 제거성 벌(removal punishment)이 있다. 수여성 벌은 바람직하지 않은 행동의 빈도를 감소시키기 위해 불쾌한 자극을 제공하는 것을 의미한다. 교실에서 습관적으로 뛰어다니는 행동을 억제하기 위해 교사가 꾸지람하거나 청소를 시키는 것 등이 수여성 벌의 예가 된다. 수여성 벌은 대부분 물리적인 경우가 많기 때문에 효과가 즉각적이라는 이점이 있지만 대부분 학자는 이와 같은 수여성 벌에 대한 부정적 견해를 보인다. 물리적인 벌은 학생에게 고통이나 두려움, 모욕감뿐만 아니라 육체적인 상해를 가져올 수도 있다. 또한, 장기적으로는 폭력에 대한 무감각이나 모든 문제를 물리적으로 해결하려는 습관의 형성, 심지어는 정신질환성 스트레스 증상까지 일으킬 수 있다. 따라서 물리적인 벌은 장기적으로나 단기적으로도 학생에게 이로울 것이 없다. 제거성 벌은 학생의 바람직하지 않은 행동을 감소시키기 위해 학생이 좋아하는 것을 제거함으로써 불쾌한 감정을 경험하게 하여 결과적으로 바람직하지 않은 행동의 빈도를 감소시키는 과정을 의미한다. 학교 현장에서 흔히 볼 수 있는 제거성 벌로는 타임아웃(time-out)이 있다.

③ 강화계획

스키너는 반응에 대해 즉시 강화를 해줄 때 그 반응률이 가장 높아진다는 것을 스키너상자 실험을 통해 발견했다. 또한, 교사가 적절한 강화물을 선택하여 행동을 유발하고 유지하기 위해 그 강화물의 투입시기와 방법에 대해서도 알고 있어야 한다고 하였다. 또한, 학습된 행동이 일어날 때마다 빠짐없이 강화하기보다는 간헐적으로 강화하는 것이 그 행동을 지속시키는 데 더 효과적이며, 소거과정에서도 반응이 더 느리게 없어진다고 하였다.

강화를 주는 방식의 규칙을 강화계획(schedule of reinforcement)이라고 한다. 강화계획에는 반응이 일어날 때마다 강화를 제공하는 연속강화 계획과 특정한 반응에만 강화를 주는 간헐적 강화계획(intermittent reinforcement)이 있다. 연속적 강화는 행동을 빨리 변화시키므로 학습의 초기 단계에서 효과적이다.

간헐적 강화계획은 제시방법과 규칙성 여부에 따라 크게 고정비율 강화계획, 고정간격 강화계획, 변동비율 강화계획, 변동간격 강화계획의 네 가지로 구분할 수 있다.

고정비율 강화계획(fixed ratio schedules)

고정비율 강화계획은 정해진 반응 횟수에 따라 강화물이 제공되는 것을 의미한다. 예를 들어, 스키너상자에서 쥐가 지렛대를 세 번 누를 때마다 한 번의 비율로 강화가 제공되는 것을 말한다.

고정간격 강화계획(fixed interval schedules)

고정간격 강화계획은 일정한 시간 간격을 기준으로 강화가 제시되는 것을 의미한다. 강화된 행동의 빈도는 시간이 지나면서 낮아지지만 강화가 주어질 시간이 가까워지면 다시 증가한다. 지속성이 약해 정해진 시간에 강화가 주어지지 않으면 반응비율이 급속히 감소한다. 예를 들어, 스키너상자에서 비둘기가 아무리

표적대상인 원반을 쪼더라도 5초의 고정간격 강화계획에서는 마지막 반응에 강화를 제공한 뒤 5초라는 시간이 지날 때까지는 아무리 적절한 반응을 많이 해도 강화를 주지 않는다. 5초라는 시간 간격이 지나야 강화인 먹이가 제공된다.

- 변동비율 강화계획(variable ratio schedules)

변동비율 강화계획은 강화물을 얻기 위해서 수행해야 하는 수행횟수를 전혀 예측하지 못하도록 강화물을 제시하는 것을 의미한다. 즉, 강화가 어떤 때는 주어지지만 어떤 때는 주어지지 않아서 언제 강화가 일어날지 모르는 강화 계획이다. 예를 들어, 스키너상자에서 쥐가 지렛대를 눌러 먹이를 제공받을 수 있는 강화는 하루에 평균 10회가 제공되지만, 먹이가 제공되는 간격은 일정하지가 않다. 이러한 변동비율 강화계획은 반응비율이 매우 높으며 강화 후에도 휴지되지 않는다. 지속성이 강해 반응비율이 높게 지속한 후 서서히 감소한다. 강화계획 중 가장 소거가 어려운 강화계획이다.

- 변동간격 강화계획(variable interval schedules)

변동간격 강화계획은 고정된 시간 간격을 가지고 강화를 제공하는 것이 아니라, 강화가 주어지는 시간 간격을 변화시키는 방법으로 고정된 시간보다 조금 빠를 수도 있고 늦을 수도 있다. 예를 들어, 수업시간에 수행평가를 다섯 번 본다고 했을 때 각각의 수행평가를 예고 없이 보는 경우가 이 강화 계획에 속한다. 강화 반응비율이 느리지만 꾸준하며 강화 후에도 휴지되지 않는다. 지속성이 강해 반응비율이 천천히 감소한다.

2) 인지주의 학습이론(learning theory of cognitivism)

인지주의는 인간 내부에서 일어나는 사물을 인식·해석·기억하는 방법 등에 대한 인지과정을 강조하면서 대두되었다. 인지과정을 밝히기 위한 인지주의 학습이론은 지식을 구조화하는 데 있어 환경적 조건과 관찰 가능한 행동 간의 연합에 초점을 맞추었던 행동주의 이론을 비판하였다. 인지주의 이론가들은 외적인 조건보다는 자극과 반응을 중재하는 내적인 과정에 관심을 두었으며, 대표적인 인지주의 학습이론에는 통찰학습이론과 정보처리 이론이 있다.

(1) 사회인지 학습이론

고전적 조건형성과 조작적 조건형성은 동물 실험결과를 바탕으로 인간행동의 이해는 높이는 데 공헌하였다. 그러나 다양하고 복잡한 사회적 상황에서 일어나는 인간을 행동을 동물처럼 조건화시켜 이해하는 데 한계가 있다. 사회학습이론은 환경이 인간행동에 일방적으로 영향을 미친다는 행동주의 이론에 반대하며, 개인을 둘러싸고 있는 환경과의 상호성을 강조하였다.

반두라(Albert Bandura)는 사회인지학습이론을 이론적으로 체계화한 대표적인 학자이다. 그에 따르면 사회인지 학습이론은 크게 세 가지 주요 개념으로 설명된다.

첫째는 가장 단순한 형태의 사회적 학습인 모델링(modeling)이다. 모델링이란 특정한 행동을 관찰하고 흉내 내는 과정이다. 모델링은 다른 사람의 행동을 그대로 따라 하면서 일어나며, 대부분 인지적인 요인의 개입 없이 자동적으로 이루어진다.

두 번째 개념은 대리적 조건형성(vicarious conditioning)이다. 대리적 조건형성은 다른 사람이 행동했을 때 나타나는 결과를 관찰함으로써 자신이 그러한 행동을 했을 경우 예측하여 행동하는 것이다. 특히, 직접적인 조건형성이 어려운 위험도 높은 학습의 경우 효과적으로 활용될 수 있다.

세 번째 개념은 관찰학습(observational learning)이다. 관찰학습은 사회적 상황에서 다른 사람의 행동을 관찰해 두었다가 유사한 행동을 나타내는 학습현상이다. 관찰학습은 인지적 과정이 개입된다고 보고, 주의집중단계, 파지단계, 재상단계, 동기화단계를 통해 관찰학습의 과정을 설명하고 있다.

(2) 통찰학습이론

학습현상을 자극과 반응의 결합관계로 보려는 입장과는 달리, 학습은 인지구조의 성립과 그 변용으로 보아야 한다고 주장하면서 인지적인 면을 강조하는 견해가 나타나게 되었다. 인지론자들은 지각이론에 기초하여 우리가 지각하는 것은 운동 그 자체이며, 그것을 구성하는 요소들의 결합은 아니라고 주장하였다. 이러한 입장에서 학습이론을 체계화한 것이 인지론적 입장이다.

이 부류에 속하는 학습이론으로는 통찰설 · 장의 이론 · 기호형태설 등이 있으며 여기에서는 통찰설에 관해 설명하겠다.

통찰설은 쾰러에 의해 주창된 학습이론이다. 쾰러(Wolfgang Khler)는 1913년의 젊은 나이에 아프리카 대륙 서쪽의 테네리페섬에 있는 유인원연구소의 소장으로 부임하여, 그곳에서 실험을 통하여 1917년 유인원의 지각실험 결과를 발표하였다. 이 실험은 흔히 쾰러의 통찰력 실험이라고도 일컬어지는 것으로, 침팬지의 복잡한 문제해결의 과정을 설명하는 실험이었다. 쾰러에 의하면 문제해결은 시행착오를 통하여 이루어지는 것이 아니라 통찰(insight)을 통하여 일어나는 것이다. 즉, 문제해결의 열쇠가 되는 어떤 관계(relationship)를 지각함으로써 비롯된다고 보았다.

[그림 6-3] 쾰러의 통찰학습

출처: www.kocw.net-174

쾰러는 침팬지를 이용하여 여러 가지 실험을 했는데, 그중 하나는 다음과 같다. 방 안의 천장에 침팬지가 뛰어도 닿지 않는 높이에 바나나를 매달아 놓았다. 이 방안에는 여러 개의 나무상자가 널려 있는데 하나의 상자를 놓고 그 위에 올라가도 바나나에는 닿지 않는다. 그러나 다음 순간 침팬지는 갑자기 알았다는 듯이 상자 두 개를 포개 놓고 그 위에 올라가서 바나나를 따 먹었다. 쾰러는 이 학습이 통찰에 의해서 일어났다고 주장했다. 그는 침팬지가 시행착오 행동을 계속하지 않고 가만히 있을 때가 있었다는 사실과 성공적인 행동을 마치 알고 있었다는 듯 착오 없이 갑자기 행하였다는 사실이 학습은 시행착오가 아니라 통찰에 의해 일어나는 증거라고 했다. 그의 해석은, 통찰은 내적으로 표상된 상들의 종합, 즉 관련성의 파악을 포함한다는 것이다. 학습이란 의도적인 정신활동과 전체적인 구조 파악에서 비롯된다고 보는 통찰성은 학습을 행동의 변화가 아니라 인지구조상의 변화로 설명하려는 것이 특징이다.

형태주의자들은 이러한 형태의 학습이 인간에게도 일어난다고 주장한다. 그러나 이러한 통찰성은 비판도 받았다. 가장 중요한 비판은 동물과 어린이는 선수학습의 전이로 문제를 푼다는 것이다. 그 침팬지는 상자 두 개를 포갤 수 있었는데, 그렇게 하는 것을 사전에 학습했기 때문이라는 것이다. 이러한 비판이 가능한 이유는 형태 연구의 사례에서 사전학습 요인을 통제하지 못했기 때문이다. 통찰학습 실험에서 선수학습의 영향이 엿보이기는 하지만 통찰설은 관찰된 상황의 구조를 잘 설명해 주는 하나의 이론이다. 물론 모든 학습이 이런 형태로 이루어지느냐의 문제는 논의의 여지가 있다. 실제로 어린이가 덧셈과 곱셈의 관계를 안다든지, 과학의 원리를 찾아내는 것 등은 통찰설로 설명할 수 있으나 동식물의 이름, 그리고 동식물의 구조를 아는 것과 같은 것은 통찰을 통한 학습이라고 보기 어렵다. 그러므로 모든 학습사태에서 통찰이 일어난다고 할 수는 없지만 많은 문제해결 학습에서 통찰이 일어나는 것은 틀림없다.

(3) 정보처리 학습이론(information processing theory)

정보처리이론은 컴퓨터의 정보처리과정에 기초하여 인간의 인지과정을 밝힌 이론이다. 학습은 단순히 환경으로부터 받는 자극과 그에 대한 반응만으로 설명할 수 없기 때문에 내부의 인지과정에 대한 설명이 필요하다. 인간의 행동을 정보처리적으로 설명하는 정보처리 학습이론은 정보와 관련된 내적 처리과정을 컴퓨터의 처리과정에 비유하며, 학습자의 내부에서 학습이 발생하는 기제를 설명하려는 이론이다.

정보처리 학습이론의 모델은 투입된 정보가 저장되는 정보저장소와 정보저장소로부터 정보의 이동과 관계된 인지처리과정의 두 가지 요소로 구성되어 있다.

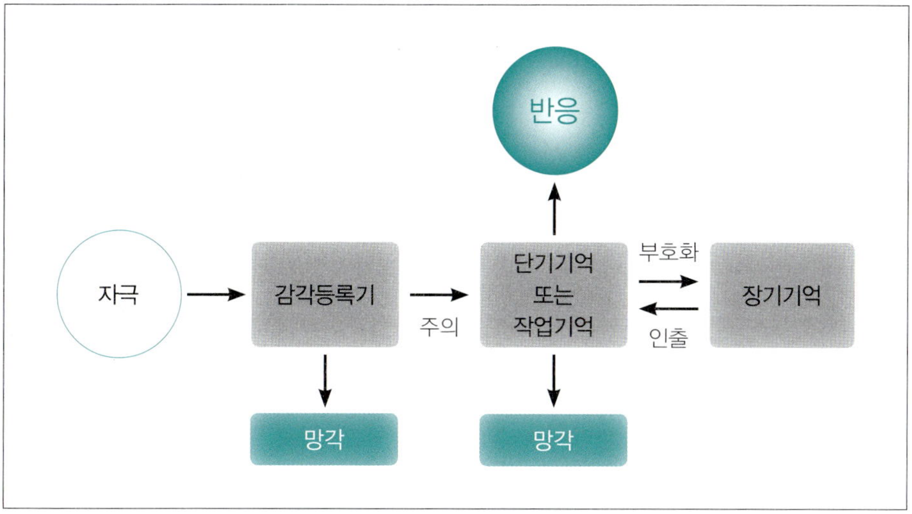

[그림 6-4] 정보처리 학습이론의 모델

정보저장소란 투입된 정보가 머무르는 곳이며, 인지처리과정이란 정보 저장소로부터 정보가 이동하는 것과 관계되는 처리과정을 의미한다. [그림 5-2]는 정보처리 학습이론의 일반적 모델이다.

① 정보저장소(information store)

투입된 정보가 머무르는 장소를 의미하는 정보 저장소는 정보의 저장에 이용되는 서류철이나 주소록 등으로 비유할 수 있다. 이러한 정보 저장소에는 감각등록기, 작동기억, 장기기억의 세 가지 요소가 포함되어 있다.

● 감각등록기(sensory register)

감각기관으로부터 들어온 정보를 순간적으로 저장하는 기억으로 감각기억이라고도 한다. 학습자가 환경으로부터 눈이나 귀와 같은 감각 수용기관을 통해 정보를 최초로 저장하는 곳이며, 자극을 아주 정확하게 저장하지만 매우 짧은 시간 동안 저장한다는 특징을 가지고 있다. 시각인 경우 약 1초 정도, 청각인 경우 약 4초 정도 정보를 저장한다고 알려져 있다. 저장용량에 제한이 없지만 주의집중 여부에 따라 정보는 즉시 소멸하거나 단기기억으로 전이된다. 정보가 단기기억으로 전이되기 위해서는 시연, 부호화, 이미지화 등의 과정이 필요하다.

단기기억(short-term memory)

단기기억은 작업기억(working memory)이라고도 한다. 감각등록기를 거쳐 투입된 정보를 해석하고 결과를 판단하는 작업이 이루어지는 곳이다. 단기기억에서는 정보가 의미 있는 형태로 부호화되고 기억전략을 쓰지 않을 경우 약 10~20초 동안만 유지되고, 용량도 7±2개(item)로 제한적이다. 따라서 정보가 사라지거나 망각되는 것을 막고 단기기억에서 장기기억으로 정보를 저장하기 위해서는 부호화의 과정이 필요하다.

단기기억 속의 정보는 유지시연(maintenance rehearsal)을 통해 장기기억으로 이동된다. 유지시연은 단기기억에 들어온 정보를 변형하지 않고 있는 그대로 정보를 반복적으로 되뇌는 과정이다. 이 방법은 학습자가 구구단이나 알파벳 등을 암송할 때 자주 쓴다. 일반적으로 유지시연은 정보가 사용될 때까지만 그 정보를 단기기억에 유지한다. 유지시연을 충분히 하면 정보는 장기기억으로 이동할 수 있다. 하지만 유지시연을 통해 장기기억으로 전이된 정보는 고립된 상태로 존재하며, 정보를 이해하거나 새로운 상황에 적용할 수 없으므로 비효과적인 부호화 전략이다.

장기기억(long-term memory)

장기기억은 용량이 무제한이며 저장기간도 영구적이다. 특히 학습자에게 의미가 있거나 이해가 된 정보는 장기기억으로 쉽게 전이된다. 이러한 장기기억은 일화기억, 의미기억, 절차기억으로 분류된다. 일화기억은 개인적인 경험과 관련된 기억으로 우리 인생에서 일어났던 사건의 의식적 기억을 의미한다. 일화기억은 별다른 노력 없이도 쉽게 회상되지만, 매우 의미 있는 경우가 아닐 때는 종종 인출에 실패하는 경향이 있다. 의미기억은 사실, 아는 것에 관한 지식으로 어떤 사건과 관련되지는 않는다. 학습과 관련된 정보는 대부분 의미기억이다. 의미기억과 관련된 정보는 상호 연결하는 도식(schema)이 생성되어 체계적인 정보망을 구성하게 된다. 절차기억은 자전거 타기, 운전하기와 같이 어떤 것을 하는 방법을 기억하고 운동기술과 인지기술을 학습하는 것을 의미한다. 한 번 숙련된 절차기술은 쉽게 망각되지 않는다. 또한, 운동기술과 인지기술을 계속적으로 연습함으로써 기억은 더 효율적이 되고 거의 의식하지 않고 수행할 수 있게 된다.

② 인지처리과정

하나의 정보를 정보저장소에서 다른 정보저장소로 옮기는 내부적이고 지적인 활동을 의미한다.

● 주의(attention)

외부로부터 들어오는 자극에 반응하여 감각기억에서 중요하다고 판단된 정보에 주의집중이 일어난다. 주의를 받은 정보는 감각기억에서 작업기억으로 이동된다. 반면 중요하지 않다고 판단되어 주의를 받지 못한 대부분 정보는 소멸된다. 즉, 학습자가 주의를 기울이지 않으면 아무리 강력한 정보라 할지라도 기억과정에 들어오지 못한다. 따라서 주의집중을 통해 저장될 정보와 소멸할 정보가 구분된다.

● 지각(perception)

감각등록기에 저장된 정보는 주의집중을 통해 즉시 처리된다. 처리과정에서 자극을 있는 그대로 받아들이는 것이 아니라 학습자의 과거경험, 지식, 동기 등의 요인에 따라 그 자극을 다르게 해석하고 의미를 부여한다. 이러한 과정이 바로 지각이다.

부호화(encoding)

부호화는 작업기억에 들어온 정보를 있는 그대로 저장하는 것이 아니라 시각적 또는 언어적인 상징의 형태로 전환하여 저장하는 과정이다. 즉, 투입된 정보가 장기기억 속에 존재하고 있는 기존의 정보와 연합하여 새로운 정보를 유의미하게 만들고, 이를 작업기억에서 장기기억으로 정보를 이동시키는 과정이다. 만약 정보가 부호화되지 않으면 그 정보는 작업기억에서 사라진다. 부호화는 정보처리 학습이론에서 가장 중요한 인지처리과정이며, 부호화과정을 거치지 않은 정보는 대부분 소멸한다.

인출(retrieval)

인출은 저장된 정보 자체를 사용하거나 새로운 정보를 부호화하기 위해 장기기억에 저장된 정보를 작업기억으로 이동시키는 과정이다. 인출은 부호화와 밀접한 관련이 있다. 인출 여부는 정보가 부호화된 맥락과 방법의 영향을 받는다. 즉, 정보가 저장되었던 맥락과 같은 환경에서는 정보 인출이 쉽지만, 저장되었던 맥락과 다른 환경에서는 정보 인출이 더 어려워진다. 정보를 인출하기 위해서는 외부 자극과 저장된 정보를 비교하는 재인(recognition)과 장기기억 속의 정보를 찾아서 인출하는 회상(recall)의 방법을 사용한다.

③ 망각(forgetting)

정보가 인간의 기억체계 내에 부호화되어 저장되었다가 인출되는 과정에서 많은 양의 정보가 사라진다. 망각은 이전에 경험하였거나 학습한 정보가 시간의 경과, 사용하지 않음 등으로 인해 약화 · 소멸하여 기억을 일시적 또는 영속적으로 떠올리지 못하는 것을 의미한다. 망각은 모든 기억 저장소에서 일어난다. 감각기억에서의 망각의 주요 원인은 쇠퇴(decay)이다. 쇠퇴는 시간이 지남에 따라 기억의 흔적이 사라지는 것을 말한다. 쇠퇴는 시간의 경과를 망각의 원인으로 보기 때문에 망각은 시간의 경과에 비례한다고 본다. 최근에 기억한 사실보다 과거에 기억한 사실이 기억해 내기 어려운 것은 쇠퇴와 관련이 있다. 작업기억에서의 망

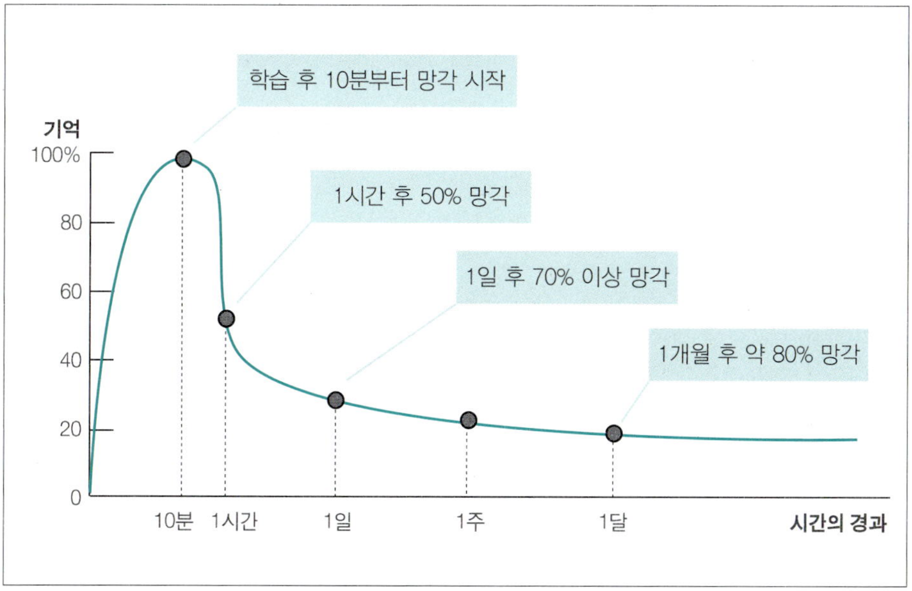

[그림 6-5] 에빙하우스의 망각곡선

출처: 에빙하우스 망각곡선 H. Ebbinghaus's retention curve.

각의 주요 원인은 쇠퇴와 치환이다. 치환(displacement)은 작업기억의 용량 한계 때문에 나타나는 현상으로 이전의 정보가 새로운 정보에 의해 밀려난 결과를 망각으로 본다.

장기기억은 용량도 무제한이고 저장기간도 제한되어 있지 않으나, 저장된 정보의 인출 실패로 망각이 일어난다. 정보가 사라지는 것은 아니며 망각은 단지 적절한 단서가 제공되지 않음으로 인해 회상에 실패한 것이다. 즉, 어떤 사실을 알고 있기는 하지만 말하려고 할 때 갑자기 말문이 막히면서 혀끝에서만 빙빙 맴돌 뿐 말로 표현되지 않는 것을 말한다. 이는 인출 실패로 나타나는 현상이다.

망각은 학습 직후에 가장 많이 일어난다. 에빙하우스(Ebbinghaus)의 망각 연구에 따르면 새로운 내용을 학습한 후 1시간이 경과되면 내용의 50%정도를 망각하고, 48시간 후에는 약 70%, 31일 후에는 약 80%를 망각한다. 따라서 망각을 예방하기 위해서는 새로운 내용을 학습한 직후에 바로 복습하는 습관을 들이도록 한다. 또한, 망각은 학습 중간 상황에서 가장 잘 일어난다. 즉, 학습 상황에서 처음과 마지막에 배운 것을 잘 기억하고 중간에 배운 것은 잘 기억하지 못한다. 이러한 기억 패턴을 초두-최신효과(primacy-recency effect)라고 한다.

chapter
07 교육과정

1. 교육과정의 개념

1) 교육과정의 의미

(1) 교육과정의 어원적 의미

교육과정을 뜻하는 '커리큘럼은(curriculum)'은 본래 라틴어의 'currere'라는 말에서 유래된 말이다. 명사로서 커리큘럼은 '달리는 코스', '경주 코스'를 의미한다. 커리큘럼이란 말의 어원에 비추어 볼 때, 교육과정이란 아동이나 학생이 일정한 목표를 향해서 달리는 과정이라는 의미를 가진다. 그러나 커리큘럼이 단지 과정만을 의미하는 것은 아니다. 달리는 과정에는 반드시 보고 듣고 배워야 하는 내용이 있기 마련이다. 여기에서 커리큘럼이라는 용어가 교육에 전용되어 일정한 순서로 배열된 학습의 코스라는 의미로 쓰이게 되었으며, 동시에 학습내용이나 경험내용을 의미하게 되었다.

2) 교육과정의 정의

역사적으로 교육과정은 강조점을 어디에 두는지에 따라 다양한 의미와 모습을 가지게 되었다. 다양한 의미로 쓰이게 된 교육과정을 다음 몇 가지 범주로 나누어 정의할 수 있다.

(1) 교육내용으로서의 교육과정

교육과정을 정의하는 방법 중 가장 전통적인 방식은 교육과정을 교육내용(content)으로 규정하는 것이다. 이때의 교육과정은 교사가 가르치고 학생이 배워야 할 교수학습 내용을 의미한다. 여기서 교수학습 내용은 지식의 체계일 수도 있고, 지식의 구조일 수도 있다. 이러한 관점에서 교육과정을 규정한 학자로는 허친스(R. M. Hutchins), 베스터(A. Bestor) 등이 있다. 항존주의 사상가였던 허친스는 교육의 목적을 지적 계발에 두고, 교육과정은 이러한 지적 계발에 도움을 줄 수 있는 영구불변의 진리로 구성되어야 한다고 생각했다(Hutchins, 1936). 베스터 역시 본질주의 교육사상에 입각하여 교육과정은 모국어, 수학, 과학, 역사, 외국어 등의 다섯 가지로 구성해야 한다고 주장했다(Bestor, 1956). 이 둘에 의한 교육과정의 개념규정은 가장 전통적이고 대표적인 것으로 이해된다.

(2) 경험으로서의 교육과정

20세기 초 미국에서 활동한 듀이와 진보주의자들은 교육과정을 내용으로 규정한 전통적인 방식을 비판하였다. 이들은 교육과정을 교사의 지도 아래 학생이 갖게 되는 모든 경험(experience)이라고 정의하였다. 이러한 생각은 그 후 많은 교육학자와 현장의 교사들로부터 지지를 받았다. 이들은 학생이 배워야 할 경험은 반드시 학교 안에서만 이루어지는 것이 아니라 바람직한 교수학습의 결과를 가져올 수 있는 것이라면 교실 안팎 어디에서든지 교육적인 경험이 될 수 있다고 생각하였다. 이러한 관점에서 이들은 학교 안팎에서 학생이 가지게 되는 경험의 총체를 교육과정이라고 규정했다.

(3) 교육계획으로서의 교육과정

1950년경 일부 교육학자들은 교육과정을 계획(plan)이라고 규정하였다. 교육과정을 계획으로 바라보는 입장은 타일러(R. W. Tyler)와 타바(H. Taba)와 같은 학자에 의해 지지를 받아 왔다. 타일러는 교육과정이란 교육목적을 달성하기 위하여 계획되는 모든 학습이라고 정의하였고, 타바는 교육과정이란 모든 학습을 위한 하나의 계획이라고 정의하였다. 세일러(J. G. Saylor)와 알렉산더(W. M. Alexander) 역시 교육과정이란 특수한 목표를 성취하기 위해 일련의 학습기회를 제공하는 계획이라고 규정하였다.

이러한 관점에서 보면 교육과정이란 어떤 교육목적을 달성하기 위하여 생활경험을 교육적인 관점에서 편성하고, 교수학습활동이 언제, 어디에서, 어떻게 행해질 것인가를 종합적으로 묶은 총체적인 계획이라 할 수 있다(이형행, 1988).

(4) 교수학습활동으로서의 교육과정

1960년대 및 1970년대에 접어들면서 교육학자들은 교육과정을 교수학습활동의 결과로 규정하기 시작했다. 포팸(W. J. Popham)과 베이커(E. L. Baker)는 교육과정을 학교가 책임져야 하는 모든 계획된 교수학습의 결과로 정의하였다. 이들은 교육과정을 계획된 결과로 이해함으로써 결과를 더 강조하고 있으며, 계획이란 결과를 가져오기 위한 수단적 절차에 지나지 않는다고 생각했다. 또 태너와 테너(D. Tanner & L. Tanner)도 교육과정을 아동, 학생의 개인적 · 사회적 능력의 계속적이고 의도적인 성장을 위하여 학교의 지도 아래 지식과 경험의 체계적인 재구성을 통하여 형성된, 또 계획적으로 의도된 교수학습 경험의 결과라고 보았다.

(5) 잠재적 교육과정

앞의 정의에 따르면 교육과정은 학생이 배워야 할 교육내용이거나 경험의 총체로 이해할 수 있다. 또 교육과정은 바람직한 결과를 얻어 내기 위한 계획으로 이해되거나 계획된 결과로서 이해된다. 즉, 교육과정은 아동의 능력을 돕기 위하여 교육을 주도하는 기관이 체계적으로 개발 · 제공하는 모든 종류의 교수학습 경험의 계획이라고 정의할 수 있을 것이다.

그러나 교육과정에 대한 이러한 정의에 대한 의문을 제기하지 않을 수 없다. 왜냐하면, 학생들은 미리 계획하고 조직해 놓은 지식이나 경험을 통해서만 배우는 것이 아니기 때문이다. 우리가 경험하는 것은 반드시 학교가 미리 계획하고 조직하고 가르친 것이 아닌 경우가 많다. 이러한 경험은 비구조화되고 비공식적이며 겉으로 드러나지 않는 것들이다. 이러한 숨겨진 경험을 일컬어 잠재적 교육과정(hidden or latent curriculum)이라고 부른다. 최근 잠재적 교육과정은 교수학습과정에서 표면적 교육과정과 함께 중요하게 다루어지고 있다.

3) 교육과정의 조건

바람직한 교육과정의 조건 혹은 기준은 무엇인가? 강조하는 바가 무엇인지에 따라 상이한 조건을 제시할 수 있겠지만 여기서는 일반적인 기준 몇 가지만을 제시해 보고자 한다.

(1) 포괄성

교육과정의 범위는 넓고 포괄적이어야 한다. 각 교과의 기본구조를 밝혀 교과의 이해를 돕는 인지적 활동과 정의적 영역의 활동도 포함하도록 계획해야 한다. 또한, 교과 외의 활동과 드러나지 않는 잠재적 교육과정까지도 포함해야 한다.

(2) 개인차 고려

교육과정의 구성과 전개는 개인차를 고려해야 한다. 아무리 체계적이고 조직적인 교육내용을 선정하고 조직했다고 하더라도 학습자의 개인차를 고려하지 않으면 교수학습의 본래 목적을 달성하기 어려울 것이다. 따라서 교육과정을 구성하고 이를 구체적으로 전개할 때 학생의 연령, 학년, 지적능력 등 개인차를 고려하는 것이 바람직하다.

(3) 창의성 발휘

교육과정은 학생의 창의성을 발휘할 수 있도록 조직되고 구성되어야 한다. 이제 교육의 성패는 창의성을 얼마나 신장시키는지에 달렸다고 해도 과언이 아니다. 마찬가지로 교육과정의 가치 역시 창의성 신장 여부에 의해 평가된다. 일반적으로 창의성이란 새로운 것을 생각해 내는 힘을 말하는데, 이러한 능력은 주어진 교과목만을 학습한다고 해서 생겨나는 것은 아니다. 경험내용을 어떻게 선정하고 조직하느냐에 따라 창의성이 신장할 수도 있고, 위축될 수도 있다는 점을 고려하여 교육과정을 구성해야 할 것이다.

2. 교육과정의 유형

1) 교과중심 교육과정

교과중심 교육과정이란 지식의 체계를 중요시하는 교육과정으로서 학교의 지도하에 아동 · 학생이 배우는 일체의 교과와 교재를 말한다. 이 교육과정은 교육성과에 있어서 지식의 습득과 이성의 계발을 가장 중요시하는 입장으로서, 각 교과는 그 자체의 논리와 체계가 있으므로 이 교과를 체계적으로 학습하게 하는 것이 교육의 중요한 방법이라고 생각한다.

교과중심 교육과정은 가장 오랜 전통을 가진 교육과정의 한 형태로서 후기 제정 로마시대의 7자유학예과(3학: 문법, 수사학, 논리학, 4학: 산술, 기하, 천문학, 음악)를 바탕으로 하여 고대부터 현대에 이르기까지 초 · 중 · 고등 교육과정에 폭넓고 뿌리 깊게 활용되어 왔다. 이 교육과정은 학문의 성질에 따라 분류되고 있으므로 교과와 교과 사이에 의미 있는 연계성 없이 고립적인 토막으로 이루어졌다. 따라서 학문의 발달과 더불어 교과의 수와 종류는 많아지게 되었다.

교과중심 교육과정을 지지하는 학자들은 교육의 주요 기능은 인류의 위대한 문화유산을 다음 세대에 전달하는 것이라고 믿는다. 이들은 인류의 문화유산 가운데 가장 가치 있고 가장 심오한 내용을 정선(精選)하여 교과를 구성하기 때문에 교과란 이러한 문화유산을 논리적 · 체계적으로 조직해 놓은 것이라고 주장한다. 이 입장은 주지주의 · 이성주의적인 사고방식에 입각하여 많은 지식을 획득하게 하고, 가치 있는 문화유산을 접하게 함으로써 이성을 계발시키자는 것이다.

(1) 교육과정의 일반적인 특징

- 인류의 위대한 문화유산이 주된 교육내용이 된다. 교과는 문화유산을 분류하고 논리적으로 체계를 세운 것이라고 할 수 있다. 따라서 교과중심 교육과정은 문화유산중심 교육과정이라고 할 수 있다.
- 교사중심 교육과정이다. 교육자는 학습자보다 월등히 다양한 지식과 기술이 있어야 하며, 이 지식과 기술을 학습자에게 전달하도록 한다.
- 설명위주의 교수법을 요구하는 경우가 많다. 그것은 교과내용에 관한 교사의 상세한 설명을 해야 하는 경우가 많기 때문이다. 따라서 교사의 자질 중 설명하는 능력이 대단히 중요하다.
- 한정된 교과영역 안에서만 교수-학습활동이 이루어진다. 교과중심 교육과정은 교과의 선을 중요시한다. 따라서 교수-학습활동은 이런 선내에서 이루어지며 선을 넘어서 다른 교과까지 침범하는 것을 싫어한다.
- 고전을 중요시하는 항존주의자와 논리적 교과목의 학습을 주장하는 본질주의자는 교과중심 교육과정을 지지한다.

(2) 교과중심 교육과정의 문제점

- 단편적이며 분과적인 교과조직에 빠지기 쉽고, 교과 전체를 통합하는 전체구조가 부족하다. 즉, 교과중심 교육과정은 전체로서의 통일성 · 연관성이 약하고, 단편적인 분할 구분이 심하여 통합성이 부족하다.
- 교수-학습과정에 활기가 없고 지식전달에 치중하여 학생의 적극적인 반응 유발에 실패하기 쉽다. 이 교육과정은 교수-학습활동이 한정된 교과영역 안에서 행해지므로 일정한 지식을 가르치는 데만 몰두하기 때문에 아동 · 학생의 흥미나 필요가 무시당하기 쉽다.

- 쓸모없는 지식의 획득이나 단순한 언어주의에 빠지기 쉽다. 문제해결력이나 자료해석력, 원리의 실제 응용 같은 학습활동은 고려하지 않는다.
- 지식의 체계를 존중하고 교과의 내적적합성과 논리적 일관성을 중시하는 나머지 학생의 필요를 경시하고 성인사회의 요구를 강요할 가능성이 크다.
- 교수-학습지도가 일률적으로 시작하고 교사중심의 전체적인 수업이 되기 쉬우므로 민주사회의 교육목표인 민주적인 가치와 태도를 기르기 어렵다.

2) 경험중심 교육과정

경험중심 교육과정이란 경험의 계열을 존중하는 교육과정으로서 학교의 지도하에 아동·학생이 체험하게 되는 모든 경험을 말한다. 이것은 교육과정을 교과로 보는 교과중심 교육과정과 큰 차이가 있다. 즉, 교과중심 교육과정이 모든 아동·학생에게 공통된 문서를 뜻한다면, 경험중심 교육과정은 아동·학생 개개인에 따라서 다르게 나타나는 경험 자체를 의미한다.

이 점에 대하여 레이간(W. B. Ragan)은 "교육과정은 아동의 경험 속에서만 존재한다. 그것은 교과나 교수 과목에 있는 것이 아니요, 교사의 의도 속에 있는 것도 아니다. …교육과정은 학습내용 이상의 것이다. 교육내용의 선정은 교사의 중요한 책임이지만 그 내용이 아동의 경험 일부가 될 때까지는 교육과정을 구성하지 못한다. 한 아동에 대하여 교육과정이 될 수 있는 내용은 다른 아동을 위한 교육과정과 다르다."고 말한다. 예를 들어, 교과중심 교육과정에서는 한 학급 아동이 50명인 경우나 30명인 경우를 막론하고 획일적인 하나의 교육과정만 있는 것에 비하여, 경험중심 교육과정은 학급 아동 수만큼 교육과정이 존재한다고 본다. 왜냐하면, 경험의 개별성을 인정하기 때문이다.

(1) 경험중심 교육과정의 일반적 특징

- 교과활동 못지않게 과외활동을 중요시한다. 교과중심 교육과정은 교실학습 제일주의의 입장을 취한다. 그러나 경험중심 교육과정은 교실학습에 못지않게 소풍 · 전시회 · 수학여행 · 자치활동 · 클럽활동 등도 중요 시 한다.
- 생활인의 육성을 목표로 하고 있다. 1930년대는 미국이 경제공항으로 인하여 시련을 겪던 시기였다. 경제공황은 교과중심 교육과정에 큰 회의를 느끼게 하였으며, 학교교육은 자아의 실현, 원만한 인간관계, 경제적 능률, 공민적 책임이라는 교육목표 아래에 잘 사는 사람을 육성하는 것에 역점을 두어야 할 필요를 절감하게 되었다.
- 아동중심 교육을 강조한다. 교과중심 교육과정에서는 교과를 가르친다는 입장을 취한다. 즉, 국어를 가르치고 산수를 가르친다는 입장이다. 그러나 경험중심 교육과정에서는 아동을 가르친다는 입장을 취한다. 따라서 교육은 아동 · 학생의 필요나 흥미 및 능력에 그 바탕을 두어야 한다고 믿는다.
- 사회의 급격한 변화에 적응하는 인간을 육성하고자 한다. 오늘날의 사회가 급격히 변화하고 있기 때문에 장래 생활을 예측하기가 매우 어렵다. 따라서 미래를 위한 준비교육을 하는 경우 어디에 기준을 두어야 할지 막연해진다. 그러므로 교육은 아동 · 학생이 현재 생활에 충실할 수 있도록 하는 데 중점을 두어야 한다고 주장한다.
- 문제해결력의 함양을 강조한다. 사회적응을 그 특징의 하나로 하고 있는 경험중심 교육과정에서는 개인적 · 집단적으로 부딪치는 문제를 가장 현명하게 해결할 수 있는 능력을 배양하고자 한다.
- 전인교육을 강조한다. 생활인 육성을 그 특징으로 하는 경험중심 교육과정에서 전인교육을 강조하는 것은 논리적으로 당연하다. 지 · 덕 · 체의 조화로운 발달을 이룩한 인간이 생활을 올바르게 영위할 수 있기 때문에 전인교육을 강조하고 있다.

(2) 경험중심 교육과정의 장점

- 학생의 흥미나 필요를 토대로 교육과정이 구성되기 때문에 학생의 자발적인 학습활동을 촉진할 수 있고, '행하면서 배운다'는 학습원리의 적용은 역동적인 학습을 할 수 있게 한다.
- 민주적 가치를 내면화시키는 데 유리하다. 즉, 공동 프로젝트의 학습문제를 해결해 나가는 과정에서 협동심, 사회성, 책임감 등 민주시민으로서 갖추어야 할 태도와 생활방식이 길러진다.
- 문제해결법의 학습과정을 중요시함으로써 학습자 스스로 세운 계획과 목표에 따라 교사의 협조를 받으면서 자료를 수집해서 스스로 자신의 문제를 해결해 나갈 수 있는 능력을 기를 수 있고, 또 많은 인적 · 물적 자원을 이용한 다양한 형태의 학습이 전개되므로 경험을 풍부하게 할 수 있다.

(3) 경험중심 교육과정 채택 시 유의사항

- 교육과정의 기본적인 분류가 명확하지 않다. 즉, 교과중심 교육과정에서는 국어 · 사회 · 수학 · 과학 등의 교과목이 그대로 교육과정 구성의 기본적인 분류가 되지만, 경험중심 교육과정에서는 아동 · 학생의 흥미나 욕구에 따라야 하므로 명확하게 분류하기가 어렵다.
- 경험중심 교육과정은 교직에 대한 소양과 지도 요령이 미숙한 교사가 채택할 경우 오히려 실패하는 수가 많다. 이는 교과중심 교육과정을 이용하는 교사보다 심리적 소양과 교직경험 및 열성이 더 많이 요구되기 때문이다.
- 경험중심 교육과정에서 아동 · 학생의 흥미나 욕구에 따라 생활 상태 그대로의 교육과정을 구성한다는 것은 학교의 본래 기능에 비추어 볼 때 교육의 본질을 과소평가하기 쉽다.
- 구체적 사실이나 체험을 통한 학습은 낮은 학습 수준의 아동에게는 적합하지만, 추상적 원리나 지식체계를 중시하는 학습과 같이 높은 학습 수준에

도달한 학습자에게는 적합하지 않을 수 있다.

- 소극적인 입장에서 말하면 경험중심 교육과정은 행정적인 통제가 힘들고 통일성을 기하기가 어렵다. 즉, 가르칠 내용을 미리 정하고 그것을 교과서를 통해 교수-학습을 시키면 행정적인 통제가 용이하고 통일성을 갖추기도 쉽다. 그러나 경험중심 교육과정에서는 일정한 기준을 세워서 질서정연한 학습활동을 하기가 어려우므로 교장이나 교육위원회의 통제가 곤란하다.

3) 학문중심 교육과정

학문중심 교육과정이 대두하게 된 경위에 대해서는 학자마다 약간씩 견해를 달리하고 있으나 크게 두 가지로 요약할 수 있다. 그중에 하나는 20세기 후반에 들어와 과학·기술의 발달로 인한 폭발적인 지식의 양 증가를 들 수 있다. 따라서 한정된 학교교육 기간에 무엇을 가르칠 것인지가 심각한 문제로 제기되었다. 다양한 지식 중에서 골라서 가르쳐야 하기 때문에 선정의 기준이 문제가 된 것은 논리적으로 당연하다. 이 선정기준은 각 학문에 내재해 있는 전이가치가 높은 지식이 되어야 한다는 것이다. 이처럼 전이가치가 높은 지식을 지식의 구조라고 한다. 날로 팽창하는 지식을 모두 가르칠 수 없기 때문에 이 지식들 중에서 가장 핵심적이고 기본적인 지식을 선정해야 한다.

또 다른 하나는 1957년 10월 4일 구소련의 인공위성 스푸트니크의 발사가 계기가 되었다. 스푸트니크 발사의 성공은 미국에 큰 충격을 주었다. 이 사건은 미국의 국가안보에 위협을 주었으며, 수학과 과학교육 진흥에 큰 자극을 주었다. 종전의 수학이나 과학교육은 사실을 더 강조하고 이것을 습득하려는 암기방법이 주가 되었으나, 학문중심 교육과정은 지식의 구조를 강조하며, 이러한 지식의 구조를 이해하기 위해서는 탐구과정이 중요하다고 주장한다.

학문중심 교육과정에서 지식의 구조라고 하는 것은 학문의 이면에 숨어 있는 기본적 아이디어·지식의 기본개념·지식의 기본원리·지식의 탐구과정 등과 동의어로 쓰인다. 이것은 각 학문을 이루고 있는 기본요소와 이 요소들이 서로 얽혀 있는 것을 나타낸다. 이와 같은 지식의 구조가 중요시되는 까닭은 지식의 구조는 학습의 전이를 용이하게 하기 때문이다. 또한, 낱낱의 개별 사실은 구조화된 전체의 틀에 비추어 볼 때 쉽게 이해할 수 있으며 잊어버리지도 않는다는 것이다.

(1) 학문중심 교육과정의 일반적인 특징

① 교과내용은 지식의 구조를 핵심으로 조직

브루너에 의하면, 한 교과의 교육과정은 그 교과의 구조를 나타내는 일반적인 원리를 가장 깊이 이해하고 있는 사람들에 의하여 결정되어야 한다. 그래서 학문중심 교육과정은 각 교과의 전문가들이 각 교과가 나타내고 있는 지식의 구조를 명백히 표현할 수 있도록 그 지식을 체계적으로 조직해 놓은 것이다. 이 교육과정에서 지식의 구조가 중요시되는 이유는 이미 언급한 바와 같이 지식의 구조는 학습의 전이를 용이하게 하고, 또 낱낱의 개별 사실도 구조화된 전체의 틀에 비추어 볼 때 쉽게 이해할 수 있으며 동시에 잊어버리지도 않기 때문이다.

② 탐구과정을 중시

학문중심 교육과정은 전술한 바와 같이 각 교과에 내재해 있는 핵심개념이나 기본원리를 교사가 찾아내어 학생에게 주입하는 것이 아니라 학습자로 하여금 그 학문분야의 학자가 한 것과 같은 방식으로 찾아내도록 한다. 즉, 물리학을 공부할 때는 물리학자가 한 것과 동일한 일을 학생에게 하도록 한다. 이 교육과정에서 말하는 교과는 해당 분야의 학자가 발견하고 축적한 지식의 덩어리가 아니라 지식을 발견하는 동안에 학자가 한 일이나 또는 탐구했던 과정과 탐구방식을 가리킨다. 학생이 배워야 할 내용은 '지식의 덩어리' 그 자체가 아니라 그것을 낳게 한 탐구과정이다. 이와 같은 탐구과정에서는 발견의 기쁨, 해결의 희열이 따르며, 교과탐구에서 오는 지적인 희열은 학습동기를 보다 강렬하게 한다. 또 지식을 탐구하는 방법을 학습하였을 경우에는 일반적인 전이를 촉진하게 된다.

③ 나선형으로 교육과정을 조직

나선형 교육과정은 교과를 가장 완전한 상태로 가정하여 생각하고 일찍부터 그 교과의 핵심개념이나 기본원리를 학생의 사고방식에 알맞게 가르치며 학년의 진전에 따라 점차 확대 · 심화해 나가는 교육과정을 의미한다. 어린이의 사고방식에 맞게 어린이가 이해할 수 있는 말과 자료를 써서 가르치면 어떤 교과내용도 이해할 수 있을 것이다. 즉, 발달단계와 상관없이 가르쳐지는 내용은 동일하며, 다만 발달단계가 높아짐에 따라 동일한 내용이 점점 폭넓고, 깊이 있게 되풀이되어 가르쳐진다고 할 수 있다.

4) 인간중심 교육과정

학문중심 교육과정이 기초과목으로 교수내용을 강조하여 기술과학적 혁신에만 열중한 결과, 1970년대에 들어 교육제도에 대한 논쟁, 학교교육에 대한 비판, 교육본질에 대한 논쟁이 일기 시작하였다. 교육이란 지식과 기술을 습득하기 위해서만 행해지는 것이 아니라 인간에 대한 이해, 타인과의 원만한 관계, 인간성의 계발, 새로운 인간형의 창조 등을 위해 행해져야 하고, 또 그러한 내용을 교육목표로 삼아야 한다는 전제하에 나타난 것이 바로 인간중심 교육과정이다.

인간중심 교육과정의 입장에서 보면 오늘날의 학교교육은 많은 문제점을 지니고 있으며, 이러한 문제는 시급히 해결되어야 할 것들이다. 그 문제점이란 바로 교수되어야 할 것은 교수되지 않고, 제시된 많은 내용이 교육적으로 별 의미가 없다는 것이다. 또 많은 단순한 사실을 학생에게 주입함으로써 보다 효과적인 결과를 얻으리란 생각은 잘못되었다는 것이다. 학문적 지식을 획득하도록 하기 위해 동기유발을 시키기보다는 의미 있는 삶, 보다 나은 인간관계, 자아개발을 위해 바람직한 교육적 방향을 결정하는 것에 더 많은 관심을 두어야 한다고 지적하고 있다.

인간중심 교육과정의 목표는 인간의 본성과 욕구에 부합시켜 사랑하고 깊이 있게 느끼며, 내면의 자아를 확장하고 창조함으로써 스스로 배우는 자아실현의 가능성을 개발하는 것이다. 즉, 교육의 목표는 인성적 성장 · 통합 · 자율성을 꾀하고 장(field) 및 타인 그리고 학습에 대한 건전한 태도를 형성하는 과정으로 자아실현으로 나아가는 것이라고 하였다. 이처럼 인간중심 교육과정의 목표는 기계적인 인간이나 지식인 지향이 아니라, 깊이 생각하고 행동하는 인간, 사랑하며 스스로 내면적인 자아를 확장하는 인간, 부단히 배우고 창조하는 전인적 인간 지향이라고 볼 수 있다. 오늘날 대부분 학교에서 개인적으로 인간행동의 문제를 처리하는 일을 돕도록 적절히 구성된 교육과정은 거의 찾아볼 수 없다. 지난날 교육의 주요 관심사는 단지 인지적 영역에 한정되어 있었다. 그러나 자아실현이라고 하는 인간주의 교육목표를 달성하기 위해서는 과학적 · 공학적 문제뿐만 아니라 인간관계의 문제에 관해서도 관심을 기울여야 한다. 인간주의 교육의 주된 관심사가 자아실현에 있는 만큼 자아실현을 도울 수 있는 교수-학습경험이 선정되고 조직될 필요가 있다. 즉 인간주의의 의미를 실현할 수 있는 다양한 경험이 요구된다.

(1) 인간중심 교육과정이 지녀야 할 일반적인 특징

① 자아의 각성

자아에 대한 긍정적인 태도를 가짐으로써 스스로 개발할 수 있는 힘을 배양할 수 있게 되고, 자아각성도 가능해지므로 자아에 대한 긍정적적 태도 형성에 도움이 되는 내용의 제시가 무엇보다 필요하다.

② 타인과의 원만한 인간관계

한 인간으로서 상대방에 대한 관심을 갖고, 또 반응을 보이며, 타인의 의사를 존중하고 수용함으로써 형성되는 인간관계는 건전한 가치관을 수립하고 생활태도를 형성한다는 점에서 매우 중요하다. 따라서 학교는 인간관계에 대한 내용을 단순한 보조 수단으로서가 아니라 목적으로서 관심을 가져야 할 것이다.

③ 인간중심 교육과정의 단점

- 인간주의자는 학생의 학습결과를 평가하기보다 학습방법과 경험을 중요하게 다루기 때문에 프로그램의 장기적 효과를 평가하는 것에 애매한 점이 많다.
- 개인차에 관심을 두고 있지만, 개인에게 알맞은 경험이 무언인지에 관해서는 구체적인 대안이 없다.
- 인간주의자가 내세우고 있는 심리적 기법과 이론이 잘못된 심리요법이 될 수도 있고, 과학적 지식으로부터 동떨어진 것일 수도 있다.
- 인간중심 교육과정이 모든 학습자에게 적절한 것이라고 볼 수 없다. 각기 다른 학생의 학습방법에 맞는 교수-학습형태를 조성하기 위해서는 인간중심 교육과정에 대한 상세한 분석 작업이 요구된다.

3. 교육과정의 개발

1) 교육과정 개발모형

교육과정의 개발은 교실, 학교, 지역, 국가 등 다양한 수준에서 다양한 모습으로 진행된다. 이는 학교에서 가르치고 배울 거리를 다듬어 내는 일이다. 일반적으로 교육과정 개발에서 공통으로 취하는 단계는 [그림 7-1]과 같다. 이 그림은 교육과정 개발모형의 그 대체적인 절차를 간결하게 도형화한 것이다. 모형은 교육과정 개발자들이 따라야 하는 체제를 제시하거나, 교육과정 개선의 과정에 포함하는 단계 혹은 요소들을 상세히 설명하는 틀로서 제시된다.

타일러의 교육과정 개발모형은 체제적 · 합리적 처방모형으로 가장 널리 받아들여지는 것이다. 교육목표 설정, 교육경험 선정과 조직, 교육목표에 따른 평가의 최소한의 절차와 구성요소를 명시한 것으로, 이후 많은 교육과정 개발모형들은 이를 확대 · 보완한 것이다. 타바(H. Taba)의 교육과정 개발모형은 학교에서 교사가 직접 참여하여 수업지도 계획의 기초가 되는 '단원'을 개발할 때 접합한 모형이다. 워커(D. Walker)의 교육과정 개발모형은 이미 이루어진 교육과정 개발 사례를 참여 · 관찰하여 귀납적으로 추출한 실제적 모형으로, 개발과정 참여집단의 의도와 이해관계의 복잡성을 잘 드러낸다. 아이스너(E. W. Eisner)의 것은 학습자의 이해와 표현양식을 확장하기 위한 예술 영역의 교육과정 개발모형이다. 직업 교육과정 개발모형은 전통적인 타일러 모형을 따르는 체제적 접근과 직업 수행에 필요한 직무를 분석하여 이를 계획 · 준비시켜주기 위한 직무분석 모형으로 나뉜다.

2) 요구분석과 교육목표의 설정

교육과정 개발에 있어 요구분석과 교육목표는 교육과정의 전체 방향을 제시하고, 교육내용이나 구체적인 학습활동 또는 지도활동의 기준 내지는 근거를 제공하는 기능을 가지고 있으므로 가장 먼저 설정되어야 한다. 여기서 교육목표는

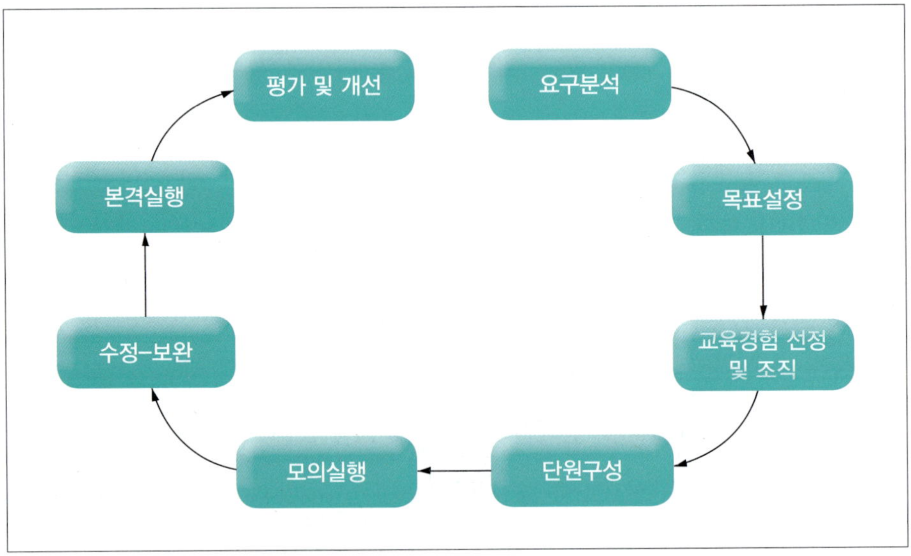

[그림 7-1] 타일러의 교육과정 개발모형

학습자에 타당한 것이어야 하며, 학습자의 흥미나 욕구 및 발달을 충분히 고려한 것이어야 한다. 또한, 교육목표는 올바른 세계관, 인생관, 역사관, 교육관 등 철학적 이념에 비추어 설정되어야 한다.

학습자와 사회의 요구를 분석하여 교육목표로 전환하는 것은 교육과정 개발에서 가장 오래된 방법이다. 요구는 현재의 상태와 미래의 바람직한 상태의 격차를 나타내기 때문에 곧 달성해야 할 목표로 전환할 수 있다. 요구분석은 목적결정, 정보의 출처 확인, 도구 선택, 단계별 요구분석 실시, 결과에 따른 의사결정 진행단계로 진행된다. 요구가 확인되면 중요도, 실현가능성, 긴급성을 고려하여 그 우선순위를 정한다. 대부분의 경우 교육의 일반목표를 만들어 교과나 특별활동에 부여하지 못하고 각자 알아서 특수목표에 따라 교육과정 개발을 하도록 허용해 왔다. 교육의 일반목표가 있어야 학교의 교육활동은 유기적 통일을 이룰 수 있다. 교육목적과 목표는 교육활동 자체의 출발점일 뿐만 아니라 교육평가 활동의 기준이기도 하다. 일반적으로 교육목적은 교육이념, 교육목적, 교육목표 순서로 구체화되고, 일반적인 교육목표는 학교급별 교육목표, 학년군별 교육목표, 학년별 교육목표로 구체화된다. 그리고 개별적인 교과 교육목표는 학교급 · 학년군 · 학년별 교과 교육목표, 단원목표, 수업목표, 차시목표로 구체화된다. 교육목표는 교육활동의 행동적 지침이며 교육평가의 지침이 되므로 분명하고 자세할 필요가 있다. 진술이 잘 된 교육목표는 타당성, 포괄성, 배타성, 위계성, 의사소통성, 실천 가능성, 달성 가능성 등의 특성을 가진다.

3) 교육내용의 선정과 조직

교육목표가 설정되면 이를 달성하기 위한 내용과 활동을 선정 · 조직해야 한다. 교육내용은 설정된 목표를 달성하기 위하여 학습자가 학습할 내용이다. 교육과정에서 교육목표에 적합한 교육내용을 선정하는 일은 매우 중요하며, 대체로 교육내용 선정기준으로는 내용 자체가 지니는 속성과 내용이 미치는 외부적 효과가 주요한 기준이 된다. 교육내용을 선정하는 데 고려되어야 할 일반적인 원칙을 제시하면 다음과 같다(이형행, 1997).

첫째, 일관성의 원리이다. 교육내용을 선정할 때 원칙적으로 지켜야 하는 준거는 교육목표를 달성하는 데 중요하다고 판단된 것을 선정하는 원리이다.

둘째, 학습 가능성의 원리이다. 교육내용은 학습자의 발달수준이나 경험의 배경 등을 고려하여 선정되어야 한다. 교사가 학습자에게 꼭 필요하다고 판단하여 선정한 교육내용이더라도 학습자가 그것을 학습할 수 없는 곤란한 정도나 차원이 높은 것은 교육내용으로 선정되어서는 안 된다.

셋째, 일목표 다경험의 원리이다. 이 원리는 한 가지 교육목표를 달성하기 위하여 여러 가지 경험을 하도록 하고, 타당성만 있다면 가능한 한 광범위하고 다양한 학습경험을 할 수 있도록 해야 한다는 것이다.

넷째, 일경험 다목표의 원리이다. 이 원리는 한 가지 학습경험을 선정하고 수행하는 과정을 통해 다양한 경험을 학습하고 이를 통해 여러 가지 목표를 동시에 달성할 수 있는 경험을 선정해야 한다는 것이다.

교육목표를 달성하기 위하여 선정된 교육내용은 학습자가 학습현장에서 학습활동을 구체적으로 전개할 수 있도록 알맞게 조직해 놓아야 한다. 따라서 교육내용의 조직은 선정한 여러 가지 교육내용을 어떻게 배열하고 그 범위를 어느 정도로 한정시키느냐가 중요하다.

교육내용을 조직하거나 조직된 교육내용의 양호도를 점검하는 것은 교육내용 조직에서 중복 · 편중 · 누락 · 비약 · 후퇴(낙차) · 혼란(역전) 등과 같은 결점을 없애 교육과정 내용의 일관성과 통일성을 달성하고 교육활동의 노력과 시간의 낭비를 막기 위함이다. 내용조직 기준에는 수평적 측면에서 범위(scope)와 통합성(integration), 수직적 측면에서는 계속성(continuity)과 계열성(sequence), 전체적인 측면에서는 연계성(articulation), 균형성(balance), 통일성(coherence)이 필요하다. 여기서 수평적 측면은 교과목 간이나 동일 교과의 단원 간 내용을 서로 관련지어 배열하는 상호관계에 관한 것이며, 수직적 측면은 무엇을 먼저 가르치고 무엇을 나중에 가르칠 것인가 하는 시간적 순서에 관한 것이다.

교육내용을 조직하면서 지켜야 할 기준은 학자에 따라 여러 가지 원리가 제시되고 있다. 그중 가장 대표적인 것은 타일러(R. W. Tyler)가 제시한 계속성, 계열성, 통합성의 원리이다. 이러한 원리에 대해 살펴보면 다음과 같다.

첫째, 계속성의 원리는 교육내용을 조직함에 있어서 중요한 개념, 원리, 사실 등의 학습이 어느 정도 계속해서 반복 학습이 될 수 있도록 하기 위한 것으로 나선형의 원리라고도 한다. 어떤 교육목표가 학습자의 행동 속에 실현되기 위해서는 그 목표가 지시하는 학습내용과 경험을 반복함으로써 행동변화를 가져오게 되므로 중요한 학습경험은 시간이 지나고 학년이 올라감에 따라 계속해서 반복적으로 제공되어야 한다.

둘째, 계열성의 원리는 계속성의 원리에서와같이 동일 수준의 학습 경험이 아니라, 수준을 달리한 학습 경험의 반복적 조직으로 선행 경험에 기초하여 다음의 학습 경험이 전개되어 점차 깊이와 넓이에 있어서 심화·확대해 가도록 조직하자는 원리이다. 즉, 계열성은 단순한 내용의 연결과 반복이기보다는 계속되는 학습의 과정에 따라 학습의 심화와 확충을 강조하는 개념이다.

셋째, 통합성의 원리는 여러 학습내용과 경험 사이에 상호 보완적 관계를 유지해 주고 개개의 내용과 경험이 서로 연결되고 통합됨으로써 보다 효율적인 학습과 성장·발달을 촉진할 수 있도록 조직하자는 것이다. 교육내용을 조직하는 데 통합성이 고려되지 않는다면 교과내용이나 경험 사이에는 불균형 또는 부조화를 가져오게 된다.

4) 교수-학습과정

교수-학습과정은 교육목표가 설정되고 학습내용이 선정·조직되고 나면 학습자가 직접 학습 경험을 쌓아나가는 활동 과정이다. 이 교수-학습과정은 교육과정 개발과정에 있어 중요한 단계이다. 왜냐하면, 교수-학습과정을 통하여 교육목표의 설정, 교육내용의 선정과 조직, 교수매체 등은 모두 여기에 투입되고, 이 투입의 결과가 학습자의 성장 · 발달로 나타나게 되기 때문이다. 교수-학습과정에서는 학습자의 심리적 특성, 교사의 인성과 자질 및 지도능력, 목표와 내용, 교수조건 및 방법, 학교 또는 학급집단의 분위기, 물리적 환경 등의 여러 요인이 역동적으로 상호작용이 이루어지며, 학습자 및 교사요인이 크게 영향을 미치는 단계이다. 이러한 교수-학습과정에 관한 자세한 내용은 다음 장에서 논의된다.

5) 평가

교육과정 평가는 교육목적의 달성도 및 이에 영향을 미치는 여러 요인에 관해서 평가하는 과정이다. 교육평가에는 교육목표가 제대로 설정되었는지, 교수-학습과정의 구성요소와 그 전체 과정에 대한 평가가 모두 포함된다. 교육평가는 교육의 향상을 위해 교육의 과정 전반에 걸쳐서 필요한 자료를 수집하고, 수집된 자료를 근거로 교육 전반의 질적인 부분을 관리하는 수단이 된다. 교육평가에 관한 자세한 내용은 10장에서 논의된다.

chapter
08

교수-학습과정

1. 교수-학습과정의 이해

1) 교수-학습과정의 개념

교수-학습과정은 교육의 핵심부를 이루고 있다. 교수-학습과정은 교사가 가르치는 것을 학생이 배우는 과정이다. 수업(instruction)의 개념과 유사한 개념이 '교수(teaching)'와 '학습(learning)'으로서, '교수-학습과정'이라는 말을 쓰기도 한다. 이들을 엄격히 구분하기는 어렵다. 이러한 용어 속에는 공통적인 개념이 내포되어 있으며, 다만 강조점이 다를 뿐이기 때문이다. 누구를 교육의 주체로 보는지에 따라 수업과 교수는 교사가 가르치는 행동을 말하고, 학습은 학생이 배우는 행동을 말하며, 교수-학습과정은 양자의 행동을 모두 포함한다고 볼 수 있다(이형행, 권영성, 2010). 또한, 학습지도(learning guidance)란 용어는 듀이의 진보주의 교육철학과 경험주의 교육과정이 대두되면서 학습자의 흥미와 개인차를 강조하면서 많이 쓰이게 되었다.

2) 수업과 학습의 차이점

수업은 학교 현장에서 교사활동의 핵심이며, 학습은 학생의 입장에서 교사가 가르치는 교과 내용을 배우는 과정이다. 수업과 학습의 차이를 주요 관점별로 살펴보면 〈표 8-1〉과 같다.

〈표 8-1〉 수업과 학습의 차이점

관점	수업	학습
변인	독립변인	종속변인
목표	일정한 목표가 있어야 함	목표가 있을 수도 있음
의의	일의적(하나의 의의)	다의적(여러 의의)
연구 대상	교실 사태	동물
주안점	지적 체계	생활경험
행동변화방법	처방적: 학생의 문제점을 찾아내어 이를 수정	기술적: 변화된 행동을 그대로 보여 줌

출처: 한상길, 김웅래, 박선환, 박숙희, 정미경, 조금주 (2010). p 263.

학습이론과 교수이론의 차이점에 대하여 부르너(Bruner, 1966)는 "학습이론은 학습의 과정에 초점을 맞추고 학습자에게 일어나는 것에 관심이 있지만, 교수이론은 교수방법에 초점을 맞추고 교수자가 행하는 것에 관심이 있다. 교수이론은 학습이론을 교육 실제에 적용하는 데 그 의의를 두기 때문에 일반적으로 처방적이지만, 학습이론은 교수이론에 비하여 서술적이고 간접적이다."라고 설명하고 있다.

지금까지 살펴본 교수, 수업, 학습, 교수-학습과정, 교수방법의 용어를 정리하면 다음과 같다.

- 교수(teaching): 학습자의 학습목표 달성을 위해 교사의 가르침을 전제로 한다.
- 수업(instruction): 학습이 일어날 수 있도록 학습자의 내적 또는 외적 조건을 체계적으로 조정하는 과정이다. 수업은 목적성, 의도성, 계획성을 가진 활동이다. 교사와 학습자 간의 상호작용뿐 아니라 교수학습 매체(media)를 이용한 프로그램에 의한 학습활동까지도 포함한다. 수업이 교수보다 포괄적인 개념이다.
- 학습(learning): 학습자의 입장에서 교사의 의도적 목적으로 일어나는 변화

와 비의도적으로 일어나는 변화를 말한다.

- 교수-학습과정(teaching learning): 교사가 학생에게 교육 내용을 가르쳐서 학생 측에서 가르침을 받는 행위를 말한다.
- 교수방법(teaching methods): 교수 형태, 교수전략, 매체 선정 등 구체적이고 세부적인 교육방법을 의미한다.

2. 교수-학습이론

1) 교수이론

교수이론은 교사가 학생으로 하여금 학습하도록 영향을 주는 방식을 다루는 것이다. 지금까지 많은 종류의 교수이론이 있지만, 대표적인 것으로는 게이지(N. L. Gage)의 교수이론, 글레이져(R. Glaser)의 수업모형, 교수이론을 위한 브루너(J. S. Bruner)의 명제, 완전학습이론으로는 캐롤(J. B. Carroll)의 학습모형과 블룸(B. S. Bloom)의 교수전략이 있다. 여기에서는 브루너의 교수이론, 캐롤의 학교학습모형, 불룸의 완전학습을 위한 교수전략을 설명하기로 한다.

(1) 브루너의 교수이론

브루너에 의하면 학습이론과 교수이론은 다음과 같은 차이와 관계가 있다. 학습이론과 발달이론은 근본적으로 기술적인 성격을 지니지만 교수이론은 규범적인 성격을 지닌다. 예를 들어, '6세 어린이는 아직도 가역성의 개념을 갖지 못한다.'라는 발달이론은 우리에게 사실적 기술을 제시해 준다. 반면, 교수이론은 가역성의 개념을 어린이가 이해할 수 있도록 이끌어 주는 최선의 방법을 모색하는데 도움이 되는 지침을 제시해 주어야 한다는 것이다. 즉, 교수이론은 지식이나 기능을 학생에게 학습시키는 가장 효과적인 방법에 관한 여러 원리와 법칙을 제시해 준다는 의미에서 규범적인 성격을 지닌다. 따라서 교수이론은 특정한 교수-학습과정의 계획과 전개에 지침을 제시해 줌과 동시에 교수-학습과정을 비판 · 평가할 수 있는 근거 내지는 척도를 제공해 줄 수 있어야 한다. 그러나 교수이론은 학습이론과 서로 모순되어서는 안 되며 서로 조화를 이루어야 한다고 주장했다.

브루너는 새로운 교육과정 개혁운동과 교수개선을 위해 크게 공헌하였으나 아직까지 하나의 완성된 교수이론을 정립한 것은 아니다. 다만 교수이론 형성을 위한 일반원리로서 그의 관점 내지 접근방법을 제시하고 있을 뿐이다.

그에 의하면 교수이론은 최소한 다음 네 가지 특성을 갖추어야 한다.

① 학습 경향성

학습 경향성은 학습하고자 하는 문제를 해결하려는 경향이나 의욕을 뜻한다. 문화의 특징이나 동기체제, 개인적 요인들이 학습의 경향성을 결정하는 데 크게 작용한다. 교수이론에서는 이러한 여러 요인을 어떻게 이용하여 설정된 목표달성에 적합한 학습 경향성을 아동 · 학생 속에 촉진시킬 것인지에 관심을 가진다.

학습의 경향성에 관계되는 브루너의 명제 몇 가지는 다음과 같다.

- 학습과 문제해결은 선택을 필요로 하는 여러 가지 가능성의 탐색을 필요로 한다. 따라서 탐색과 호기심을 저해하는 학습 내부의 억압을 해소해 줄 수 있는 교수-학습방법이 고안되어야 한다.
- 사회계층 · 성 · 연령 등의 차이에 따라 지적 활동에 대한 서로 다른 태도가 형성될 수 있다.
- 학습자의 학습유형과 학습 자료의 종류 및 수준과의 관계가 학습에 미치는 영향이 크다. 가장 좋은 학습은 학습자의 학습유형과 학습 자료의 성격이 일치될 때 성립될 수 있다.
- 교수하는 교사와 학습하는 학생의 관계 역시 학습 경향성 결정에 큰 영향을 미친다.

② 지식의 구조

브루너는 지식의 구조에 대한 중요성을 다음과 같이 설명하고 있다.

- 교과의 기본적인 개념을 이해하면 그 교과를 이해하기 쉽다. 예를 들어, 수학에서 수의 분배 · 교환 · 결합법칙을 이해하면 대수의 문제는 무엇이든 해결할 수 있다는 것이다.
- 일반적이고 기본적인 원리를 학습해 두면 필요에 따라 이것을 다시 재구성할 수 있다.
- 기본적인 원리나 개념을 이해하면 전이의 가능성이 최대가 된다. 구체적인 사례가 일반적인 사례의 특수한 경우임을 이해하면, 다음에 유사한 사례를 만났을 때 학습한 것이 전이가 가능하게 된다.
- 교재를 기본적인 관점에서 부단히 검토하면 기초적인 지식과 높은 수준의 지식 사이의 간격을 좁힐 수 있다.

③ 학습의 계열

브루너는 학습의 계열을 어떻게 구성하는지에 따라 목표달성의 효과가 다양하게 증감될 수 있다고 하였다.

가장 좋은 학습계열 결정에 관계되는 명제 몇 가지는 다음과 같다.

- 가장 좋은 학습의 계열은 학생의 경험배경, 발달단계, 학습 자료의 성격 등에 따라 달라진다.
- 지식의 구조를 개념적으로 파악하고, 여러 가지 상황을 쉽게 적응할 수 있게 하기 위해서는 특수한 사실을 기초로 한 귀납적 방법을 적용하는 것이 좋다. 개념적 관계를 이해시킴에 있어서 너무 일찍 상징적 표상에 의존한다면 오히려 아동 · 학생으로 하여금 상징과 그것이 묘사하는 사물 간의 관계를 보지 못하게 하는 결과를 낳을 수 있다.
- 계열 속 단계 간의 간격 크기는 달성하고자 하는 교육목표의 성격과 아동 ·

학생의 현재 능력수준에 따라 달라질 수 있다.

④ 강화

브루너는 강화를 외재적 보상에 의한 것과 내재적 보상에 의한 것으로 구분하고 내재적 보상에 의한 강화를 추구하였다. 학습한다는 것에 대한 순수한 즐거움에 따르는 발견의 기쁨과 성취의 만족감이 더욱 큰 강화 효과를 발휘한다는 것이다.

이에 관련된 브루너의 명제를 제시하면 다음과 같다.

- 상이나 벌이 외부에 의해서 통제될 경우 그만큼 성취로부터 받는 보상은 감소한다. 성공적인 문제 해결이 외부로부터의 칭찬이나 상을 받기 위한 수단이 되어버린다면 외재적 보상이 주가 되고, 문제해결 자체는 부차적인 것이 된다.
- 학습에 실패한다는 것은 다음의 성취 혹은 향상을 위한 가치 있는 보상을 얻는 일이 될 수 있다. 실패에 대해서 외재적으로 가해지는 벌은 실패에 따르는 정보 혹은 교훈을 감소시킨다.
- 성공에 따르는 강한 외재적 보상은 성공한 행동을 다음에 또 하게 하는 역할을 할 가능성이 크다. 그러나 외재적 보상은 바람직할 수도 있고 그렇지 않을 수도 있다.
- 외재적인 벌에 따르는 오류는 행동을 와해시킬 가능성이 크며, 시정과 향상을 위한 기반이 되기는 힘들다.

위에 제시한 명제들을 토대로 생각할 때 교사의 임무 중 하나는 내재적 · 외재적 상벌의 균형을 정하는 일이다. 이는 외재적 상벌이 지나치게 적을 경우 사실상 학습을 위한 노력이 감소하기 때문이다. 학생의 성취도와 과정의 경험 및 학습내용의 종류에 따라 외재적 상벌의 균형은 결정되어야 할 것이며, 그것은 많은 실험적 연구가 뒷받침되어야 한다.

(2) 캐롤의 학교학습모형

완전학습은 캐롤(J. B. Carroll)이 학교학습모형을 발표함으로써 그 가능성이 나타나게 되었다. 기존의 학교학습에 관한 연구는 무수히 많았지만 교육의 과정 전체를 포함하기보다는 한두 개의 요인에 국한된 것이 대부분이었다. 이런 상황에서 캐롤은 교육의 과정에 상호 관련되는 여러 측면을 종합적으로 검토하여 학생이 여러 해 동안 거치는 교육의 과정을 포함할 수 있는 학교학습모형을 만들었다.

캐롤은 학생의 학습에 영향을 미치는 변인으로 다섯 가지를 들고 이 변인들을 다시 개인차 변인과 수업 변인으로 분류하였다. 개인차 변인은 학습자의 적성, 학습자의 수업 이해력, 학습자의 지구력이고, 수업 변인은 수업의 질, 학습의 기회이다.

① 학습자의 적성

최적의 학습조건 아래 주어진 학습과제를 일정한 수준으로 성취하는 데 필요한 시간의 양을 말한다. 교사가 최상의 방법으로 교수하고 학생이 열심히 학습에 임하며, 학생에게 필요한 만큼의 시간을 준다고 할 때 주어진 학습과제를 일정 수준까지 달성하기 위해 소요되는 시간은 학생 개개인에 따라 달라진다. 즉, 주어진 학습과제를 일정한 수준까지 달성하는 데 짧은 시간을 필요로 하는 학생은 높은 적성의 소유자지만, 긴 시간을 필요로 하는 학생은 낮은 적성의 소유자이다. 캐롤은 학생 각자가 학습과제를 해결하기 위해 사용하는 시간의 차이를 적성이라고 하였다. 물론 이 적성은 특정의 학습과제와 관계되는 것으로 이미 가지고 있는 경험에 따라 사용시간이 달라진다.

② 학습자의 수업 이해력

학생이 수업의 내용이나 교사의 설명을 어느 정도 이해하는지는 그의 학업성취 수준을 결정하는 중요한 역할을 한다. 수업 내용이나 과정을 이해하는 것은 두 가지 측면에서 생각할 수 있다. 하나는 학생의 일반지능이고, 또 하나는 학생의 언어능력이다. 제시된 수업내용에 포함된 개념이나 원리를 파악하기 위해서 추리하고 소화하는 일은 일반지능의 작용이며, 교사가 교수활동에서 사용하는 언어가 학생의 이해 수준에 맞는지의 여부는 언어능력의 문제이다. 학습자의 수업 이해력이 일반능력이고, 적성은 특수능력이라는 점에서 차이가 나타난다. 즉, 학습자가 수업내용을 이해하는 데 필요한 능력이 있는 반면에 특수한 성질을 가진 과제에 따라 각각 다른 종류의 적성이 있다는 것이다.

③ 학습자의 지구력

학생의 적성이 높고, 학습을 위한 시간도 충분하며, 좋은 방법으로 교수하더라도 학생이 노력을 기울이지 않는다면 학습은 소기의 목적을 달성할 수 없다. 학생이 적극적인 노력을 기울일 수 있는 시간은 학습과제의 성격에 따라 다르다. 주어진 학습과제가 너무 힘들거나 재미가 없다면 단념해버릴 수도 있고, 전혀 집중하지 않은 상태에서 학습하는 척할 수도 있다. 이런 면에서 볼 때 학습자의 지구력은 학습동기나 흥미와 밀접한 관계가 있다. 학생이 특정의 학습과제를 성취하기 위해 두 시간이 걸린다고 가정할 때, 한 시간만 열심히 학습하고 나머지 시간을 놀았다면 과제의 50%만을 달성했다고 볼 수 있다.

④ 수업의 질

수업내용과 방법이 학생의 학습을 용이하게 해줄 수 있도록 정비되어 있는지는 학생의 학업성취에 큰 영향을 준다. 즉, 수업의 질이 최적수준이 아니라면 학생이 학습과제를 해결하는 데 많은 시간이 소요될 것이다. 이때 어떤 것이 최적수준의 수업인지는 학생 개개인의 특성에 따라 달라진다. 학생마다 각각 다른 학습양식을 가지고 있으므로 수업의 질은 학생 개개인의 입장에서 고려해야 한다.

⑤ 학습의 기회

특정한 학습을 위해 학생에게 실제로 주어지는 시간을 말한다. 학생에게 강한 학습의욕이 있어도 학습시간이 충분하게 주어지지 않으면 학습과제를 일정한 수준 이상으로 학습할 수 없다. 따라서 학생 개개인에게 자신의 학습속도에 따라 모든 과제를 해결하는 데 필요한 만큼의 시간을 주어야 한다.

이상의 다섯 가지 요인 중 학습자의 적성(학습에 소요되는 시간), 학습자의 지구력(적극적으로 학습하는 시간), 학습의 기회(학습을 위해 주어지는 시간)는 시간으로 측정하여 표시할 수 있다. 그리고 학습자의 수업 이해력을 일반지능과 언어능력의 결합으로 본다면 측정할 수 있으며, 수업의 질도 잠정적이나마 적절한 실험적 조작으로 측정할 수 있다. 즉, 가장 빈약한 교수활동을 0, 최적의 교수활동을 1로 보는 척도이다. 캐롤은 이 다섯 가지의 변인을 결합하여 학습의 정도를 다음과 같은 공식으로 나타내고 있다.

$$\text{학습 정도} = f \quad \frac{(\text{학습에 사용한 시간})}{(\text{학습에 필요한 시간})} \times 100$$

이 공식에서 f는 단순히 양변의 함수관계를 나타낸다. 그리고 분자인 학습에 사용한 시간은 학습의 기회와 학습자의 지구력에 의해서 결정되며, 분모인 학습에 필요한 시간은 학습자의 적성과 학습자의 수업 이해력, 수업의 질에 의해서 결정된다. 따라서 학습에 필요한 시간을 모두 학습에 사용했다면 학습의 정도는 100%가 되고 학습에 필요한 시간의 1/2을 학습에 사용했다면 학습 정도는 50%가 되는 것이다. 즉, 학습의 정도는 이 다섯 가지의 변인의 상호관계에 따라 높아지거나 낮아질 수도 있다.

(3) 블룸의 완전학습을 위한 교수전략

블룸(B. S. Bloom)은 학교의 교육 실태를 볼 때, 학생 중 약 1/3은 학교에서 교수하고자 하는 것을 잘 학습하지만, 약 1/3은 충분히 이해하지 못하는 상태에서 학습하며, 나머지 1/3은 거의 학습되지 않은 상태에서 학년만 올라가고 있다고 지적하였다. 이것이 오늘날의 학교교육에 있어서 가장 낭비적인 현상이지만 이런 현상이 반드시 불가피한 것은 아니다. 대부분 학생(약 95%)은 교수하고자 하는 것을 학습할 수 있다는 가정에서 이를 위한 교수방법을 찾아내는 것이 완전학습을 위한 전략이다. 이런 전략을 위해서 블룸은 캐롤의 학교학습모형을 기본모형으로 삼고, 모리슨(H. C. Morrison)의 개별지도, 브루너(J. S. Bruner)의 지식의 구조, 스키너의 프로그램 학습, 굳래드(J. I. Goodlad)와 앤더슨(R. H. Anderson)의 무학년제, 글레이저의 수업모형, 스크리븐(M. Scriven)의 형성평가 등에서 필요한 아이디어를 채택하여 활용하였다.

이미 설명했듯이 블룸은 캐롤의 학교학습모형에 포함된 다섯 가지의 변인을 그대로 적용하여 완전학습을 위한 교수전략의 기본변인으로 삼고 있다.

① 학습자의 적성

블룸은 학습자의 적성에 관해 네 가지의 가설을 제기하고 있다.

- 학생은 학습과제의 종류에 따라 각기 다른 적성을 가지고 있으며, 이런 적성의 검사결과를 통해 동일한 학습시간을 전제로 하는 경우 학습과제의 학습에 대한 예언을 할 수 있다.
- 학습과제를 완전히 학습하기 위해 소요하는 시간의 길이로 적성을 정의한다면 충분한 시간의 허용으로 소수의 학습장애 아동을 제외한 약 95%의 학생에게 완전학습을 기대할 수 있다.
- 대부분 학생에게 완전학습을 기대한다면 어떤 교수전략에 의해 완전학습에 소요되는 시간을 단축할 수 있다.
- 시간을 단축할 수 있는 교수전략의 방안으로서는 학생의 적성 수준을 높여주는 일과 학습조건을 개선해 주는 일이 필요하며, 이것은 수업방법의 개선으로 이루어질 수 있다.

② 학습자의 수업 이해력

수업 이해력의 가장 주된 요인은 언어능력이다. 언어능력과 성적과의 상관계수는 .50~ .60으로 높은 상관관계를 가진다. 따라서 수업 이해력의 증진을 위해서는 첫째, 훈련이 필요하고 둘째, 수업에 사용되는 언어수준을 학생의 언어수준에 맞추는 일이 필요하다. 완전학습을 위해서는 후자 쪽에 더욱 강조를 둔다. 후자 쪽의 입장에서 보면 소집단 구성을 통한 지도나 개인교수가 효과를 거둘 수 있다. 그리고 설명방식과 수준에 차이를 둔 교과서, 프로그램 학습자료, 시청각 교재의 활용 및 학구적인 게임놀이, 그림 맞추기 등의 보조교재를 활용함으로써 학생 수준에 맞추어 수업을 진행하면 효과를 더욱 높일 수 있다는 것이다.

③ 학습자의 지구력

앞에서 언급한 바 있는 캐롤의 지구력 개념을 받아들이면서 지구력 자체의 증진을 꾀하는 노력도 필요하지만 수업방법과 학습자료를 적절히 조작해 주는 것이 완전학습에 더 효과적이라는 견해이다. 즉, 수업과정과 학습자료가 학생의 흥미와 능력에 맞고 성취의 만족을 얻을 수 있게 해 주면 학생이 학습에 전념하는 시간의 길이가 길어진다. 그리고 학생의 개인차에 적합하도록 다양한 학습자료를 제시한다면 학습자의 지구력에 대한 요구가 감소하여도 완전학습은 가능하다는 것이다.

④ 수업의 질

수업의 질에 있어서 가장 강조하는 것은 학생의 적성, 학습방식, 선수학습의 정도 등 각자 다르기 때문에 다양한 수업방안이 마련되어야만 개별화된 수업이 가능하다는 것이다. 블룸은 개별학습을 가능하게 하는 수업방법을 찾아내는 일을 가장 큰 연구과제로 생각하고 있다. 이에 따라 개별 학생에게 맞는 학습자료의 제공, 교사와 학생 간의 상호교섭 증대, 개별 학생에게 맞는 언어구사 등이 이루어지면 완전학습은 이루어질 수 있다는 것이다.

⑤ 학습의 기회

캐롤은 학생에게 필요한 시간이 주어지고 그 시간 동안 지구력이 계속되면 대부분의 학생이 학습과제를 해결할 수 있다고 보았다. 그러나 블룸은 학습에 할당되는 시간의 길이도 중요하지만 할당된 시간을 어떻게 활용하는지가 학습속도 · 학업성취에 더 큰 영향을 미친다고 보았다. 블룸은 학생 자신이 시간을 좀 더 효과적으로 활용하면 대부분 학생이 학습에 소요되는 시간을 줄일 수 있으며 이를 위해서는 수업방법의 개선, 학습조직 및 시간표의 개혁, 다양한 학습자료의 제공이 필요하다고 하였다.

⑥ 변인 외의 고려사항

블룸은 완전학습을 위해서는 형성평가의 활용이 중요하다고 본다. 즉, 수업이 진행 중일 때 혹은 한 단원이 끝났을 때마다 형성평가를 실시하고, 여기에서 발견한 학생의 문제점이나 오류를 수정해 주어야 한다는 것이다. 이때 오류의 수정은 가능한 한 학생 스스로 하도록 기회를 마련해 주어야 한다.

블룸은 완전학습을 위한 교수전략이 대부분의 학생(약 95%)이 일정한 수준 이상의 학업성취를 할 수 있고, 이 결과로서 학생은 외부로부터 인정을 받게 되어 학습흥미의 증진, 다음 학습에 대한 동기유발, 자아개념의 향상 등을 가져올 수 있다고 하였다.

2) 학습이론

교사가 인성이나 다른 능력을 갖추었다고 해도 가르치는 일을 제대로 하지 못한다면 유능한 교사, 훌륭한 교사라 할 수 없다. 교사가 학습자를 잘 가르치기 위해서는 학습에 대한 이론을 기반으로 적합한 교수방법을 탐색하기 위해 노력해야 한다.

(1) 브루너의 발견학습

브루너는 학습주제에 대한 정확한 이해, 능동적인 학습, 학습에서의 귀납적 추리의 가치를 강조하였다. 학습주제의 구조(subject structure)는 한 분야의 기본적인 개념, 이들 간의 관계 또는 전체 패턴과 같은 정보를 말한다. 브루너는 학생 자신이 학습하고 있는 주제의 구조를 이해하는 데 초점을 둔다면 학습이 더 의미 있고 유용하며, 잘 기억될 것이라고 보았다. 이러한 정보의 구조를 잘 파악하기 위해서는 학생이 능동적이어야 한다. 즉, 교사의 설명을 단순히 받아들이기보다 학생 스스로 학습내용의 주요 원리를 파악하는 것이다. 이러한 과정을 발견학습(discovery learning)이라고 한다. 발견학습에서는 교사가 예시(example)를 제시하고, 학생은 이들 예시 간의 관계, 즉 학습주제의 고조를 발견할 때까지 공부한다.

따라서 발견학습은 구체적인 사례를 이용하여 일반적인 원리를 추출해 내는 귀납적 추리(inductive learning)를 통해 이루어진다. 이러한 귀납적 접근법에서는 학생이 직관적 사고(intuitive thinking)를 한다. 교사는 학생에게 불완전한 증거에 근거하여 추측하게 한 다음, 이 추측을 체계적으로 증명하거나 반증하게 함으로써 직관적 사고를 키울 수 있다.

발견학습을 활용한 수업전략의 예

- 교사가 가르치고자 하는 개념의 예시와 그렇지 않은 예시를 제시한다.
  - 척추동물을 가르치고자 할 때 그 예(원숭이, 기린, 사람)를 든 다음 그렇지 않은(낙지, 오징어, 해파리)를 제시한다.
  - 학생에게 추가로 척추동물과 무척추동물의 예를 질문한다.

- 교사는 학생에게 직관적인 추측을 하게 한다.
  - 교사는 개념 및 단어 정의를 말해 주는 대신, 학생이 그 개념 및 단어와 관련된 것을 생각해 보게 하고 그것이 무엇을 의미하는지 추측해 보는 활동을 하게 한다.
  - 교사는 성급하게 답을 말해 주지 말고 관련된 몇 가지 답이 나올 때까지 기다린다.

(2) 오스벨(Ausubel)의 유의미학습

오스벨(David Ausubel)은 브루너와 달리 인간은 기본적으로 발견이 아닌 수용을 통해서 지식을 습득한다고 보았다. 개념, 원리, 아이디어는 일반적인 아이디어에서 구체적인 아이디어로, 즉 연역적 추리를 사용하여 제시되고 이해되는 것이다. 그의 학습이론의 주요개념은 선행조직자와 유의미한 언어학습(meaningful verbal learning)으로 설명할 수 있다.

선행조직자(advance organizer)란 추상성, 일반성, 포괄성의 정도가 높은 자료를 새롭게 학습할 과제에 앞서 제시하는 것을 의미한다.

선행조직자는 비교조직자와 설명조직자의 두 가지로 나누어진다. 비교조직자는 학습할 과제와 인지구조 내에 있는 지식 간에 상당한 유사성이 있는 경우 이들 간의 유사성과 차이점을 분명히 하여 상호 간의 변별력을 증진할 목적으로 제시하는 자료이다. 따라서 비교조직자는 인지구조를 활성화함으로써 이미 존재하는 것을 알고 있지만 서로 간의 적절한 관련성을 찾지 못했던 것을 이해시키는데 도움을 준다.

설명조직자는 학습과제가 알고 있는 기존의 지식과는 전혀 관계가 없는 새로운 것이어서 이를 학습자의 인지구조에 끌어들이기 위한 발판으로 사용되는 조직자를 뜻한다. 따라서 설명조직자는 포섭자 또는 일반적 개념을 의미한다.

오스벨은 교사가 많은 양의 학습정보를 의미 있고 효과적으로 전달하는 방법으로 유의미학습(meaningful learning)을 강조하였다. 유의미학습 또는 유의미언어학습이란 학습자가 새로운 학습과제를 자신의 인지구조, 즉 기존에 가지고 있는 지식과 의미 있게 관련지어 학습하는 것을 의미한다. 이때, 관련을 짓는다는 것은 언어적 정보나 개념 간에 관련성을 찾아 결합하는 것이며, 유의미학습을 위해서는 유의미 학습태세, 유의미 학습과제, 관련 정착지식 이 세 가지 선행조건이 충족되어야 한다.

chapter
09
교육공학

1. 교육공학의 기초

1) 교육공학의 개념

교육공학이라는 분야의 성격은 다른 분야에 비해 상대적으로 모호하며 한마디로 규정하기 어렵다. 흔히 '교육공학(educational technology)'이라는 명칭이 '교육(education)'과 '공학(technology)'의 두 단어의 합성이라는 점에 착안하여 교육을 위해 첨단기계나 공학적인 기술을 적용하는 분야 정도로 이해하기도 한다. 그러나 이는 교육과 공학의 차이를 간과한 매우 피상적이고 부정확한 시각이다. 교육공학을 컴퓨터, 교수매체, 네트워크 기술 등 하드웨어적 기술의 발달로 인한 국한된 학문으로 보는 것은 잘못된 것이다. 그보다 오히려 당면한 문제의 해결을 위해 체계적인 접근과 분석을 시도함으로써 혁신적이고 창의적인 해결책을 고안해 나가는 과정 및 방식이라는 소프트웨어적인 측면이 성격을 규정짓는 데보다 중요하다고 해도 과언이 아니다.

교육공학은 순수과학과도 그 성격을 달리한다. 과학의 목적은 현상의 발견, 가설수립, 원리의 검증을 통한 새로운 지식을 창출하는 것이다. 이에 비해 공학의 목적은 축적된 과학적 지식을 체계적 · 실용적으로 생산성과 효율성을 극대화하고 문제 해결에 수반되는 도구와 과정을 향상시켜 나가는 것이라고 볼 수 있다(Seels & Richey, 1994). 따라서 교육공학은 교육심리학이나 교육사회학, 교육철학과 같이 교육과 관련된 심리적 · 사회적 현상의 기초과정이나 철학적 근본원리 등 인과관계의 발견과 고찰을 통해 주어진 현상에 대한 이해를 증진시키는 데 주력하는 학문이라기보다, 활용이 가능한 기계, 도구, 사람, 기술, 과정, 절차 및 아이디어를 총망라하여 교육의 효율을 높이고자 연구하는 실용적 학문이다(Gagn, 1987).

어떤 중학교 수업 시간에 대부분 학생이 선생님 말씀에 상관없이 엎드려 자거나 학원 숙제를 하고 있다고 가정하자. 당신이 교육심리학자나 교육사회학자라면, '학생들이 왜 학교수업시간에 학원 숙제를 하는 것일까?' 또는 '학생들이 왜 수업시간에 선생님의 말씀에 귀 기울이지 않는 것일까?' 등의 의문에 대한 해답을 찾고자 할 것이다. '학생들의 흥미가 부족해서', '선생님의 수업방식이 지루하기 때문에', '또는 학교의 수업진도가 학원 수업의 진도보다 뒤처져 있기 때문에', '학교의 내신성적이 대학입시에 중요한 요인이 아니기 때문에' 등의 여러 가설을 수립하고, 이 중 어떤 가설이 위 현상을 가장 잘 설명하는지를 고민하는 것 역시 그들의 몫이다. 당신이 교육공학자라면 여기서 한 걸음 더 나아가 '그렇다면 과연 어떤 매체, 수업 방식 또는 전략을 사용했을 때 학생들이 선생님의 수업에 집중하게 될 것인가?'를 고민해야 한다. 교육공학자의 주된 임무는 문제의 진단이 아닌 그 해결책의 처방에 있기 때문이다. 즉 과학적으로 입증된 원리와 절차를 적용하여 문제를 분석하고, 그 해결책을 고안 · 적용하며, 보다 생산적이고 개별화된 학습경험의 제공을 통해 교육의 효과성 · 효율성 · 접근성을 극대화하고자 노력하는 학문이 바로 교육공학이다.

2) 교육공학의 정의

교육공학의 범위와 목적이 때때로 불분명하게 느껴지는 가장 큰 이유는 교육공학이라는 분야가 다른 분야에 비해 아직 역사가 짧은 비전통적 학문 분야이기 때문이다(Gagn, 1987). 다소 시각의 차이는 있으나, 감각적 경험을 통한 교육의 중요성을 강조하며 1600년대에 최초로 삽화를 도입한 교과서를 출판한 코메니우스를 교육공학 분야의 선구자로 보는 것이 지배적인 견해이다(이화여자대학교 교육공학과, 2004; Reiser, 2002). 그 후로부터 근대에까지 교육공학의 성격을 보다 구체적으로 규정짓고 그에 대한 합의를 도출해 내고자 여러 차례에 걸쳐 당시 학문적 권위를 인정받는 학자 및 기관에 의해 교육공학의 정의가 발표되어 왔다. 이 정의는 교수매체의 역할에 중점을 둔 교육공학의 초기 정의부터, 문제해결 과정으로서 교육공학을 바라본 1960년대와 1970년대의 정의, 과정 그 이상이며 이론과 실천분야로서 교육공학의 역할을 강조한 1990년대의 정의, 매체, 체제적 교수설계, 수행공학을 아우르는 통합적인 분야로서 교수설계공학(instructional design and technology)으로 재명명한 최근의 정의에 이르기까지 몇 세대에 걸쳐 변화되어 왔다(Reiser, 2002). 따라서 교육공학 정의의 변천을 살펴보면 교육공학이라는 분야가 어떻게 시대의 흐름을 반영하면서 변모되어 왔는지를 한눈에 파악할 수 있다.

(1) 초기정의: 매체로서의 교육공학

1920년대에서 1940년에 걸쳐 미국 공립학교에서는 영화와 슬라이드 등의 시각자료와 라디오, TV 등의 시청각자료 등 각종 매체를 수업에 활발히 사용하게 되었다. 따라서 당시 교육공학의 정의는 교수매체 활용에 중점을 두고 있다(Reiser, 2002). 분야의 명칭 역시 현재와 같은 교수공학(instructional technology), 교육공학(educational technology)이 아닌 시각교육(visual instructional)으로 불렀다. 우리나라 최초의 교육공학과인 이화여자대학교 교육공학과 역시 1963년 설립 당시에는 시청각교육과로 출발하였으며, 분야의 변화에 발맞추어 1988년 교육공학과로 개칭하였다. 즉, 초기의 교육공학은 교육적 목적을 위해 그림, 전시문, 괘도, 지도, 그래프, 슬라이드, 영화, 라디오, TV 등 가능한 한 모든 종류의 시청각자료와 매체를 활용하는 것으로 정의되었다(Seels & Richey, 1994).

(2) 1960년대와 1970년대의 정의: 과정으로서의 교육공학

1950년대까지 지속하여 온 이러한 매체중심의 관점은 1963년 당시 미국교육협회(NEA) 산하의 시청각교육국(Department of Audiovisual Instruction: DAVI)이 교육공학에 대한 새로운 정의를 발표하면서 일대 변화를 겪는다. 시청각교육국은 현 미국 교육학회인 AECT(Association for Educational Communication and

Technology)의 전신이다. '학습과정을 통제하는 메시지의 고안과 활용에 주로 관여하는 교육이론(theory)과 실제(practice)의 한 분야'라고 규정하고, 특히 '시청각 커뮤니케이션의 실제적 목적은 학습자의 잠재력을 최대한 계발시키는 데 도움이 되는 모든 커뮤니케이션 매체와 방법을 효율적으로 활용하는 것'임을 강조하였다. 이 정의는 교육공학 분야의 권위 있는 기관에 의해 발표된 최초의 공식 정의이다.

> '교육공학(educational technology)'이란 인간 학습의 전반에 관련된 문제를 분석하고, 그에 대한 해결책을 고안 · 실행 · 평가 · 관리하기 위하여 사람 · 절차 · 아이디어 · 도구 및 조작을 수반하는 복합적이고 통합적인 과정이다.

이후 분야의 전문가들 사이에서 체계적 접근과 분석의 중요성에 대한 공감대가 형성되어 가자, AECT는 다시 이러한 움직임을 반영한 새로운 정의를 발표하게 된다. AECT의 1977년 정의에 나타난 특징은 다음과 같이 요약된다(Gentry, 1995: Seels & Richey, 1994).

- 문제분석에서부터 해결책이 적용에 이르는 체제적(systematic) 설계과정을 강조하였다.
- 교육공학을 하나의 이론(theory), 분야(field), 전문적(profession)으로 인정하였다.
- 인간 학습과 관련된 모든 문제의 해결을 교육공학의 책무로 간주하였다.

(3) 1994년 AECT의 정의: 과정 그 이상으로서의 교육공학

> 교육공학(educational technology)은 학습을 위한 과정과 자원의 설계, 개발, 활용, 관리, 평가에 관한 이론이다.

AECT는 1963년 최초의 공식 정의를 발표한 이후, 1977년과 1994년 2회에 걸쳐 교육공학에 대한 새로운 공식 정의를 발표하였다. 다음에 제시된 1994년의 정의는 AECT가 발표한 정의 중 가장 최근의 것이다(Seels & Richey, 1994).

AECT는 이러한 정의를 발표하면서 교육공학 분야의 궁극적인 목표가 학습의 증진에 있다고 보았다. 또한, 교사와 교수매체를 따로 구별하지 않고 광범위한 의미에서 모두 학습을 위한 자원으로 간주하였다. 이러한 점은 이전의 정의에서도 공통으로 나타난 특징이다. 그러나 1977년의 정의와 비교할 때 다음과 같은 몇 가지 차이점을 보인다.

먼저 1977년의 정의에서 인간 학습 전반에 걸친 모든 문제를 교육공학에서 다루어야 할 대상으로 인식한 것과 달리, 1994년의 정의에서는 교수학습과 직접 관련된 문제해결을 교육공학의 주된 목적으로 한정 짓고 있다. 이를 통해 분야의 적용 범위를 보다 명확하게 규정하였다. 이러한 변화는 분야를 지칭하는 용어가 'educational technology'에서 'instructional technology'로 바뀌게 된 이유이기도 하다. 이 두 용어는 이후 현재까지 교육공학을 지칭하는 동일한 의미로 사용되고 있다. 1994년의 정의는 다음과 같은 기본 가정들로부터 출발한다(Seels & Richey, 1994).

- 교육공학은 하나의 교육운동으로 시작되어 이론적 학문 분야 및 실제적 전문분야로 성장하였다.
- 교육공학에서는 과정과 산출물이 모두 동일한 중요성을 지닌다.
- 교육공학자들은 교수활동의 효과성과 효율성을 추구한다.

- 교육공학 분야는 설계, 개발, 활용, 관리, 평가의 다섯 가지 기본영역으로 이루어져 있다.

(4) 2002년 리이서의 정의: 교수설계공학

1994년 AECT가 공식정의를 발표하면서 교육공학 분야에서 공학과 커뮤니케이션의 발전에 따른 많은 변화가 일어났다. 또한, 학교교육뿐만 아니라 기업교육에서도 교육공학이 활발히 적용되는 양상을 보였다. 리이서(Rovert A. Reiser)는 AECT의 정의가 이 분야의 최근 움직임을 충분히 반영하지 못하고 있다는 판단 아래 자신의 저서에서 다음과 같이 새로운 정의를 발표하였다.

> 교수설계공학(instructional design and technology) 분야는 학습(learning)과 수행(performance), 문제의 분석, 다양한 환경 특히, 교육기관과 직장에서의 학습과 수행을 증진시킬 수 있는 교수적(instructional) 과정과 자원의 설계, 개발, 활용, 평가, 관리를 포함한다.

이 정의에서 특히 주목할 점은 이제까지 분야를 지칭하는 공식 명칭으로 사용되어온 교육공학과 교수공학 대신 '교수설계공학'이라는 새로운 명칭을 제안한 점이다. 이는 교육공학의 실질적 적용 분야를 크게 교수매체의 적용과 체제적 교수설계의 적용이라는 두 가지로 나누어 보고 있는 저자의 시각을 반영한다.

앞서 발표된 정의들이 주로 학교에서 일어나는 학습의 증진에 주안점을 두고 있었던 것에 비해, 리이서의 최근 정의는 이러한 전통적인 의미에서 학습의 증진과 함께 직장에서의 수행 증진에 동등한 비중을 부여하고 있다는 점이 특히 눈여겨볼 만하다. 이와 더불어 직장에서의 업무 수행과 관련된 문제를 해결하기 위해서는 종종 새로운 것을 가르치거나 훈련기회를 제공하는 등의 교수적 처방보다, 업무에 대한 보상체계의 변화를 주거나 담당 부서를 재배치한다거나, 새로운 업무지원 시스템을 제공하는 등의 비교수적 처방이 더욱 효과적이라는 저자의 인식을 반영하고 있다. 리이서의 정의는 분야의 흐름을 분석하는 저자의 시각이 지니는 대표성과 타당성으로 인해, 다른 교육공학자들 사이에서 광범위한 공감대가 형성되어 가고 있다.

2. 교육공학의 주요탐구(연구)영역

1) 교수체제의 개발영역

교수체제 개발 분야는 교육공학에서 매우 중요한 위치를 차지하고 있는 탐구영역이다. 교수체제 개발이란 교수학습 상황을 일종의 체제로 간주하고, 체제적 접근방법을 동원하여 적합한 교육 프로그램을 개발하는 것을 말한다. 앞에서 언급한 것처럼 체제적 접근이란 체제를 구성하는 모든 구성요소 간의 관계를 검토하고, 목표를 명세화한 다음, 각 구성요소가 각자의 과업을 수행하고, 그 결과를 목표에 비추어 평가한 내용을 각 관련 부분에 피드백하여 지속해서 수정하고 개선해 가도록 하는 접근방법이다. 교수체제가 안고 있는 문제 상황은 학생의 학습과 관련하여 기대되는 이상적 수준과 현실적 수준 간의 차이를 어떻게 좁힐 것인지에 있다. 이 차이는 교육기관이 해결해야 할 문제 상황이며, 이 문제를 해결하기 위하여 교육공학은 체제적 접근방법을 동원하여 교육 프로그램을 개발하는 것이다.

교육 프로그램 개발의 체제적 접근은 학자들에 따라서 조금씩 차이는 있으나, 일반적으로는 분석, 설계, 개발, 실행, 평가의 다섯 단계를 기본으로 한다. 이른바 'ADDIE' 모형이라고 부른다.

〈표 9-1〉 프로그램 개발 ADDIE 모형

단계	내용
1. 분석 (Analysis)	• 프로그램을 개발하는 초기 단계로서 교육 프로그램 설계를 위한 기본 자료를 수집하는 단계이다. 교육 프로그램 설계를 위한 자료를 얻기 위해서 학습자에 대한 요구분석, 학습 과제분석, 학습자 특성분석, 학습 환경분석 등을 수행한다. • 분석을 통하여 수집된 자료는 교육 프로그램을 개발하는 데 있어서 대단히 중요하다. 이 분석 단계에서 수집된 자료를 신뢰하지 못하다면 결과적으로도 신뢰할 수 없다. 따라서 정확하고 신뢰할 수 있는 자료를 수집하기 위해서 다양한 전략이 고려되어야 한다. • 교육 프로그램의 전체 개발 과정에서 이 단계에서 가장 많은 시간이 소요되는 이유는 문제 상황에 대한 정확한 분석을 통하여 신뢰할 수 있는 자료를 수집하는 것이 그만큼 중요하기 때문이다.
2. 설계 (Design)	• 분석단계에서 수집된 자료를 토대로 하여 이에 대한 해결책으로서 종합적인 해결 방안을 도출하는 단계이다. 분석 단계에서 추출된 자료를 토대로 수업에서 달성해야 할 교육 목표를 명확하게 설정하여야 하며, 교육 목표 달성도를 확인할 수 있는 평가도구를 개발해야 한다. • 명료화된 교육 목표와 평가도구를 기반으로 해서 수업시간에 다루어야 할 교육 내용과 교육방법, 사용할 여러 가지 교육매체 등에 대한 종합적인 설계명세서를 작성하여야 한다.
3. 개발 (Development)	• 설계에서 작성된 설계명세서에 따라 실제로 수업 현장에서 사용할 수업 자료를 만드는 단계이다. 수업 자료로는 교과서, 교사용지도서, 학습지침서, 교수학습 프로그램, 각종 교수매체와 검사도구 등을 포함한다. 이러한 자료는 종래에 주로 인쇄매체의 형태로 제작되었으나, 최근 다양한 전자매체로 개발되고 있다.
4. 실행 (Implementation)	• 개발된 다양한 교육자료, 즉 교육 프로그램을 실제 교육현장에서 사용하고 이를 통해서 교육목표를 달성할 수 있도록 체계적으로 관리하고 지원하는 활동을 말한다. • 예를 들어, 교육 프로그램의 운영에 필요한 인적 자원의 확보, 교육 프로그램 운영과 관련한 담당 교사의 연수, 프로그램 운영을 위한 시설 및 기자재 확보 등 다양한 지원활동이 요청된다. • 교육 프로그램의 운영과정에서 발생하는 다양한 정보는 프로그램 개선을 위한 중요한 피드백 자료로 활용한다.
5. 평가 (Evaluation)	• 교육 프로그램의 개발 과정으로부터 프로그램의 성과 및 평가방법에 이르기까지 전반적인 사항을 총체적으로 점검하여, 이를 기반으로 프로그램의 질을 사정하고, 필요한 부분에 대한 수정과 보완을 통하여 프로그램 개선을 위한 자료로 활용한다. • 교수체제의 개발은 교육 프로그램의 운영과 관련한 모든 사항에 대한 총체적 접근을 지향하며, 프로그램이 운영되는 상황적 특성을 고려한 맥락적 접근을 추구한다.

2) 교육매체의 개발영역

교육매체란 교수학습 상황에서 수업에 참여한 사람에게 수업내용을 전달해 주는 도구이다. 교육매체의 개발과 활용이 중요하게 대두되는 이유는 어느 수업 장면이든 매체는 반드시 필요하고, 이 매체의 활용 여하에 따라서 수업이 큰 영향을 받기 때문이다. 수업상황에서 메시지를 전달하는 사람을 '송신자', 메시지를 전달받는 사람을 '수신자'라고 한다. 송신자는 자신이 전달하고자 하는 메시지를 다양한 방법으로 표현할 수 있으며, 수신자 또한 다양한 방법으로 표현된 메시지를 전달받을 수 있다. 문제는 송신자가 전달하고자 하는 메시지를 수신자가 100%로 전달받기 위해서 어떤 표현방법을 사용해야 하는지에 있다. 달리 말하면, 어떤 매체를, 어떻게 만들어서, 어떻게 사용하면 메시지 전달 과정에서의 누수를 최소화할 수 있는지의 문제이다.

(1) 교육매체의 종류

교육매체의 종류는 정보통신 기술의 발달과 직접적으로 관련된다. 정보통신 기술의 발달에 따라 인쇄술, 카메라, 라디오, TV, 인터넷, 스마트폰, 태블릿 PC 등이 등장하였고, 이들 매체를 교육 현장에 활용하고자 하는 노력이 계속되어 왔다.

이처럼 다양한 교육매체의 종류에 대해 여러 가지 방식으로 분류하고 있다. 해당 매체가 주로 활용하는 감각기관이 무엇인지에 따라 투사매체, 시각매체, 청각매체, 시청각매체로 구분하기도 하고, 빛의 사용방법에 따라 투사매체, 비투사매체로 구분하기도 한다. 또한, 매체가 처리하는 데이터의 성질에 따라 아날로그 매체, 디지털 매체로 분류되기도 하며, 매체가 등장한 시기에 따라 세대별 매체[1]

1) 1세대 매체: 칠판, 전시, 모형, 차트, 그림, 도표 등
2세대 매체: 교과서, 인쇄물 등
3세대 매체: 슬라이드, 영화, 라디오, 녹음기, 텔레비전 등의 대량 전달매체
4세대 매체: 프로그램 학습, 티칭머신, CAI 등 교육자동화

와 전자매체, 비전자매체로 구분하기도 한다(백영균, 박주성, 한승록, 김정겸, 최명숙, 변호승, 박정환, 강신천, 김보경, 2010).

(2) 교육매체의 비교 연구

교육공학 초창기에는 이러한 새로운 교육매체가 등장할 때마다 기존의 교육매체에 비해서 새로운 교육매체가 학생의 학습에 얼마나 더 효과적인지에 관심이 있었다. 이러한 유형의 연구를 '매체비교 연구'라고 한다. 그러나 이러한 연구는 그 결과에서 일관성이 없었다. 즉, 어떤 연구에서는 특정 매체가 학습에 긍정적인 효과가 있었다고 하였으나, 다른 연구에서는 또 다른 결과가 보고되기도 하였다. 이러한 결과는 각기 다른 매체가 나름대로 특성을 보이고 있다는 사실을 간과한 것이다. 예를 들어, 과거에는 교사가 칠판에 판서하면서 중간마다 학생들과 질의응답을 하는 등 상호작용을 하면서 수업을 진행하였다. 때로는 학생들을 앞으로 나오게 하여 칠판에 직접 글을 쓰거나 그림을 그리게 하면서 문제를 풀도록 하였다. 그러다가 다양한 형태의 표현방법을 활용할 수 있는 파워포인트가 등장하면서 수업의 많은 부분을 파워포인트가 대신하게 되었다. 그러나 최근에는 이러한 파워포인트에 대한 매력이 시들해져서 다시 과거처럼 칠판수업을 하기도 한다. 이는 담당 교사가 수업 전반을 칠판을 통해서만 진행한다든지, 아니면 반대로 파워포인트로만 수업을 진행한 결과가 아닌가 싶다. 각 고유의 매체는 나름대로의 장점이 있기 때문에 교수매체를 선정함에 있어서는 각 고유의 특성을 고려하여 매체를 사용한다면 이러한 문제는 발생되지 않을 것이다.

(3) 교육매체의 속성 연구

어떤 수업매체가 다른 수업매체에 비하여 학습에 더 효과적인지를 탐구하는 매체비교연구를 넘어서서 해당 매체의 어떠한 속성이 학습에 영향력을 발휘하는지에 대한 연구를 '매체속성 연구'라고 한다. 각 매체가 지니는 고유한 속성은 그

매체를 어떠한 상황에서 활용하는지에 따라 그 효과가 다르게 나타나기 때문이다. 예를 들어, 농구의 슈팅 자세를 가르치는 체육 수업인 경우 정확한 슈팅 자세를 선보이는 농구선수의 슈팅 동작을 녹화한 동영상 자료를 보여 주면 학생들의 학습에 많은 도움이 될 것이다. 그러나 학생들에게 논리적 사고가 요구되는 수학 수업에서 동영상 자료는 체육 수업만큼의 효과는 보지 못할 것이다. 또한, 동일한 학습내용이라도 학생의 특성에 따라서 선호하는 매체가 다를 수 있다. 어린 아동은 동작이나 그림과 같은 구체적 표현이 학습 효과를 높이는 데 유용하겠지만, 나이 든 학생의 경우 논리적으로 진술된 문장 표현이 더욱 유용할 수 있다.

(4) 교육매체의 효과성 연구

이처럼 교육매체의 효과성은 그 매체를 활용하는 상황에 따라 달라질 수 있다. 따라서 교육매체를 개발하기 위해서는 관련된 사항을 종합적으로 검토하여 교육매체를 설계하는 체제적인 접근이 요구된다. 왜 교육매체의 개발을 해야 하는지에 대한 분명한 목적으로 특정 교육매체를 개발하기로 결정하였다면, 해당 매체를 사용할 상황에 대한 면밀한 분석 단계, 분석 단계에서 수집된 자료를 토대로 개발할 매체를 설계하는 단계, 설계된 청사진에 따라 실제로 매체를 개발하는 단계, 개발된 매체의 오류나 미비점을 검토해서 수정하고 보급판을 만드는 평가와 마스터링 단계 등을 거치게 된다.

(5) 교육매체의 활용 연구

개발된 교육매체를 어떻게 선택해서, 어떻게 활용할 것인지의 문제 또한 교육공학에서 중요하게 다루어진다. 특히, 오늘날 많은 발전을 거듭하고 있는 다양한 멀티미디어 교육매체는 추상적 학습이 이루어질 수밖에 없는 교실 상황에서 실제와 유사한 경험을 할 기회를 제공해 줄 뿐 아니라, 풍부한 학습 자료와 자기주도적 학습 기회를 제공해 주면, 인터넷을 통해서 많은 사람과의 협동적 상호작용을 가능하게 하는 등의 많은 장점을 지니고 있다. 이처럼 다양한 장점을 지니고 있는 첨단 교육매체를 수업에 잘 적용하기 위해서는 다음과 같은 체제적 접근과정이 필요하다.

- 교육매체를 활용할 학생에 대하여 교육매체 활용과 관련한 특성을 분석하여야 한다. 해당 학생에게 친밀한 매체는 무엇이며, 그들이 특정 매체를 다룰 수 있는지 등의 특성은 매우 중요한 고려요인이다.
- 해당 수업의 주요 목표를 구체화해야 한다. 수업목표를 구체화하면 해당 수업의 목표달성에 적합한 교육매체를 선정하는 것이 보다 용이하다.
- 해당 수업목표를 달성하기 위한 적절한 수업자료와 수업방법을 생각하고, 이러한 수업방법에 활용할 적합한 교육매체를 선택해야 한다.
- 선택한 교육매체를 수업에서 잘 활용하기 위해서 우선 교사가 해당 매체의 활용방법을 익혀야 하며, 학생에게도 해당 교육매체를 어떻게 활용할 것인지에 대해서 사전준비를 시켜야 한다.
- 해당 교육매체를 활용하는 실제 수업시간에 모든 학생이 적극적으로 참여할 수 있도록 참여의 기회를 제공하고 장려해야 한다. 마지막으로, 수업이 끝난 후에는 해당 교육매체의 효과와 영향에 대하여 평가하고 피드백 함으로써 다음 수업계획에 반영할 수 있도록 해야 한다.

수업에서 어떤 교육매체를, 어떻게 개발하여, 어떻게 활용할 것인지의 문제는 교육의 핵심이다. 교육매체를 개발하기 위해서는 해당 교육매체가 다루어야 하는 교육내용에 대한 교과전문성, 교육매체의 설계와 관련한 교육공학적 전문성, 실제로 교육매체를 개발하기 위한 기술 등이 기본적으로 요구된다. 그러나 교육공학도는 교과 전문성이나 교육매체 개발을 위한 기술보다는 교육매체 설계에 대한 전문적 안목을 먼저 갖추어야 한다.

3. 이러닝(e-learning)영역

1) 이러닝의 정의

이러닝이라는 말은 2000년을 전후로 하여 전자적 정부, 전자상거래, 기업교육 등의 개념과 함께 등장한 새로운 개념으로서 '인터넷과 웹기반 기술을 이용하여 언제 어디서나 지식과 정보에 접근할 수 있는 학습 환경'을 뜻한다. 유사하게 '웹기반 교육', '사이버교육', '온라인 교육', '가상교육' 등의 개념이 있다. '이러닝(e-learning)'에서 e의 의미는 전자적(electronic)이라는 의미 외에 학습 경험의 다양화, 학습 기회의 연장, 학습 공간의 확장 등의 의미를 갖고 있다. 이러한 정의를 종합해 보면, 이러닝은 네트워크를 기반으로 하는 학습 환경으로서 인터넷 표준기술을 활용하여 개별 학습자에게 정보를 제공하는, 단순히 전통적인 교육·훈련·연수 이상의 폭넓은 학습의 의미를 담고 있다(박성익, 임철일, 이재경, 최정임, 2011). 즉, 이러닝은 인터넷과 같은 네트워크를 기반으로 하는 사이버 학습 환경에서 사용자에게 학습내용을 전달하는 것뿐만 아니라 학습자의 학습을 운영·관리하는 시스템까지 포함하는 개념이다.

이처럼 이러닝은 인터넷이라는 거대한 네트워크를 기반으로 하는 학습 환경이라는 측면에서 오늘날 지식기반사회의 학습 환경으로 크게 주목받고 있다. 지식기반사회란 조직의 지식창출 능력이 조직의 경쟁력이 되는 사회를 말한다. 과거 산업사회에서는 무엇보다 자본과 기술을 중요하게 생각했지만, 지식기반사회에서는 기술이나 자본 자체보다는 고부가가치를 창출할 수 있는 조직의 지식창출 능력과 공유 능력이 중요하다. 따라서 각 조직은 구성원의 지식창출과 능력과 공유 능력을 향상하기 위한 전략을 필요로 하는데, 이러한 조직구성원의 지식창출을 조직 차원에서 효과적으로 관리하여 조직의 경쟁력을 확보하는 전략을 '지식경영'이라고 한다.

2) 이러닝의 필요성

과거에는 각 조직에서 학창 시절에 열심히 공부한 능력 있는 우수한 신입사원을 선발하여 그가 열심히 갈고닦은 실력을 회사에서 유감없이 발휘하도록 하는 개념이었다. 즉, 교실에서 열심히 학습한 것을 직업 현장에서 활용하도록 하는 개념이다. 그러나 오늘날의 정보사회는 일과 학습을 하나로 통합해서 인식한다. 즉, 과거에 무엇을 배웠는지도 중요하지만 그보다 개인이 특정 과제를 해결하기 위해서 학습한 내용을 현업에서 얼마나 잘 활용하여 어떤 성과를 거둘 수 있는지를 더욱 강조한다. 과거에는 특정 분야에서 가장 표준적인 제품을 개발하여 이를 대량으로 생산함으로써 소비자에게 저렴하게 공급하는, 이른바 소품종 대량생산이 경영의 성공 요건이었지만, 오늘날의 사회는 소비자의 다양한 요구에 따라 다양한 제품을 생산하면서도 상황의 변화에 빠르게 대처할 수 있는 다품종 유연 생산체제에서 경쟁력을 확보하기 위하여 조직구성원이 창의적 지식창출 능력을 발휘하도록 요구하는데, 이는 그가 과거에 무엇을, 얼마나 공부했는지보다는 현재와 미래에 그가 어떤 창의적인 성과를 낼 수 있는지를 의미한다. 이를 위해서 조직은 구성원의 현재와 미래의 지식창출 능력을 향상하기 위한 다양한 지식경영 전략을 필요로 하는데, 이러닝은 이러한 지식경영 전략 가운데서도 핵심적인 위치를 차지하고 있다. 왜냐하면, 이러닝은 이러한 조직에서 요구하는 조직구성원의 창의적 지식창출 능력을 계발하기 위한 유용한 학습 환경으로 활용할 수 있기 때문이다.

3) 이러닝을 활용한 효과적인 학습전략

지식기반사회에서 이러닝을 활용한 효과적인 학습전략으로 온라인 학습공동체, 실행공동체, 학습조직 및 성찰학습 등을 대표적인 예로 들 수 있다(박종선, 2009).

(1) 학습공동체(Communication of Learning: CoL)

네트워크상에서 학습자들이 모여 서로 협동적으로 학습을 수행해 가는 것을 의미한다. 말하자면, 각종 온라인 카페나 블로그, 위키 등을 말한다. 이 학습공동체는 구성원들이 공통의 목표를 달성하기 위하여 서로 간에 모종의 규칙이나 매너를 공유하면서 학습을 진행하며, 학습진행과정에서의 학습문화를 강조한다. 학습참여자들은 서로 학습문제와 관련된 의견을 교환하고, 새로운 의견을 생성하면서 학습을 진행한다.

(2) 실행공동체(Communities of Practice: CoP)

기본적으로는 학습공동체의 일종이다. 공동체 구성원 간에 합의된 실천 사항을 공유하고, 그 실천 활동에 실제적인 참여를 통해 전문성을 증진시키는 집단을 의미한다.

(3) 학습조직(Learning Organization)

조직 내에서 조직구성원의 지식창출 능력을 높이기 위한, 즉 조직의 학습 능력을 높이기 위한 시스템을 의미한다. 조직구성원의 개별학습이나 집단학습의 의욕을 높이고, 조직 구조 및 보상 시스템은 조직의 학습문화 형성과 밀접한 관련이 있다.

(4) 성찰학습(Action Learning)

직무 현장의 문제해결 학습과 관련된 개념이다. 학습참가자가 학습팀을 구성하여 각자 자신의 과제 또는 팀 전체의 공통과제에 대하여 학습전문가인 러닝코치와 함께 학습 과정에서의 질문과 피드백, 성찰 과정을 통하여 지식을 습득하고 문제를 해결해 나가는 과정이다. 즉, 성찰학습은 작업 현장에서 일어나는 실제적인 업무 과제에 대하여 자발적으로 구성된 학습자들이 주도하여 이를 학습과 연계하여 해결해 가는 과정이다. 성찰학습은 학습자가 이를 수행하는 과정에서 문제해결을 위한 학습내용과 최적의 해결방안 모두를 습득할 수 있다는 이점과 특정 조직의 실제적인 문제를 해결할 수 있다는 장점이 있다(박종선, 2009).

4) 이러닝 시스템

이러닝을 실제적으로 운영하기 위해서는 기본적인 이러닝 운영시스템을 구축해야 한다. 우리나라는 세계 어느 나라보다 우수한 인터넷과 컴퓨터 활용 환경이 구축되어 있다. 이 우수한 IT 환경은 우리나라에서 이러닝을 성공적으로 수행할 수 있는 기본 인프라가 된다. 실제로 이러닝을 운영하기 위해서는 기본적으로 학습관리 시스템(Learning Management System: LMS)과 학습내용관리 시스템(Learning Content Management System: LCMS)을 구축해야 한다. 학습관리 시스템이란 학생의 학습에 관한 이력, 등록, 진도, 출결 사항, 성적 등 제반 학습 사항에 대한 정보를 관리하는 시스템이며, 학습내용관리 시스템이란 학생에게 네트워크를 통해서 학습내용 및 평가 문제 등을 관리하는 시스템을 말한다.

이처럼 이러닝은 조직구성원이 직무와 학습을 병행해야 하는 지식기반사회에서 조직구성원에게 자기주도적이면서도 업무 현장의 실제적인 문제해결과 직접 연계된 학습을 가능하게 한다. 지식기반사회의 평생학습 환경에서 조직구성원들의 지식창출 능력을 함양할 수 있는 이러닝 환경을 어떻게 구축하고 운영하여야 할 것인지의 문제 또한 교육공학도의 중요한 탐구 과제인 것이다. 이러닝이 등장함으로써 종래의 교육 개념이 학교 안은 물론 학교 밖으로까지 크게 확대되었으며, 교육학도 또는 교육공학도가 사회에 기여할 수 있는 기회도 그만큼 더 많아졌다고 할 수 있다.

4. 교육공학의 최근 동향과 미래 전망

1) 전자책과 전자교과서

1980년대 초반부터 전자책에 대한 연구는 계속되었지만 큰 진전은 없었다. 최근의 기술의 발달과 보급, 가격의 저렴화는 전자책에 대한 새로운 가능성을 열어주고 있다(백영균 외, 2010). 빌 게이츠(Bill Gates)의 저서 『미래로 가는 길(*The Road Ahead*)』은 실험적으로 종이책과 CD-ROM으로 동시에 출간되었고, 스티븐 킹(Stephen King)의 전자소설인 『총알차 타기(*Riding the buller*)』는 웹을 통해서만 내려받아 읽을 수 있었다. 외국의 도서전시회에서는 그 어느 때보다 전자책에 대한 관심이 높아서, 개설된 40개의 워크숍 중에 12개가 전자책에 관한 것을 다룰 정도이다(Blasis, 2000). 우리나라에서도 이미 유명한 작가의 작품을 인터넷에서 전자파일의 형태로 보급하고 있다.

현재까지 대부분의 전자책은 휴대기기(스마트폰, 태블릿 PC, PMP, PDA 등)나 컴퓨터로 볼 수 있는 특수한 포맷의 파일이라 할 수 있다. 일반적으로 전자책이라고 할 때는 텍스트 파일과 같은 범용 파일 포맷이 아니라 저작권 보호를 위해 DRM기능을 탑재할 수 있는 특수한 포맷을 가진 파일을 말한다. 전자책 솔루션에 따라 조금씩 다르지만 대부분 메모, 줄 긋기, 검색 기능을 지원하고 있다. 또한, 아마존 같은 경우 신간은 9.99달러 또는 12달러 수준으로 공급하는 전략으로 활성화에 나서고 있으며, 우리나라에서도 전자책을 종이책 가격의 절반 수준 가격으로 판매하고 있다. 하지만, 전자책을 책처럼 보기 위해서는 태블릿 PC나 휴대기기가 필요한데 이러한 추가비용 부담은 전자책 활성화에 있어 걸림돌로 작용한다.

전자책과 함께 전자교과서에 대한 관심도 높아지고 있다. 전자교과서란 '기존의 인쇄물로 된 교과서, 컴퓨터보조학습(CAI), 교육용 데이터베이스, 멀티미디어 자료, 평가문항, 학습자관리프로그램(CMI) 등의 모든 기능을 포함하는 총체적인 교수학습도구이다'(교육부, 2000). 전자교과서는 전자책과 달리 종이책을 단순히 스크린으로 옮긴 것을 넘어, 기존의 종이책이 수행하지 못했던 새로운 기능과 목적을 가지고 있다. 싱가포르와 미국 등지에서 이미 임상실험을 거쳤으며, 우리나라에서도 2004년 초등학교 사회와 과학교과가 전자교과서로 만들어졌다. 2005년에는 태블릿 PC 기반의 초등 6학년 수학 교과서가 개발되어 현장에 시범 · 적용되는 등 본격적인 전자교과서 개발 및 실험적용 연구를 진행하고 있다.

2) 유비쿼터스 러닝(ubiquitous learning: ulearning)

유비쿼터스 러닝은 학습자가 언제 어디에서나 어떤 내용이든, 어떤 단말기로도 학습할 수 있는 지능화된 학습 환경을 의미한다(백영균 외, 2010). 이는 학교나 도서관 등 특정 장소에서 공부하거나 인터넷을 통해 학습정보를 찾기 위해서 특정 시간에 특정 장소에 가는 것이 아니라 학습정보가 학습자를 찾아다니게 된다는 점에서 기존의 방식과 큰 차이가 있다. 학생이 언제 어디에서나 어떤 내용이든, 어떤 단말기로도 학습할 수 있는 교육환경을 조성함으로써 더욱 창의적이고 학습자 중심적인 교육과정을 실현하는 것이 유비쿼터스의 목표이다.

유비쿼터스 교육환경은 획일적이거나 강제적이지 않다. 학생은 각자의 욕구에 따라 학습한다. 이러한 학습 환경에서 부모와 교사 간의 상호작용도 자연스럽고 편안하게 이루어진다. 학습자는 각자의 특성에 따라 다양한 공간에서 다양한 방식으로 학습하고자 하는데, 유비쿼터스 환경에서는 현실 공간이든 사이버공간이든 모든 곳이 학습공간이 된다. 센서나 칩 형태로 컴퓨터가 심어진 지능화된 사물도 학습에 도움을 주고, 학생은 휴대하고 있는 학습단말기를 통해서도 학습정보를 제공받는다.

3) 증강현실(Augmented Reality)

새로운 디지털콘텐츠에 대한 관심은 정보통신기술이 발전함에 따라서 항상 존재하였고, 특히 이를 교육 혹은 학습과 연결시키려는 노력이 끊임없이 지속되어 왔다. 증강현실이란 실세계와 가상세계를 이음새 없이(seamless) 실시간으로 혼합하여 사용자에게 제공함으로써 사용자에게 보다 향상된 몰입감과 현실감을 제공하는 기술이다. 이러한 증강현실은 체험에 의한 학습과 실제적인 학습을 가능하게 함으로써, 학습에서의 현존감(presence)과 몰입(flow)을 높여 학습효과를 극대화하는 결과를 얻을 수 있다.

증강현실의 기술은 사용자가 눈으로 보는 현실세계에 가상의 물체를 겹쳐 보여 주는 기술이다. 현실세계에 실시간으로 부가정보를 갖는 가상세계를 합쳐 하나의 영상으로 보여 주므로 혼합현실(Mixed Reality, MR) 혹은, 복합형 가상현실 시스템(hybrid VR system)으로 1990년대 후반부터 미국과 일본을 중심으로 연구 · 개발이 진행되고 있다. 현실세계를 가상세계로 보완해 주는 개념인 증강현실은 컴퓨터 그래픽으로 만들어진 가상환경을 사용하지만 주역은 현실환경이다. 컴퓨터 그래픽은 현실환경에 필요한 정보를 추가로 제공하는 역할을 한다. 사용자가 보고 있는 실사 영상에 3차원 가상영상을 겹침(overlap)으로써 현실환경과 가상화면과의 구분이 모호해지도록 한다는 뜻이다. 가상현실기술은 가상환경에 사용자를 몰입하게 하여 실제 환경을 볼 수 없다. 하지만 실제 환경과 가상의 객체가 혼합된 증강현실기술은 사용자가 실제 환경을 볼 수 있게 하여 보다 나은 현실감과 부가 정보를 제공한다. 예를 들어, 스마트폰 카메라로 주변을 비추면 인근에 있는 상점의 위치, 전화번호 등의 정보가 입체영상으로 표기된다.

4) 사물인터넷(Internet of Things: IoT)

사물인터넷은 각종 사물에 센서와 통신 기능을 내장하여 인터넷에 연결하는 기술, 즉 무선 통신을 통해 각종 사물을 연결하는 기술을 의미한다. 인터넷으로 연결된 사물이 데이터를 주고받아 스스로 분석하고 학습한 정보를 사용자에게 제공하거나 사용자가 이를 원격 조정할 수 있는 인공지능 기술이다. 여기서 사물이란 가전제품, 모바일 장비, 웨어러블 디바이스 등 다양한 임베디드(내장형) 시스템이 된다. 사물인터넷에 연결되는 사물은 자신을 구별할 수 있는 유일한 IP로 인터넷에 연결되어야 하며, 외부 환경으로부터의 데이터 취득을 위해 센서를 내장할 수 있다. 모든 사물이 해킹 대상이 될 수 있어 사물인터넷의 발달과 보안의 발달은 함께 갈 수밖에 없는 구조이다.

정보 기술 연구 및 자문회사인 가트너(Gartner)에 따르면 2009년까지 사물인터넷 기술을 사용하는 사물의 개수는 9억여 개였으나 2020년에는 이 수가 260억 개에 이를 것으로 예상된다. 이와 같이 많은 사물이 연결되면 인터넷을 통해 방대한 데이터가 모이게 되는데, 이렇게 모인 데이터는 기존 기술로 분석하기 힘들 정도로 방대해진다. 이것을 빅 데이터라고 부른다. 따라서 빅 데이터를 분석하는 효율적인 알고리즘을 개발하는 기술의 필요성이 사물인터넷의 등장에 따라 함께 대두되고 있다.

chapter

10 교육평가

1. 교육평가의 기초

1) 교육평가의 개념

일반인들은 '교육평가'라고 하면 상식적으로 학생의 학업성취도를 평가하는 것으로 인식한다. 교육평가는 학생의 학업성취도를 포함하여 지능, 적성, 인성, 흥미, 근면성, 도덕성 등 다양한 행동 발달을 평가하는 것을 포함한다. 그뿐만 아니라 교육의 과정과 성과에 관한 평가 결과를 통하여 교수 프로그램, 교육과정, 교수방법 등의 효과와 가치 등을 판단하는 과정까지 포함하는 등 실로 그 범위가 상당히 넓다. 다시 말해, 모든 교육 관련 영역과 현상이 교육평가의 대상이 된다. 교육평가의 개념적 의미는 학생의 교수 목표 달성도를 확인하는 입장, 교수 프로그램의 장단점을 확인하여 그 프로그램의 가치를 판단하는 입장, 의사결정에 필요한 평가 자료를 수집하여 제공하는 입장 등의 세 가지로 정의할 수 있다.

각 입장의 대표적인 정의를 제시하면 다음과 같다.

- 평가 과정은 기본적으로 교육과정과 교수 프로그램에 의해 교육목표가 실제로 성취된 범위를 결정하는 과정이다(Tyler, 1949).
- 교육평가는 스크리븐(M. Scriven)과 스테이크(Stake)가 제안한 바와 같이 외재적 기준(교수목표)에 초점을 두는 판단 구조로 기술할 수 있다(Popham, 1975).
- 교육평가는 의사결정을 위해 유용한 정보를 기술 · 획득 · 제공하는 과정이다(Stufflebeam et al., 1971).

이상 세 가지 정의는 그 의미가 구분되지만 서로 관련성이 깊다. 교수 목표 달성도를 확인하는 것으로 평가가 끝나는 것이 아니라, 그에 근거하여 가치판단을 하고, 그 판단을 참조로 학습자, 교수 프로그램, 교육과정, 교수방법 등에 관한 의사결정을 하게 되는 것이다. 교수 목표 달성도에 비추어 특정 학생이 우수하다고 판단하거나, 심화교육과정에 배치하거나, 특정 교수 프로그램이 효과적이라고 판단하여 채택하는 결정을 내릴 수 있다.

물론, 스테이크의 가치판단 모형이나 스터플빔(D. L. Stufflebeam) 등의 의사결정 모형 등 여러 평가모형에 따르면, 확장된 교육평가의 개념에는 교수 목표 달성도라는 교육의 성과뿐 아니라 교수 프로그램 또는 교육과정에 투입된 요소들이 적절한지, 그리고 교수 프로그램이나 교육과정이 효과적으로 실행되고 있는지를 평가하는 교육적 투입과 교육과정을 평가하는 과정까지 포함한다.

2) 교육평가의 영역과 기능

교육평가의 영역은 모든 교육 관련 영역과 현상을 포함한다. 학생평가 영역에는 학업성취도, 지능, 적성, 운동 기능, 측정 가능한 모든 정의적 특성 등 모든 행동 영역과 요인을 포함한다. 그리고 전체 학교 교육과정, 각 교과 교육과정, 특별활동, 재량활동, 교수방법, 각종 교육정책 등 모든 교육 영역이 교육평가 영역에 속한다. 이러한 교육평가의 기능은 다음과 같다(김대현, 김석우, 2006; 박도순, 홍후조, 2006; 이종숙 외, 2000).

〈표 10-1〉 교육평가의 기능

영역	기능
학습 결과의 진단과 치료	이것은 주로 학력평가에 관계된 기능이다. 학생의 교수 목표 달성도를 확인하여 목표에 도달하지 못한 학생이 도달할 수 있도록 어떻게 지도할 것인지에 관한 정보를 제공한다.
생활지도와 상담을 위한 자료 제공	지능, 적성, 인성, 가정환경 등 학생에 관한 평가 자료는 진로 지도, 심리 상담 등 생활지도를 위한 자료로 활용된다.
교수-학습의 개선	학생의 교수 목표 달성도 평가에 기초하여 교사는 자신의 수업을 반성하고 개선해 나갈 수 있고, 학생도 자신의 학습에서 잘못된 점을 찾아 교정할 수 있다.

영역	기능
교육과정의 질 관리	일정 기간 동안 교육과정을 운영하면서 그 과정과 성과를 평가함으로써 교육과정을 개선하거나 새로운 교육과정을 개발하는 등 교육과정의 질을 관리해 나갈 수 있다.
국가 수준의 교육 관련 일반정책과 교육정책 수립을 위한 정보 제공	국가 수준의 학력평가나 국제학력 비교평가는 국가의 현재 교육 문제가 무엇인지를 이해하고, 그 문제를 해결하기 위한 일반 정책과 교육정책을 수립하는 데 도움을 준다.

3) 교육평가의 절차

타당하고 신뢰할만한 교육평가 결과를 얻기 위해서는 합리적이고 체계적인 평가 절차에 따라 평가를 실시해야 한다.

평가 절차는 다음과 같다.

(1) 평가 목표의 설정

무엇을 평가할 것인지 설정해야 한다. 이는 대체로 학생이 달성해야 할 교육목표가 평가 목표가 된다. 학생이 달성해야 할 교육목표가 '이차방정식의 원리를 적용하여 문제를 푼다'라면 이 목표를 얼마나 달성했는지를 평가하는 것이다.

(2) 평가 장면의 선정

평가 목표에 포함된 행동이 가장 잘 나타나는 평가 장면을 선정한다. 이를 위해서는 먼저 평가 방법을 결정한 이후에 그 방법을 통해 목표 행동이 가장 잘 나타나는 평가 장면을 정해야 한다. 예를 들어, 관찰법을 사용하여 '협동 행동'을 평가하고자 한다면, 평가 장면을 '작업 장면'으로 정하는 것이다.

(3) 평가도구의 선정 및 제작

평가 장면(지필검사나 면접법에서는 문항 내용)이 선정되면 그 장면에 포함된 평가도구를 선정하거나 제작한다. 타당하고 신뢰할 수 있는 평가 결과를 얻기 위해서는 평가도구가 양호해야 한다. 양호도 조건에는 타당도, 신뢰도, 객관도, 실용도가 포함된다.

(4) 평가의 실시 및 결과 처리

양호한 평가도구가 마련되면 그 도구를 사용하여 평가를 실시한다. 실시의 시기, 횟수, 방법, 대상 등을 고려해서 실시하도록 하며, 수집한 자료를 채점하고, 필요한 통계분석을 하여 기록한다.

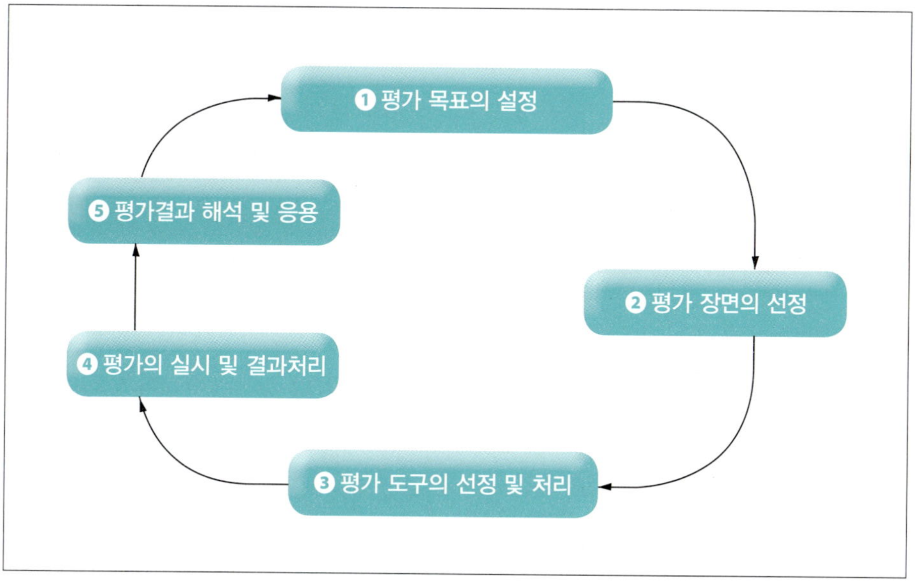

[그림 10-1] 교육평가의 절차

(5) 평가 결과의 해석 및 활용

평가는 어디까지나 그 결과를 활용하는 것이 목적이기 때문에 평가 결과를 가치기준에 따라 해석하여 올바르게 활용하여야 한다. 그리고 준거(교육 목표)나 규준(상대적 비교 기준)을 기준으로 해석하여 그 활용 목적에 적합하게 활용해야 한다.

4) 교육평가 결과의 활용

여러 사회의 윤리적 가치기준에 따라 평가 결과를 해석하여 어떻게 활용할 것인지를 논의할 수 있겠지만, 그 논의 내용이 너무 방대하여 제한된 지면에 모두 논의하기는 불가능하다. 따라서 평가 결과를 준거와 규준에 비추어 해석하여 어떻게 활용할 수 있는지를 간략하게 논의해 보고자 한다.

준거 지향적 활용 방안은 다음과 같다.

- 준거지향 평가 결과는 교수 과정의 각 단계에서 학습자의 진전 상태(교수 목표 달성도)를 진단 또는 확인하여 보충심화학습의 기회를 제공하고, 학습자에게 학습 동기를 부여하는 데 활용한다. 진단형성평가의 효과를 검증한 연구 결과는 평가 결과와 더불어 그 원인과 수업적 대안을 제시할 때 효과적임을 입증하고 있다(박도순, 김영복, 1988).
- 교수 프로그램의 개선을 위해 사용할 수 있다. 타일러, 하몬드(R. L. Hammond) 등의 평가모형은 교수 목표(행동 목표)와 교수 프로그램 요소 간의 논리적인 연결을 통하여 평가 결과로 개선점을 마련하게 한다(박도순, 정택희, 김영복, 1985). 글레이저와 켐프(Kemp, 1981) 등의 교수 모형도 교수 프로그램의 요소와 연결된 평가 결과의 피드백 체제를 제시하고 있다.
- 목표 성취도 확인, 대안적 교수 프로그램의 선택, 교사의 책무성을 위해 활용한다. 준거지향 평가는 학생 개개인의 목표 성취도뿐만 아니라 누적적

인 평가 결과를 통하여 개인 간 상대적 위치를 확인하는 데 사용할 수 있다(Biehler, 1979; Block, 1971). 준거지향 평가는 전후검사 통제집단 실험설계법 또는 반복 측정 실험설계법을 이용하여 대안적인 프로그램 간 또는 현존 프로그램과 혁신 프로그램 간의 효과를 비교 · 검증하고, 효과적인 프로그램을 선택 · 결정하는 데 활용된다(Eisner,1974; McNeil, 1981).

비교평가 연구는 책무성 평가에서도 이루어질 수 있다. 전후검사 통제집단 실험설계법을 사용하여 교육 프로그램의 효과를 검증하고 그 책무성을 평가할 수 있다. 비교 단위는 각 학교가 되며, 검사는 준거 지향검사를 사용하는 것이 바람직하다(Ornstein & Talmage, 1977). 왜냐하면, 규준지향검사 점수는 지식, 능력, 기능 등의 아주 작은 문항 표집을 반영하고 있으므로, 전후검사 점수 간의 변화가 우연적 변량에 의해 설명될 가능성이 크기 때문이다. 반면 준거지향검사는 특정 행동 영역에 대한 구체적이고 충분한 문항 표집이 이루어져 있기 때문에 정확한 측정이 가능할 뿐만 아니라 학습자의 학습된 내용에 관한 신뢰할 수 있는 증거를 제시할 수 있다.

규준지향검사의 경우는 평가 결과를 예언 · 선발 · 분류하는 데 활용할 수 있다. 입학 성적으로 입학 후에 일정 기간이 지난 이후의 학업 성적을 예측한다든지, 입학시험 점수의 서열에 따라 일정 정원의 신입생을 선발한다든지, 학력검사 점수의 개인차에 따라 상 · 중 · 하 수준으로 분류하여 우수반, 일반반, 열등반으로 배치하여 그에 맞는 교육과정을 적용한다든지 하는 것이다.

규준지향적 평가도 대안적인 교수 프로그램 간의 효과를 비교하는 데 사용될 수 있다. 표준화 검사의 규준 점수는 전집에 적용되는 것이기 때문에 전집에 속하는 두 집단을 비교 집단으로 하여 적용한 두 교수 프로그램의 효과를 두 집단 간 평균 규준 점수의 차이로 비교 · 검증할 수 있다. 그러나 규준 점수는 전집에서의 개인 간 상대적 위치를 나타내는 점수이므로 학습자가 무엇을, 얼마나 학습했는지를 보여 주기는 어렵다.

2. 교육평가의 유형

교육평가 과정의 뚜렷한 특징의 하나는 다양한 절차를 이용할 수 있다는 점이다. 교육평가는 적용하는 준거의 틀에 따라 여러 가지로 분류할 수 있다. 그러나 여기에서는 교수-학습과정에서 평가기술을 이해하고 활용하는 데 필요한 분류만을 고려하여, 평가유형을 다음과 같이 구분한다.

1) 최대 수행능력과 대표적 행동의 측정

평가는 측정의 본질에 따라 최대 수행능력과 대표적 행동의 측정으로 분류된다. 수행능력의 측정은 개인의 능력을 측정하기 위하여 사용하는 절차이다. 이 절차는 개인이 최선의 노력을 다하도록 동기가 주어졌을 때 얼마나 성취할 수 있는지에 관심이 있다. 따라서 평가결과는 개인의 능력을 나타낸다. 적성검사나 성취도검사가 이 유형에 속한다. 적성검사는 미래 학습활동에서의 성공을 예측하기 위한 것이고, 성취도검사는 과거 학습활동에서의 성취의 정도를 측정하기 위한 것이다. 그러나 성취도검사는 때에 따라 두 가지 목적에 다 사용할 수도 있으므로 그 차이는 어느 목적에 더 중점을 두는지에 있다. 즉, 학년 말에 성취도를 측정하기 위해서 시행한 수학시험의 결과는 새 학기 수학학습의 성공을 예측하기 위해서 사용할 수도 있다.

대표적 행동의 측정은 개인의 특정한 행동을 나타낼 수 있도록 설계된 것이다. 이 측정은 정상적인 상황에서 '어떻게 행동하느냐' 하는 데 관심이 있다. 따라서 평가의 결과는 '검사 대상자가 무엇을 할 수 있는지'가 아니라 '어떻게 할 것인지'를 제시한다. 평가에서는 수행능력과 대표적 행동을 구별하여야 한다. 자동차를 안전하게 운전할 수 있는 능력을 갖추고 있는 사람이 불안하게 운전할 수도 있다. 수학에 상당한 적성을 가진 학생이 흥미를 전혀 보이지 않을 수도 있다. 대표적 행동의 측정은 학생의 행동을 평가하는 매우 중요한 분야인 동시에 어려움도 따른다. 이 분야는 검사도구 개발이 미흡하기 때문에 면접, 질문지법, 일화기록, 평정척도 등의 다양한 관찰기술을 사용하고 있다. 그러나 이 중 어느 한 가지 방법만으로는 대표적 행동을 충분히 평가할 수 없으므로 여러 가지 방법을 사용한 결과를 종합함으로써 비교적 정확한 평가를 할 수 있다.

2) 배치 · 형성 · 진단 · 종합평가

평가는 수업의 연계에 따라 학생의 출발점 행동(entry behavior)을 평가하는 배치평가, 수업이 진행되는 동안 학생의 학습 진도를 평가하는 형성평가, 수업이 진행되는 동안 학생의 학습장애를 진단하고 분석하는 진단평가, 수업의 마지막 단계에서 학생의 성취도를 평가하는 종합평가로 분류할 수 있다.

출발점 행동을 확인하기 위한 배치평가는 '학습자가 계획된 수업을 진행하기에 필요한 지식과 기능을 어느 정도 소유하고 있는가?', '계획된 수업목표에 어느 정도 숙달되어 있는가?', '학습자의 흥미 · 관심 · 학습습관 · 성격적 특성으로 보아 어떠한 교수-학습방법이 효과적인가?' 등과 같은 질문에 초점을 둔다. 이와 같은 질문에 대한 정보를 얻기 위해서 준비도검사 · 적성검사 · 과정목표에 대한 사전검사 · 자기보고서 · 관찰법과 같은 다양한 기술이 사용된다. 배치평가는 각 학생이 최적의 성취도를 달성할 수 있도록 수업의 연계와 교수-학습방법을 결정하기 위한 것이다.

스크리븐은 교육평가의 기능에 따라서 형성평가와 종합평가로 구분하였다. 수업이 진행되는 동안에 학습 진도를 탐지하기 위한 형성평가는 학습의 성공과 실패에 관해서 학생과 교사에게 계속적인 환류(feedback)를 하게 된다. 학생에게 환류는 성공적인 학습을 강화하고 교정을 필요로 하는 학습결손을 확인하게 해 주며, 교사에게 환류는 수업을 일부 변경하거나 개인과 집단에 대한 보충학습을 위한 처방을 할 수 있는 정보를 제공해 준다. 따라서 형성평가는 수업의 각 단원과 장을 위해서 특별히 준비된 검사에 의존한다. 이와 같이 검사는 주로 교사에 의해서 제작될 수 있으며, 관찰기술을 이용할 수도 있다. 형성평가는 교수· 학습과정을 개선하는 데 목적이 있기 때문에 일반적으로 그 결과를 성적 평가에는 넣지 않는다.

진단평가는 형성평가에 의해서 해결되지 않고, 계속 재현되는 학습장애에 관한 평가이다. 다양한 교수-학습방법이 적용되었는데도 계속 오류를 범하는 학생에 대해서는 좀 더 세밀한 진단이 요구된다. 의학에 비유한다면 형성평가는 학습문제에 대하여 단순히 구급처치를 하는 것이며, 진단평가는 구급처치로 치료되지 않는 문제의 근본적인 원인을 찾으려는 것이다. 따라서 진단평가는 더욱 세부적이고 종합적이다. 진단평가의 주된 목적은 학습문제의 원인을 파악하여 교정계획을 세우려는 데 있다.

한 단원이나 장의 수업이 끝난 후에 시행하게 되는 종합평가는 수업목표의 성취 정도를 측정하고 성적을 매기거나, 의도된 학습 성과의 성취 정도를 알아내기 위한 것이다. 또한, 종합평가는 전체적인 수업의 연계효과를 평가하여 다음에 그와 같은 수업절차를 적용할 것인지를 결정하는 데 목적이 있다. 종합평가에서는 여러 가지 기술을 이용할 수 있으나, 주로 교사가 작성한 성취도검사, 여러 가지 형태의 수행능력에 대한 평정, 그리고 자율평가를 포함한다. 종합평가는 성적을 매기는 데 목적이 있으나 수업목표의 타당성과 교수-학습의 효율성을 판단하는 정보를 제공하기도 한다.

3) 상대평가와 절대평가

평가 절차는 측정결과를 해석하는 방법에 따라 상대평가와 절대평가로 구분할 수 있다. 어떤 학생의 점수를 규준집단의 득점분포와 비교해서 해석할 때 규준참조라고 하고, 명세화된 행동준거와 비교해서 해석할 때 준거참조라고 한다.

상대평가는 규준참조평가(norm-referenced evaluation)이다. 어떤 시험의 채점결과에서 얻은 원점수(raw score)를 표준점수 척도로 환산하여 이 표준점수

척도에 의거해서 평가하는 방법이다. 따라서 상대평가는 개인의 집단 속에서의 위치(학력 · 지능 · 적성 등)를 다른 사람과 비교해서 상대적으로 판단하는 평가이다. 즉, 평가의 기준이 그가 속한 집단이 된다는 것이다. 가장 대표적인 예는 1976년 이전에 생활기록부에 학력평가의 결과를 공식적으로 기재할 것을 요구하던 평가방법이다. 한 학년 또는 한 학급을 단위로 하여 성적이 좋은 순서에 따라, 수 10% · 우 20% · 미 40% · 양 20% · 가 10%로 평가하도록 하는 방법이다. 이와 같은 평가방법은 개인의 상대적 위치를 알려 주지만 그 개인이 설정된 교육목표를 어느 정도 달성하였는지는 제시해 주지 못한다.

예를 들어, A학교 6학년의 한 학급 학생이 30명이며, 이들이 모두 우수한 학생이고 또한 등질적인 학생이어서 점수가 90점에서 98점까지 분포되어 있더라도 수 3명, 우 6명, 미 12명, 양 6명, 가 3명으로 평가해야 한다. 반대로 B학교 6학년의 특정 학급의 학생이 30명인데 이들은 비교적 열등한 학생들로 구성되어 있어서 그 성적이 40점에서 50점까지 분포되어 있다 해도 수가 3명이 되는 것이다. 따라서 A학교의 수는 90점인데 B학교의 수는 50점이라고 하는 모순이 나타난다. 물론 이때의 원점수는 설정된 교육목표에의 도달 정도를 의미하는 것으로 보아야 한다.

절대평가는 준거참조평가이다. 즉, 준거지향평가로서 평가의 기준을 다른 사람과 비교하는 것이 아니라 달성하려고 하는 수업목표 그 자체에 두는 평가방법이다 . 이 기준은 교사가 임의로 정해서는 안 되고 집단의 규준점수에 예속되어서도 안 되며, 오직 학습자 개개인에게 성취시키려는 수업목표 그 자체에 두는 형태로 설정되어야 한다. 절대평가의 기준은 수업목표이므로 목표달성도를 평가할 수 있는 평가도구를 제작하고, 이 도구에 따라 평가된 결과를 다른 사람과 비교하지 않고 그대로 기록하는 평가의 방법이다. 예를 들어, 수 · 우 · 미 · 양 · 가로 평가하고, '수'는 교육목표의 90% 이상 달성한 학생, '우'는 80~89%를 달성한 학생 등으로 정한 경우, 어떤 학급의 전원이 90% 이상 달성 정도를 나타내면 전원에게 '수'의 성적을 주는 평가방법이다.

우리나라에서는 1950~1976년까지 초 · 중등학교에서 상대평가를 실시해 왔으나 1976년 문교부 훈련 제286호로 절대평가로 전환하였다. 그러나 대학입시 내신성적은 상대평가의 방법을 쓰고 있다.

교육평가의 목적은 계획의 수립이나 의사결정에 필요한 정보를 제공하는 데 있으므로 요구되는 의사결정에 따라서 적절한 평가방법을 사용해야 한다. 비교 · 변별 · 선발과 같은 결정이 요구되는 경우에는 상대평가가 적합하고, 자격을 부여하거나 학습의 진도를 확인하기 위해서는 절대평가가 적절하다.

4) 인지적 평가와 정의적 평가

평가는 행동목표의 유형에 따라 인지적 평가와 정의적 평가로 분류한다. 행동(교육)목표의 영역은 인지적 영역, 정의적 영역, 신체적 영역의 세 가지로 나눈다. 이들 세 영역은 상호 연관성은 있으나, 개념구조상 구분해서 생각할 수 있다. 여기에서는 인지적 영역과 정의적 영역에 관해서만 다루기로 한다.

인지적 영역은 지식의 재생과 재인, 지적 능력과 기능의 개발 등을 포함한다. 이 영역에서는 주로 '복합성의 원칙', 즉 인지적 행동에 필요한 개념이나 개념 능력의 단순성 복합성의 차원에 따라 여섯 가지 인지적 행동형으로 분류하고 있다. 즉, 지식 · 이해 · 응용 · 분석 · 종합 · 평가로 뒤로 갈수록 이른바 고등정신 과정이며, 앞의 기초 위에서 뒤의 과정이 형성될 수 있다고 본다.

정의적 영역은 감정 · 태도 · 가치에 있어서의 변화와 감상력 · 적응력의 개발 등과 관계가 있다. 이 영역의 목표는 가치를 체득하는 형태가 주로 '내면화의 원칙'에 따라 가치를 감지하는 하위수준으로부터 가치를 내면화하는 최상위수준으로 이동한다고 가정하여, 위계적 순서에 따라 감수 · 반응 · 만족 · 가치화 · 조직화 · 인격화로 분류한다.

교사는 인지적 영역과 정의적 영역의 중요성에 대해서는 인식하고 있지만 외현적 행동에 관해서는 다른 입장을 취하고 있다. 그러나 대부분 교사가 정의적 목표에 관심을 두고 있음에도 불구하고, 정의적 목표를 평가하는 데는 아직 익숙하지 못한 상태이다. 그 이유는 교사나 학부모가 정의적 측면의 가치를 제대로 인정하지 않을 뿐만 아니라 많은 교사가 인지적 목표를 성취하는 것이 곧 정의적 행동에 적절한 변화를 가져온다고 믿기 때문이다. 그리고 정의적 측면의 행동은 변화하기 어렵고 변화한다고 하더라도 정확한 측정을 수 없기 때문에 학교에서 과소평가되고 있는 것 역시 한 원인이 된다.

정의적 목표에 대한 평가를 개선하는 데 있어서 가장 중요한 것은 행동적인 관점에서 목표를 상세히 하는 보다 나은 기술을 발전시키는 일이다.

3. 평가도구의 조건

교사는 학생의 학업성취도를 파악하기 위하여 다양한 평가도구를 사용한다. 그런데 평가도구 사용에 앞서 표준화 평가도구이든, 교사가 직접 제작한 평가도구이든 이러한 도구에 대한 질을 검토해야 한다. 평가도구의 질을 판단하는 기준으로 타당도 · 신뢰도 · 객관도 · 실용도가 있다. 타당도는 평가하고자 하는 대상을 얼마나 충실하게 재고 있는지의 정도이며, 신뢰도는 평가도구의 일관성 또는 안정성을 말한다. 객관도는 평정자(채점자)의 신뢰도이며, 실용도는 평가도구 활용과 관련한 시간, 비용 및 노력의 효율성의 정도를 말한다. 이 장에서는 이들 각각에 대한 개념과 검증방법, 이를 높이려는 방법을 공부하고자 한다.

1) 타당도

타당도란 평가도구가 평가하고자 하는 평가목표를 정확하게 잴 수 있는 정도를 말한다. 측정의 관점에서 보면, 평가도구가 측정하고자 하는 내용을 충실하게 측정했는지의 정도를 말한다. 즉, 한 평가도구가 실제로 '무엇(what)을 재고 있는지'의 개념이다. 따라서 타당도라는 개념에는 반드시 준거(criteria)가 있어 '여기에 비추어 본 기준'을 가지고 언급하게 된다. 따라서 타당도는 언제나 재려고 하는 측정의 특수한 평가목적이나 용도에 의해 성립될 수 있을 뿐이고, 모든 평가목적에 일반적으로 적용되는 추상적인 개념이 아니다. 이런 의미에서 보면 타당도는 검사가 지닌 독자적인 속성이라기보다는 검사를 통해 드러난 결과를 가지고 타당성의 정도를 알아보는 방법이다. 타당도는 일반적으로 내용타당도(content validity), 공인타당도(concurrent validity), 예언타당도(predictive validity), 구인타당도(construct validity), 최근에 제기되고 있는 결과타당도(consequential validity)가 있다.

2) 신뢰도

타당도가 '무엇(what)'을 측정하는지의 문제라면, 신뢰도는 평가도구가 '어떻게(how)' 재고 있느냐의 문제라 할 수 있다. 즉, 한 평가도구가 일관성 있는 측정을 하고 있느냐의 문제로, 신뢰도는 믿음성(dependability), 안정성(stability), 일관성(consistency), 예측성(predictability), 정확성(accuracy)이란 말과 같은 뜻을 가지고 있다. 신뢰도를 좌우하는 가장 큰 하나의 조건은 채점의 객관성인데 채점이 주관적이면 신뢰도는 낮아진다. 따라서 평가도구의 신뢰도를 높이기 위해서는 가능한 한 채점의 객관성을 유지하여 개인적인 판단이나 편견이 점수에 영향을 주지 않도록 해야 한다. 그리고 신뢰도는 평가점수의 계속성과 관계가 있다. 즉, 한 번 얻어진 점수는 다른 측정에서 얻어진 점수와 비슷해야 한다. 물론 측정에서 시간의 차이, 문항 간 차이, 부분적 검사평가의 다양성으로 인해 오차가 발생할 수 있다. 교육학이나 심리학 등 사회과학에 있어 측정도구로 인간 행동을 있는 그대로 오차 없이 측정한다는 것은 불가능하기 때문에, 측정의 오차는 결코 피해갈 수 없는 문제이기도 하다. 하지만 얼마나 그 오차를 줄이는지에 따라 검사의 질은 높아질 수 있으며, 바로 그것이 신뢰도의 과제라 할 수 있다.

신뢰도는 다른 상황하에서 검사 점수가 얼마나 많은 변화가 있는지의 정도를 나타낸다. 신뢰도를 제시하는 방법으로 신뢰도 계수와 표준오차의 측정 등을 사용하고 있다.

일반적으로 사용하는 신뢰도 유형은 재검사신뢰도, 동형검사신뢰도, 반분신뢰도, 문항내적 합치도 등이 있다. 실제 학교 현장에서 활용하고 있는 수행평가나 포트폴리오 평가에서 채점자 신뢰도가 논란이 되고 있다.

채점자의 신뢰도는 다시 채점자 내 신뢰도와 채점자 간 신뢰도로 구분할 수 있다. 채점자 내 신뢰도는 채점자 자신이 점수 부여에서 변덕을 부리는 정도를 말하며, 채점자 간 신뢰도는 한 채점자와 다른 채점자 사이의 점수 일치 정도를 의미한다. 한 교사가 채점한 학생의 논술형 문항의 점수나 수행평가의 점수가 다른 채점자와 큰 차이가 있다면 채점자 간 신뢰도가 낮음을 의미한다. 신뢰도는 일반적으로 재검사 신뢰도(test-retest reliability), 동형검사신뢰도(equivalent or parallel-form reliability), 반분신뢰도(split-half reliability), 문항내적 합치도(Kuder-Richardson reliability, Cronbach alpha 계수)가 있다.

(1) 신뢰도 저해 요인

측정 과정에서 신뢰도를 높이기 위해서는 먼저 신뢰도를 저하시키는 요소를 배제하여야 한다.

신뢰도의 저해 요인은 다음과 같다.

- 측정도구 자체의 결함: 검사의 문항이 잘못 선정되었다든지 문항 수가 적다든지 또는 문항의 뜻이 모호하여 여러 가지 뜻으로 해석되는 경우를 들 수 있다.
- 피조사자들의 신체적 및 심리적 조건: 지나치게 긴장하였다든지 신체적으로 피로해 있다든지, 측정 장소가 어둡다든지, 덥다든지 하는 조건 등이 신뢰도를 낮추는 중요한 요인이 된다.

- 우연적이거나 일시적인 착각에 의하여 점수가 얻어질 수 있다. 특히 태도나 여론 조사에서 가장 문제되는 것은 조사자와의 관계나, 솔직히 응답을 하지 않으려는 피조사자들의 태도 등이 신뢰도를 낮추는 큰 요인이 된다.

따라서 측정검사상의 신뢰도를 높이려면 이상과 같은 저해 요인을 배제해야 한다. 첫째, 측정검사기구의 아이템이 명료해야 한다. 둘째, 검사의 항목 수가 충분하도록 해야 한다. 셋째, 측정 오차를 줄이기 위해서 피검자들에게 명백하게 응답요령 등을 지시해 주어야 한다.

(2) 신뢰도를 높이는 방법

신뢰도를 높이기 위한 방법으로 다음과 같은 방법들이 사용되고 있다.

- 검사도구의 길이가 늘면, 즉 문항의 수가 많아지면 신뢰도는 높아진다. 문항의 수가 많다는 것은 점수를 높게 하거나 낮게 하는 요인들이 서로 상쇄되어 보다 신뢰할 수 있는 결과를 초래할 수 있기 때문이다. 즉, 피험자가 한두 개의 문항 내용이나 검사 지시의 오류를 범했다 하더라도 큰 문제는 되지 않을 것이다.
- 검사 실시 과정이 표준화되어야 한다. 검사 주의사항을 정확히 서술해서 모든 학생이 지시내용을 이해할 수 있도록 해야 하며 모든 학생의 검사 실시 시간과 채점의 기준도 같아야 한다.
- 선택형 검사는 각 문항의 선택지를 많이 제시하여 추측에 의하여 정답을 할 수 있는 가능성을 줄이도록 한다. 주관식 검사는 채점하기 전에 모범 답안을 작성하여 채점 도중에 기준이 흔들리지 않게 하며 정답에 대한 배점 기준을 명확히 한다.

(3) 타당도와 신뢰도와의 관계

일반적으로 타당도와 신뢰도와의 관계를 이야기할 때 신뢰도는 타당도의 필요조건이기는 하지만 충분조건은 아니라는 이야기를 한다. 이 말은 신뢰도보다 타당도가 선행되어야 함을 의미한다. 그러나 단순하게 평가도구의 신뢰도를 높이기 위하여 문항 수만 늘리다 보면 타당도는 오히려 내려갈 가능성이 있음을 유의할 필요가 있다. 즉, 어느 특정한 영역에서 많은 문제를 출제하게 되면 신뢰도는 올라갈 수 있지만, 출제가 어느 한 부분에만 치우치게 되어 타당도는 오히려 낮아질 수 있다.

평가도구로서 타당도란 어느 한 검사도구가 본래 측정하고자 하는 내용을 얼마나 충실하게 측정하는지의 문제, 즉 이미 설정한 검사 목적에 비추어 본 검사도구의 적합성을 의미하며, 신뢰도란 측정하는 내용에 대한 검사도구의 일관성을 의미한다. 따라서 검사 제작과 관련하여 우선 염두에 두어야 할 점은 타당도라고 할 수 있다. 다음 [그림 10-1]은 타당도와 신뢰도의 관계를 그림으로 나타낸 것이다.

<table>
<tr><th colspan="3">얻어진 점수</th></tr>
<tr><td>타당한 점수 (타당도)</td><td>비타당한 점수</td><td rowspan="2">오차 점수</td></tr>
<tr><td colspan="2">신뢰할 수 있는 점수 (신뢰도)</td></tr>
</table>

[그림 10-1] 타당도와 신뢰도의 관계

위의 그림에서 보는 바와 같이 결국 타당도와 신뢰도의 관계를 측정상의 문제와 관련지어 볼 때, 측정의 오류는 크게 체계적인 오류와 비체계적인 오류로 구분한다. 체계적인 오류란 측정에 있어 일정한 방향으로 항상 나타나는 오류를 의미하며, 비체계적인 오류는 우선적으로 그 크기와 방향이 일정치 않게 나타나는 오류를 말한다. 결국, 신뢰도는 비체계적 오류와 관련된 개념이며 타당도는 체계적인 오류와 관련된 개념이라 할 수 있다. 일반적으로 타당도는 신뢰도의 제곱근 값과 같거나 작은 값을 지니게 된다.

3) 객관도

객관도란 채점자(평정자) 신뢰도라 할 수 있다. 채점자가 점수를 부여할 때 주관적 편견을 갖지 않고 얼마나 객관적 입장에서 공정하게 채점하는지를 말한다. 이렇게 보면 객관도는 신뢰도의 일부분으로 채점자의 신뢰도(tester's reliability)라고 할 수 있다. 타당도와 신뢰도가 측정도구의 문제라면 객관도는 평정자 또는 채점자의 문제라고 할 수 있다. 즉, 객관도는 평가에서 평정자 또는 채점자의 주관을 얼마나 배제하였는지의 문제이다.

객관도는 두 가지로 구분할 수 있다. 우선 동일한 대상에 대하여 한 채점자가 다른 채점자와 유사하게 점수를 부여하였는지에 초점을 두는 것이다. 그리고 이와 달리 한 채점자가 평가 대상에 대하여 일관되게 채점하였는지 관한 것이다. 전자를 채점자 간 신뢰도라 하며, 후자를 채점자 내 신뢰도라고 한다.

채점자 간 신뢰도란 두 사람 이상의 채점자가 동일한 대상의 답안지를 각자의 채점을 한 후 여러 사람의 채점 결과가 얼마나 상호 일치하는지를 알아보는 것을 의미한다. 각기 다른 채점자 간의 일치도를 알아보기 위해서는 채점 결과 간의 상관계수를 산출하게 되는데, 이렇게 해서 산출된 상관계수를 신뢰도계수라고 하며 상관계수가 높을수록 채점자 간의 일치도가 높아 채점의 신뢰도가 높아지게 되며, 신뢰도계수가 낮을수록 채점자 간의 일치도, 즉 신뢰도가 저하되는 것으로 해석한다.

이를테면 동일한 피험자의 답안지를 교사에 따라 어떤 이는 95점이란 점수를 부여하고 다른 교사는 80점, 심한 경우에 또 다른 제3의 교사는 50점을 부여하게 되는 가능성을 생각할 수 있는데 이처럼 객관도의 동요가 심한 이유는 대체로 두 가지를 들 수 있다. 하나는 측정도구 자체의 불완전성 때문에 나타나는 결과이고, 다른 하나는 평가자 자신의 소양 부족 때문에 오는 원인을 들 수 있다.

일반적으로 객관도를 높이는 방법은 다음과 같다.

- 평가도구를 객관화시켜야 한다.
- 검사자의 평가에 대한 소양을 높여야 한다.
- 검사자의 인상, 편견, 추측, 감정, 어림짐작, 착오 등 주관적 요인을 최소한으로 줄여야 한다.
- 비객관적 평가도구는 가능하면 여러 사람이 공통으로 평가하여 그 결과를 종합한다.
- 다양한 오류를 줄인다.

결국 객관도의 두 유형인 채점자 내 신뢰도와 채점자 간 신뢰도는 서로 동떨어진 별개의 것이 아니며, 채점자 내 신뢰도인 채점자 개인의 일관성이 전제될 때 채점자 간 신뢰도가 높아진다. 만약 채점자 내 신뢰도가 낮다면 채점자 자신의 채점기준이 들쭉날쭉 하다는 것을 의미하므로 채점자 간 신뢰도를 구하는 것은 실질적 의미가 없게 된다. 그러므로 채점자 내 신뢰도가 채점자 간 신뢰도의 기본 전제라고 할 수 있다.

4) 실용도(Usability, practicability)

실용도란 한 평가도구가 경비와 시간, 노력을 적게 들이고도 평가목적을 얼마나 달성할 수 있는지의 정도를 말한다. 신뢰도, 타당도가 검증되고 객관도를 유지하는 평가도구이더라도 실제 실시하는 데 시간과 노력, 많은 비용이 요구된다면 활용하는 데 주저하게 된다. 그러므로 지시사항이 간단하고 분명하며 평가문항의 수가 적당하여 평가가 용이해야 하며 실시 절차와 채점방법이 간편하고 결과의 해석과 활용이 용이한 평가도구를 제작하여야 한다. 신뢰도, 타당도, 객관도는 아주 높지 않지만 많은 시간과 노력이 투입되거나, 경비의 부담이 크고 채점이 너무 복잡하면 평가도구는 실용성을 잃게 된다.

평가도구의 실용도는 대상자가 다수일 때 문제가 될 수 있다. 만약 소수일 경우에는 평가 실시와 채점, 그 결과의 적용이 제한적이기 때문에 실용성이 큰 문제가 되지 않을 것이다. 그러나 평가 대상이 다수일 경우에는 평가도구의 제작에서 실시, 채점, 해석에의 용이성이 반드시 확보되어야 한다 .

평가도구가 실용성을 갖기 위해서는 먼저 평가하는 데 어려움이 없어야 한다. 즉, 실시하기 간편해야 한다. 지시사항이 간단하고 명백하며, 하위 요인의 수가 적어 평가를 실시하는 데 편리해야 한다. 평가 실시에 필요한 시간은 타당하고 신뢰할 수 있는 결과를 얻기 위해 필요한 만큼의 시간만 할당할 수 있도록 해야 한다. 일반적으로 평가시간이 짧을수록 실용도가 높다고 할 수 있다. 평가도구의 실용성은 채점이 쉽고 빠를수록 높다. 이는 채점을 위해서 최소량의 시간, 기능, 비용을 요하는 평가도구여야 하는 것이다. 결과의 해석과 활용의 용이성은 평가도구 실용도의 또 하나의 요건이다. 평가 결과의 활용성이 높은 검사를 최우선적으로 선택하는 것이 바람직하다. 또한, 여러 가지 검사가 동일한 효과를 나타낼 때 비용이 적은 평가도구가 실용적인 도구라는 것은 당연하다.

chapter

11

생활지도

1. 생활지도의 이해

'생활지도란?', '생활지도의 목적과 방법은?', ' 학교교육 내에서 생활지도는 누가 계획하고, 누구에 의해 수행되는가?', 또한 '무슨 기준으로 생활지도를 평가하는가?' 이러한 질문들에 답을 해 봄으로써 생활지도에 대해 밝힐 수 있을 것이다.

1) 교과지도와 생활지도

학교 교육과정은 교과를 중심으로 구성되어 있다고 해도 과언이 아니다. 교과는 주로 지식을 중심으로 구성·조직되어 있으며 국어, 수학, 외국어, 사회과학, 기술, 예체능 등의 과목으로 크게 나뉜다. 반면에 생활지도는 학교에서 별도의 교과명을 가지고 있지 않다. 생활지도는 어느 한 교과에 국한되어 있지 않을뿐더러 생활지도라는 하나의 독립된 교과서를 가지고 있지도 않다. 즉, 생활지도는 교과목으로 구성되는 일반 교육과정과는 다른 방식으로 접근할 수밖에 없다. 생활지도는 특정 교사가 담당한다기보다는 모든 교사가 담당한다고 보아야 한다. 학교에는 진로지도부, 학생생활지도부, Weclass 등의 조직이 있고 전문상담교사 자격을 소지한 교사도 있다. 그러나 생활지도는 전문상담교사만의 의무가 아니며, 학생생활지도부와 진로지도부, Weclass가 전담하는 업무도 아니다. 생활지도는 일반 교과수업 중 혹은 학교 교내외의 모든 장소에서 발생하기 때문에 모든 교과의 교사와 학급 담임교사가 생활지도 활동을 분담해야 한다. 따라서, 교과를 지도하는 교사는 본인이 담당하는 교과지식만 가르침으로써 그 의무를 다하는 것이 아니라 그 교과를 지도받는 학생의 수업태도 및 학업발달 등의 부분까지 지도 영역에 포함해야 할 것이다. 생활지도는 전문상담교사, 담임교사, 교과교사 등의 모든 교사와 교장, 교감 등 학교행정가가 공동으로 담당하는 활동이다.

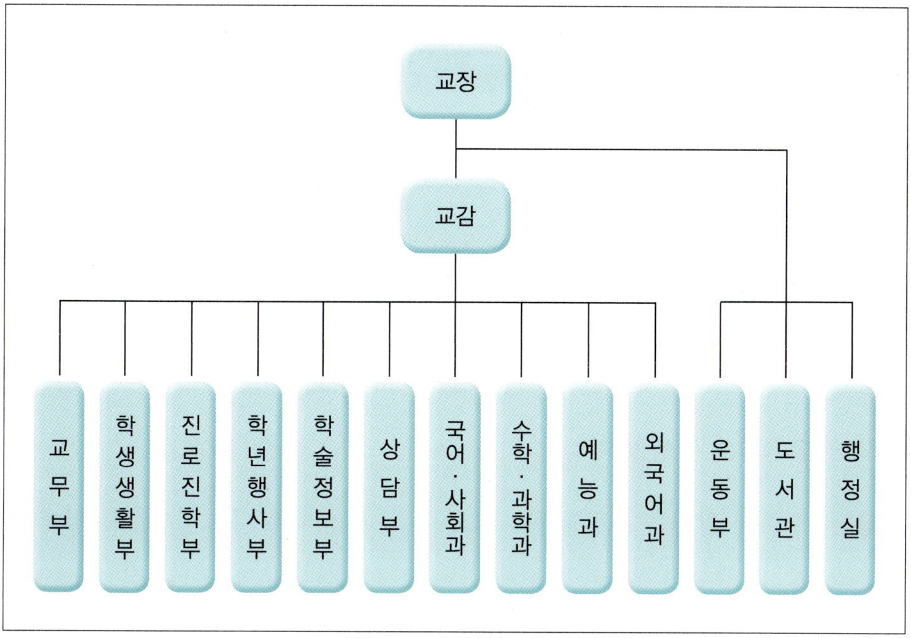

[그림 11-1] 학교의 조직의 예

[그림 11-1]에서 예시된 학교의 조직을 보면 교육의 영역을 크게 교과지도와 생활지도로 나누는 것을 알 수 있다. 이 학교의 행정과 교육 업무는 학년-학급 이외에 각 교과 및 생활지도부서라는 이중적인 구조로 조직되어 있는 것으로 이해할 수 있다. 이와 같은 구조는 우리나라 학교의 보편적인 형태에 해당한다.

(1) 생활지도의 대상

학교에서 생활지도의 대상은 누구인가. 학교교육에서 생활지도는 종종 문제학생에 대한 특별한 지도를 의미하곤 한다. 여기서 문제학생이란 행동, 정서, 인지, 사회성, 학업, 학교 규칙 준수 등에서 정상적인 범위를 벗어나는 학생을 지칭한다. 생활지도는 이런 각종 영역에서 평균을 크게 벗어나는 학생을 발견하여 특별한 지도를 시도한다는 의미가 있다. 이러한 경우에 지도의 목표는 행동교정 혹은 치료가 되는 경우가 많다.

그러나 학교 생활지도의 대상은 문제학생에 국한되지 않는다는 것이 교육학의 일반적인 견해이다. 학생이 겪는 문제는 고정적이거나 영구적이지 않기 때문이다. 거의 모든 학생이 일시적으로 문제를 경험할 뿐, 학창 시절 내내 지속해서 문제를 경험하는 학생은 많지 않다는 것을 '교육적인' 관점으로 채택한다. 따라서 생활지도의 대상은 일부 특수한 학생이 아닌 모든 학생이라고 보아야 옳다(김계현, 2009).

(2) 예방으로서의 생활지도

생활지도에서 말하는 예방활동은 크게 두 가지 의미로 나눌 수 있다. 첫째 의미는 문제가 발생하지 않도록 사전에 어떤 조치를 취하여 예방하는 것이다. 예를 들어, 학급에서 학생 간에 폭력사건이 발생하지는 않았지만 그런 사건이 발생하지 않도록 사전에 폭력예방 프로그램을 실시하는 활동으로 이를 1차 예방이라고 한다. 나머지 의미의 2차 예방은, 어떤 문제가 심화되거나 확산되기 이전에, 아주 초기에 그 조짐을 발견하여 예방적 조치를 취하는 것을 말하며, 이는 문제가 일어나 조정, 상담, 처벌 등의 조치를 하여 그 문제로 인해서 발생할 수 있는 후유증을 방지하고 관련 학생이 정상적인 생활로 복귀할 수 있도록 취하는 활동을 의미한다(Kim K-H, 2011).

예방적 활동으로서의 생활지도는 매우 중요한 의미를 지닌다. 학생 중에서 성격적으로 비사교적이거나 발달적으로 지체되어 학교생활에서 문제를 겪을 가능성을 가지고 있는 경우를 종종 발견한다. 주의가 산만한 학생도 문제를 경험할 가능성이 크다. 단, 모든 문제를 사전에 차단할 수는 없으며 그렇게 하는 것이 반드시 바람직한 것도 아니다. 그러나 문제가 너무 심각해지면 문제를 겪는 본인이나 가족, 급우, 교사가 그것을 해결할 능력을 상실할 수 있다. 예방으로서의 생활지도란 바로 이런 사태를 사전에 방지하기 위해서 추구하는 개념이다.

술, 담배, 향정신성약물 등의 물질은 습관성 및 의존성이 생기기 때문에 물질 오남용의 문제는 예방이 중요하다. 일단 오남용이 심해진 경우 그것을 치료 · 교정하기가 너무 어렵기 때문이다. 학교폭력 및 집단따돌림도 유사한 성격이 있다. 학교 내에서 급우들 간의 갈증이 존재하는 것은 흔한 일이며 피할 수 없는 일이지만, 그것이 심해지면 피해자는 돌이킬 수 없는 상처를 입게 된다. 따라서 문제가 심해지기 전에 교사와 학교는 예방조치를 취하는 것이 바람직하다. 학교폭력과 집단따돌림의 경우는 가해자도 결과적으로 형사처벌을 받거나 심한 죄책감에 시달릴 수 있으므로 예방교육의 중요성이 더해진다.

(3) 교육으로서의 생활지도

학생은 학교교육을 통해서 여러 영역의 발달과제를 성취해야 한다. 여기서 여러 영역이란 학업 영역, 사회성 영역, 심리 및 행동 영역, 진로의식 영역, 가치관 영역 등을 포함한다. 교과교육만으로 여러 영역의 발달을 다 도모할 수 없다는 것은 자명하다. 이는 생활지도가 교과지도와 같이 하나의 교육과정으로 체계화될 필요가 있음을 의미하며, 학생의 의사소통능력, 의사결정능력, 자율능력, 정보능력 등을 발달시켜야 한다. 그런데 이 기본 능력을 발달시키려면 그에 필요한 구체적인 기술을 습득해야 한다. 예를 들어, 의사소통 능력을 발달시키려면 듣는 기술과 말하는 기술을 습득해야 하며, 정보능력을 발달시키려면 컴퓨터를 비롯한 각종 스마트기기와 인터넷 활용을 위한 소프트웨어 사용기술을 습득해야 한다. 생활지도가 교육의 기능을 가지고 있다는 주장은 이러한 필요에 의해서 출발한다. 다시 말해, 생활지도는 학생이 학교교육을 통해서 발달시켜야 할 능력을 분류한 후 그 능력을 발달시키는 데 도움이 되는 구체적 기술을 가르쳐 주는 활동을 포함한다. 따라서 의사소통 기술훈련, 의사결정 기술훈련, 정보기술 훈련 등은 생활지도의 구체적 내용이 된다.

2) 생활지도의 필요성

(1) 개인적 요구

생활지도에 있어 개인적 요구의 배경은 다음과 같다. 민주사회는 개인의 인권이 우선되고 전체를 위하여 개인이 무시될 수 없다는 것이 특징이다. 따라서 민주교육은 최대한의 개인적 요구가 교육의 목표나 내용, 방법에 반영되지 않으면 안 된다. 이러한 요구는 생활지도의 필요성을 강조하는 근거가 된다. 즉, 자아실현의 방법으로서 생활지도를 요구한다. 개성(Personality)의 신장은 자아의 실현에서 출발하며, 이는 인간의 기본적인 욕구이기도 하다. 학교교육은 학생 개인의 개성을 신장하고 자아실현의 기회를 최대한으로 부여해야 할 것이며, 이를 실천하는 효과적인 방법 중 하나가 곧 생활지도이다. 개개인의 개성을 신장시킨다는 것은 자아실현과 인간존중의 한 방법인 동시에 민주사회에 이바지하는 한 방법이기도 하다. 따라서 학생의 개성을 과학적으로 이해하고 개성의 신장에 효율적으로 기여할 수 있는 유효한 방법으로 생활지도가 필요하게 되는 것이다. 인권의 존중은 교육에 선행하는 문제이다. 비록 미성년인 아동 · 학생이라 할지라도 그들 나름의 자아(Self)와 개성을 가지고 있기 때문에 그들의 인권은 존중되어야 한다. 현대교육은 삶의 즐거움을 누릴 수 있는 새로운 교육을 요구하며, 이와 같은 교육의 한 형태로서 학교에서는 생활지도에 많은 기대를 하는 것이다.

개인을 위해서 생활지도가 필요한 구체적인 이유는 다음과 같다.

- 통합된 전인적(全人的) 존재로서 균형 있는 삶을 살아갈 수 있도록 도와줄 필요가 있다.
- 학생의 문제행동을 올바르게 이해시켜 주고 해결해 나갈 수 있도록 도와줄 필요가 있다.
- 학생 개개인의 일상생활에서 적응문제를 효율적으로 해결할 수 있게끔 도와줄 필요가 있다.
- 학생 개개인의 부적응을 예방하고 적극적인 이해를 통하여 학생의 성장 ·

발달을 도와줄 필요가 있다.

(2) 사회의 요구

교육이란 항상 사회적 요구와 개인적 필요를 고려하여 이 양자를 절충하고 서로 조화시켜서, 이들을 적절히 충족시키도록 노력해야 한다. 따라서 교육을 하는 교육자와 교육정책을 결정하는 사람은 항상 변천하는 사회의 정당한 요구를 바로 보고 이를 교육목표나 내용 또는 방법에 충분히 반영시켜야 한다.

복잡하고 급격히 변천하는 현대사회는 이러한 변화에 적응할 수 있는 인간형성을 더욱 요구하고 있으며, 따라서 학교교육에 보다 새롭고 올바른 생활지도의 방법이 보강되어야 한다는 것이 사회적 요청이다. 문화의 다양한 발전과 분화는 그 사회에 알맞은 인간을 요청하고 있기 때문에 학교교육은 학생들에게 보다 폭넓은 경험을 갖도록 하는 생활지도가 요청된다. 민주사회는 민주시민을 요구하며 이와 같은 민주시민적 자질을 함양하기 위한 가장 효과적인 방법 가운데 하나가 생활지도이다.

현대사회에 있어서 생활지도의 필요성을 구체적으로 보면 다음과 같다.

- 취업 기회의 확대로 인한 적성의 발견과 직업선택의 지도가 필요하다.
- 가족제도가 달라짐에 따라 가정문제에서 기인하는 부적응 문제를 지도할 필요가 있다.
- 청소년의 일탈 행동을 학교가 책임지고 예방하고 해결해 줄 것을 사회가 기대하고 있다.
- 학교교육의 양적 팽창에서 야기되는 사회적 부적응(不適應)을 예방하고 지도할 필요가 있다.

3) 생활지도의 원리

생활지도를 할 때 지도의 기본적인 관점은 무엇보다도 인간에 대한 이해가 선행되어야 한다. 훈육에는 일반적인 규제나 처벌을 중시하지만 생활지도에 있어서는 대상자를 단순한 학생으로만 인식할 것이 아니라 인간으로서의 전반적인 이해를 중시해야 한다.

(1) 생활지도는 모든 학생을 대상으로 해야 한다.

흔히 생활지도의 대상자는 비행을 저지른 학생이나 지능이 낮고 공부를 못하는 학생, 신체적 결함으로 인해 사회적으로 고립되어 있는 학생이라고 생각하기 쉽다. 그러나 지능이 높고, 공부를 잘하며 신체적으로도 정상적일 뿐만 아니라 사고가 건전하고 사회적으로도 잘 적응할 수 있는 학생도 생활지도의 대상에 포함된다. 생활지도의 궁극적인 목적은 학생 개개인이 지니고 있는 잠재적인 능력을 최대한으로 신장시켜 주는 데 있기 때문이다. 더욱이 생활지도는 종래의 문제학생 중심의 일부 학생만을 대상으로 하는 편협된 사고에서 탈피하여 모든 학생의 필요와 요구를 수용하고 충족시킬 수 있는 방향으로 전환되어야 한다.

(2) 생활지도는 정확한 자료와 객관적인 근거를 바탕으로 행해져야 한다.

생활지도를 함에 있어서 일련의 과정, 즉 문제를 찾아내고 그 문제의 원인을 규명하고 문제해결을 위한 일련의 조치를 하기 위해서는 적성검사, 홍미검사, 가치관검사, 성격요인검사, 자아개념검사, 진로발달검사, 학력검사 등을 통하여 객관적인 자료에 근거하여야 한다. 왜냐하면, 생활지도를 담당하는 사람의 주관적인 판단은 편견에 따른 여러 가지 오류를 범할 수 있으며, 이러한 오류는 학생에게 도움이 되기는커녕 돌이킬 수 없는 잘못을 떠맡길 수 있기 때문이다.

(3) 생활지도는 치료보다 예방에 중점을 두어야 한다.

생활지도는 발생한 문제에 대한 치료보다는 문제 발생 예방에 치중해야 한다. 어떤 문제가 발생한 후에 그것을 치료한다는 것은 많은 노력과 시간이 필요하지만, 예방적인 지도는 시간과 노력을 절감할 수 있다. 따라서 치료보다는 예방에 주력하는 것이 현명하다. 만일 학교에서 발생하는 사건이나 개인적인 문제에 대해서 원인을 규명할 때 조금만 신경 써서 예방적인 지도를 하였더라면 미리 막을 수 있었다고 판단되는 경우를 흔히 경험하게 된다. 이것은 생활지도에 있어서 치료보다는 예방적인 지도가 중요하다는 사실을 말해 주는 좋은 예이다.

(4) 생활지도는 처벌보다는 지도가 선행되어야 한다.

전통적인 학생의 생활지도는 처벌 위주의 지도였는데 반하여 앞으로의 생활지도는 학생을 이해하는 방향으로 지도의 실제를 전환하여야 한다. 처벌은 학생의 잘못된 행동을 일시적으로 중단시키는 효과는 있을지언정 지속적인 효과를 가져다주는 최선의 방법은 되지 못한다. 따라서 생활지도에서는 억압보다는 이해하고, 처벌보다는 지도하는 방향을 찾아야 한다. 그러기 위해서는 학교에서 흔히 일어나는 여러 훈육상의 문제를 처벌 위주로 다루지 않고 원인을 찾아내어 그것을 이해하고 좋은 점을 인정해 주면서 지도하는 것이 필요하다. 그렇다고 생활지도에 있어 처벌이 전혀 불필요하다는 것은 아니다. 다만 강조하고자 하는 것은 학생 자신이 저지른 행동에 대하여, 그것이 처벌받을 만한 행동이었다는 것을 인정하도록 하고 처벌이 가해져야 한다는 것이다. 이것은 무조건 처벌이 가해진다는 것과는 달리 지도상의 커다란 차이점을 나타낸다. 학생의 옳지 못한 행동을 찾아내어 처벌하기 위한 생활지도가 아니라 보다 적극적인 의미에 있어서 그들의 옳고 좋은 행동을 찾아내어 그것을 북돋아 주고 이끌어 주는 생활지도가 되어야 할 것이다(이영덕, 정원식, 1994).

(5) 생활지도는 학생의 자율성과 개성을 존중해야 한다.

생활지도는 단순히 학생이 당면하는 문제를 해결해 주는 데 그치는 것이 아니라 한걸음 더 나아가 스스로 문제를 해결해 볼 수 있는 경험을 가지도록 하는 데 노력해야 할 것이다. 또한, 학생이 지니고 있는 고유한 특성을 인식하여 이를 신장할 수 있도록 적절한 생활지도가 이루어져야 한다. 따라서 생활지도는 교사가 선호하는 방향으로만 학생을 유도해서는 안 되며 개성을 존중하여 자율적으로 행동할 수 있도록 유도하는 것이 바람직하다.

(6) 생활지도는 학생의 전인교육 측면에서 행해져야 한다.

생활지도는 학생의 특수한 발달 영역이나 기능 등에만 중점을 둘 것이 아니라 모든 영역, 이를테면 신체적 · 지적 · 정서적 · 도덕적 · 사회적 발달 영역을 골고루 지도하여야 한다.

❶ 모든 학생을 대상으로 해야 한다.

❷ 정확한 자료와 객관적인 근거를 바탕으로 한다.

❸ 치료보다는 예방에 중점을 두어야 한다.

❹ 처벌보다는 지도가 선행되어야 한다.

❺ 학생의 자율성과 개성을 존중해야 한다.

❻ 학생의 전인교육 측면에서 행해져야 한다.

[그림 11-2] 생활지도의 원리

2. 생활지도 영역과 활동

1) 생활지도의 목표와 영역

생활지도의 궁극적인 목표는 학생 개개인의 건전한 성장 발달을 돕는 것이다. 이러한 목표 달성을 위한 구체적인 생활지도 목표를 학생을 위한 것과 교직원 및 학교를 위한 것으로 나누어 정리해 보면 다음과 같다.

(1) 학생 개인을 위한 목표

- 자기 자신을 정확히 이해하도록 돕는다.
- 자신의 능력과 흥미와 소질을 스스로 발견하도록 도우며, 또한 그것을 최대한 발전시킬 수 있는 자기지도 능력을 키워 나가도록 돕는다.
- 일상생활에서 부딪치는 여러 문제를 혼자 해결할 수 있도록 돕는다.
- 변화하는 생활환경 속에서 현명한 선택과 적응을 하도록 돕는다.
- 건전하고 성숙한 적응을 할 수 있는 기초를 마련하도록 돕는다.
- 신체적 · 지적 · 정서적 · 사회적으로 조화로운 삶을 누릴 수 있도록 돕는다.
- 사회를 위해서 공헌할 수 있도록 돕는다.

(2) 교직원 및 학교를 위한 목표

- 다양한 정보수집활동을 통해 교직원이 학생을 정확히 이해하도록 돕는다.
- 교직원이 학생의 행동을 분석하고 이해하는 기술을 지닐 수 있도록 돕는다.
- 심각한 문제를 지닌 학생을 전문가에게 의뢰하도록 교직원을 격려한다.
- 교육과 관련된 연구 활동을 통해 학교의 전체적인 교육계획 수립을 돕는다.
- 학교와 학부모, 지역사회 간의 유대를 강화하는 데 도움을 준다.

이상에서 살펴보았듯이 생활지도는 학생이 학교생활을 성공적으로 이끌어 나가도록 도와주는 교과 성적과 관련된 교육 지도, 장래문제와 관련된 진로 지도, 원만한 대인관계 유지를 위한 정신건강 지도, 여가를 건전하게 활용할 수 있도록 도와주기 위한 여가 지도 등을 포함한다. 생활지도는 학생 개인의 전인적 발달을 지향하고 있으므로 학교에서 수행하는 교육활동 전반에 관심을 가지게 된다. 그러나 보다 구체적인 생활지도계획을 수립하기 위해 생활지도의 관심영역을 분류해 보면 다음과 같다.

① 교육 지도

학생이 학교교육을 받는 데 필요한 사항을 인식시키고 개발한다. 학교 생활에 필수적인 교과과정에 대한 안내, 올바른 학습 습관에 관한 지도 및 기초학력 부족에 대한 대책, 독서지도 방안 등을 모색한다.

② 직업 및 진로 지도

학생의 욕구와 흥미 및 소질과 개성을 파악함과 동시에 사회의 필요를 이해하도록 도우며, 학생의 진로와 장래직업과 관련된 각종 정보를 수집하여 제공한다. 학생의 직업적성 진단, 진로선택 지도, 취업 지도, 추수 지도 등의 활동을 포함한다.

③ 성격 지도

학생의 건전한 성격 형성을 도와주기 위한 프로그램의 개발과 운영 또는 문제아의 발견과 치료 등을 포함한다. 청소년의 심리적 발달 특성을 이해시켜 지나친 불안이나 열등감에서 벗어나 안정된 심리적 안녕감을 유지하도록 도와준다.

④ 사회성 지도

집단생활에서 필수적으로 요청되는 원만한 대인관계의 수립을 도와주기 위한 여러 활동을 포함한다. 가족관계, 이성문제, 대인관계문제를 지닌 학생을 도와주기 위해 집단 활동을 계획하기도 한다.

⑤ 건강 지도

학생의 신체적 · 정신적 건강을 유지하는 데 도움을 주기 위한 교육적 활동을 포함한다. 갈등을 처리하는 기술이나 스트레스에 대처하는 방법 등을 알려주고 영양부족이나 비만, 신체적 결함 등을 극복할 수 있도록 도와준다.

⑥ 여가 지도

학교에서 수행하는 교과 활동이 아닌 과외 활동을 지도하고 조언하는 것을 포함한다. 건전한 여가활동을 통해 자기 성장을 추진해 나가는 새로운 경험을 가질 수 있도록 개인적 또는 집단적 지도를 행한다.

이상에서 열거한 생활지도의 관심영역은 학교현장에서 서로 독립되어 존재할 수 없다. 상당 부분이 서로 중복될 수 있지만, 생활지도에 대한 이해를 돕는 편의적인 분류라는 점을 참고해야 할 것이다.

2) 생활 지도

(1) 학생조사활동(student inventory service)

학생조사활동은 학생 이해를 위한 기초자료를 수집하는 활동으로 정확하고도 과학적인 학생 실태 파악을 목적으로 한다. 효율적인 생활지도를 위해서는 정확하고 가치 있는 자료를 될 수 있는 한 많이 수집하여 학생의 자기 이해를 도와주어야 하며, 조사활동으로 얻어진 자료는 생활지도의 전체적인 운영이나 교육계획수립에 활용되어야 한다. 뿐만 아니라 학생 이해를 위한 조사활동의 결과는 학생을 도와주려는 학교의 다른 구성원에게도 제공되어야 하며, 학생에 관한 정보와 자료의 수집활동은 생활지도 전담교사가 계획성 있게 체계적으로 수행해야 한다. 이를 위해 필수적으로 수집해야 할 자료를 정리해 보면 다음과 같다.

- 가정환경 및 배경에 관한 자료
- 학교에서의 각종 기록
- 신체검사 및 건강상태 기록

- 지능, 적성, 인성, 흥미, 가치관 등의 수준 및 경향성
- 개인적 · 사회적 · 정서적 특성
- 학교내외에서의 활동범위 및 활동유형
- 장래에 대한 계획

학생조사활동을 수행하는 과정에서는 장기적인 조사활동계획을 세워 실시해야 하며, 조사활동에 학교구성원들이 협력할 수 있도록 사전협의가 이루어져 있어야 한다는 점을 주의해야 한다. 또한, 학생조사활동의 결과를 가치 있는 자료로 활용하기 위해서는 실제 적용이 가능한 형태로 기록 · 정리해 두어야 한다.

학생 이해를 위한 조사활동의 결과를 기록하는 과정에서 주의해야 할 점은 다음과 같다.

- 보존 목적의 기록이 아닌 활용방법을 고려해서 기록한다.
- 질적인 기록도 중요하나 처리하기 쉬운 양적기록방법을 고안해야 한다.
- 조사결과는 가능한 한 빨리 기록 · 정리하는 것이 좋다.

학생 이해를 위한 조사활동에서 여러 자료들을 수집하는 데 주로 사용하는 방법과 도구에는 면접, 사례연구, 각종 표준화된 심리검사, 학업성취검사, 환경조사, 문제진단검사, 질병검사, 대인관계검사, 행동관찰검사 등이 있다. 학교현장에서의 실제적인 조사활동에서는 여러 방법을 함께 사용하는 경우가 많다.

(2) 정보수집 및 제공활동(information service)

정보수집 및 제공활동은 학생에게 필요한 각종 정보를 수집 · 제공하여 학생의 자기성장과 적응을 도와주는 것이다. 이러한 활동은 학생으로 하여금 자신의 문제를 해결하거나 장래계획을 세우는 데 필요한 주위 환경조건 및 그와 관련된 여러 사실을 객관적으로 이해하고 평가할 수 있도록 도와준다.

생활지도에 필요한 정보는 학교에서 자체적으로 조사할 수도 있고 각종 간행

물이나 전문서적 또는 지역사회 자원 인사들을 통해 수집할 수도 있다. 정보활동에서 가장 중요한 것은 정보의 정확성과 참신성이므로 최신정보를 정확하게 수집하여 제공해야 한다. 특히 정보제공활동은 정규수업시간을 이용하거나 집단을 대상으로 수행할 수 있기 때문에 시간이 절약되고 생활지도교사가 학생들과 친해질 수 있는 계기를 마련할 수 있으며, 학생으로 하여금 상담의 필요성을 느끼게 하는 장점을 지닌다. 생활지도과정에서 학생들에게 제공하는 정보의 종류는 교육 정보, 직업 정보, 개인 · 사회적 정보로 나눌 수 있다.

① 교육 정보

학생이 학업을 수행하는 데 필요한 정보로서 학교의 교육과정이나 입학조건 및 준비물, 학교의 일상생활을 규정짓는 교칙이나 학교가 허용하는 각종 교내 모임 또는 사회적 활동, 면학조성을 위한 제도와 시설에 대한 것 등을 포함한다. 이러한 교육정보는 학생은 물론 교사와 학부모도 알아 두어야 할 사항이다. 교육정보를 통해 학생은 자신에게 주어진 교육기회를 최대한 활용할 수 있을 뿐만 아니라 교육과 관련된 선택과 결정을 합리적으로 할 수 있어 자신의 교육계획을 보다 현실적이고도 객관성 있게 세울 수 있다.

② 직업 정보

학생의 장래 직업 결정을 도와주는 데 필요한 것으로 산업의 발달로 세분화 · 전문화된 직업 세계를 정리 · 분석한 자료를 포함한다. 각종 직업이 요구하는 적성 및 훈련과정에 관한 것, 사회 인력의 수요와 공급에 관한 전반적인 사항, 산업사회의 변화와 추세에 관한 사항, 각종 직업에서 작업 조건 및 승진기회에 관한 것, 고용과 취업을 담당하고 있는 기관에 관한 사항 등이 직업정보에 해당한다.

③ 개인·사회적 정보

개인 및 인간관계에 관한 이해의 폭을 넓혀 주는 데 사용하는 정보로서 신체발달, 행동발달, 정서발달 및 성격발달에 관한 것, 정신위생에 관한 것, 사회관계에 관한 것, 성 역할에 관한 것 등을 포함한다. 이러한 정보는 학생으로 하여금 자기 자신과 타인을 보다 잘 이해할 수 있도록 도와줌으로써 원만한 인간관계를 맺을 수 있고, 정신적으로 건강한 삶을 유지할 수 있게 해 준다.

(3) 상담활동(counseling service)

상담활동은 생활지도의 가장 중심적인 활동으로서 도움을 필요로 하는 학생의 적응을 도와주는 것이다. 상담은 전문적 훈련을 받은 상담자(counseling)와 학생 간의 친밀한 관계 속에서 진행되는 대화를 통해 학생으로 하여금 자신의 정서적 · 정신적 문제해결능력을 신장하도록 도우며, 정신건강을 증진시켜 능동적으로 환경에 대처해 나가도록 도와준다.

학교에서 수행하는 상담은 일반적으로 개인상담의 형태를 지닐 수도 있고 집단상담의 형태를 취할 수도 있지만 대체로 상담자와 학생 간의 상호인간관계에 의해서 이루어지는 학습지향적인 과정이라고 할 수 있다. 특히 학교상담은 전문적인 기술을 지닌 상담자가 내담자인 학생으로 하여금 자신이 직면한 현실을 보다 효과적으로 관계를 맺도록 도와주는 과정으로 구성된다는 것이다. 따라서 학교상담활동의 목적은 학생들의 행동변화 촉진, 적응능력기술의 향상, 의사결정능력의 배양, 대인관계기술의 향상, 잠재능력의 개발에 있다.

(4) 정치활동(placement service)

정치활동이란 학생이 자신의 진로를 정확하게 이해하여 현재의 자기 위치를 현명하게 선정할 수 있도록 도와주는 활동을 말한다. 정치활동은 학생의 전공 계열이나 과목 선택, 특별활동반의 선택, 구직 알선이나 진로 선정에 관계되는 일에 이르기까지 모든 학년에 걸쳐서 학생이 필요로 하는 요구를 최대한 충족시키기 위해 노력하는 활동이다.

정치활동은 크게 교육적 정치와 직업적 정치로 나누어진다. 교육적 정치활동은 교육적 효과를 높이기 위한 학급 편성과 학생의 능력과 적성에 따른 특별반

편성, 선택과목결정 및 긴급에 관한 것, 월반, 전학이나 편입학과 관련된 사항 등을 도와준다. 직업적 정치활동은 학생의 구직 알선이나 학생의 장래 희망직업, 그리고 졸업생이나 중퇴자의 취업 및 적응과 관련된 사항을 도와준다.

정치활동은 급격하게 변화하는 사회 자체가 학생으로 하여금 학교생활 중에 계속적인 선택과 결정을 요구하기 때문에 오늘날에 이러한 학교에서 더욱 중요한 활동으로 받아들여지고 있다.

(5) 추후지도활동(followup service)

추후지도활동이란 학생을 대상으로 생활지도를 수행한 이후, 그 대상 학생들의 추후 적응상태를 관찰하거나 조사·연구하여 계속적인 도움이 필요한 경우 도와주기도 하고, 그 연구결과를 통해 생활지도의 개선, 발전을 추구하기도 하는 활동을 말한다. 구체적인 추후지도활동은 모든 학생이나 졸업자를 대상으로 수행할 수 없기 때문에 이루어질 수도 있고, 우발적으로 이루어질 수도 있다.

그러나 특히 사례연구의 대상이 되었던 학생이나 상담을 받은 경험이 있는 학생에 대해서는 집중적이고 지속적인 지도를 필요하며, 학교를 중도 탈락한 학생이나 전학을 간 학생에 대해서도 세심한 배려를 해야 한다. 일반학생에 대해서는 그들에게 제공한 정보에 대한 반응과 학교교육활동 결과에 관한 정보를 수집·분석하여 앞으로의 생활지도 프로그램 개선에 도움을 줘야 한다.

(6) 특수한 아동에 대한 지도

생활지도활동의 원리에도 밝혔듯이 생활지도의 대상은 당연히 전체 학생이 되어야 하지만, 여러 방면에서 남다르게 극심한 차이를 나타내는 학생에 대한 특별지도 역시 생활지도의 주요 활동이 되어야 한다. 일반학교에서 발견되는 특수한 아동에 대한 교육 프로그램 개발 및 학교생활적응 지원은 생활지도에서 수행해야 한다. 특수아동에 대한 지도는 문제 예방적 차원에서 특수 아동뿐 아니라 학교의 전체 학생을 생활지도의 대상으로 삼아야 한다는 적극적인 관점에 속한다. 생활지도 담당자는 학교생활을 통해 인지능력 측면에서 과잉 또는 과소 발달현상을 나타내는 학생이나 정서적 · 신체적 발육이상을 나타내는 학생을 발견하여, 그들을 위한 교육계획을 수립하거나 다른 전문기관에 의뢰하는 문제 등을 검토해야 한다.

일반학급에서 발견되는 특수재능소유 학생이나 정신지체 현상을 나타내는 학생, 정서적 장애 또는 사회적 부적응이 심한 학생이나 신체적 장애를 지닌 학생들의 경우, 일차적으로 해당 학생과의 직접적인 상담이나 부모 상담을 통해 문제해결을 시도하는 것이 바람직하다. 왜냐하면, 그러한 문제에 대한 해결의 열쇠는 대부분 학생 자신에게 속해 있거나 가족관계와 관련된 경우가 많기 때문이다. 그러나 전문가의 도움이 필요한 경우에는 학부모 및 학교행정가와 협의하여 적절한 협력 체제를 구축해야 한다.

학교생활 전체에서 여러 가지 부작용을 일으키는 원인에 해당하는 학습부적응 현상에는 학습부진, 학습지진, 학습과진, 과목 간 성취 불균형이 있는데 이러한 학생에 대해서는 특별한 교육 프로그램을 개발하거나 개인 및 집단을 대상으로 특별히 지도할 필요가 있다. 또한, 신체적 장애에는 청각장애, 시각장애, 언어장애, 지체장애, 신체허약 등이 있는데 생활지도 담당교사는 일반교사 및 학교행정가와 협의하여 이러한 장애를 가진 학생을 위한 적절한 학교환경을 마련하고, 이들의 사회생활 적응을 도와줘야 하며, 전문가와 협의하는 문제도 고려해야 한다.

(7) 교육연구 및 교직원과의 협의 활동

학교의 생활지도활동은 반드시 체계적인 과정을 거쳐 평가되어야 하며, 그 결과는 새로운 생활지도 프로그램의 계획과 발전에 활용되어야 한다. 생활지도 담당교사는 학생의 변화와 요구에 대한 연구를 계속적으로 수행해야 할 뿐만 아니라 학교의 다른 교직원이 이러한 연구 활동을 수행하려고 할 때 적극적으로 협조해 주어야 한다.

또한, 생활지도 담당자는 학교의 모든 교직원이 자신의 업무를 효율적으로 수행할 수 있도록 도와주는 일련의 활동을 수행해야 하며, 교사와 학생 간에 생긴 갈등을 해결하는 데 적극적인 노력을 기울여야 한다. 이러한 일을 수행하기 위해 생활지도 담당교사는 비밀을 최대한 유지하면서 학생에 대한 자료를 학교 구성원에게 알려주거나 사례협의회 개최 및 집단지도를 위한 자료개발, 일반교사를 위한 자료 확보 등을 통해 학교 행정가 및 전체 교직원과의 협조체제를 계속적으로 유지해야 한다.

(8) 학부모 및 지역사회와의 유대강화

학교의 생활지도활동을 보다 효과적으로 수행하기 위해서는 학생의 성장과 발달에 많은 영향을 미치고 있는 학부모와 지역사회의 여러 자원 인사의 적극적인 협조가 무엇보다 중요하다. 따라서 학교의 생활지도 담당교사는 이들과 개인적 또는 집단적 협의 체제를 유지하기 위한 다양한 활동을 전개해 나가야 한다. 이를 위해 생활지도 담당교사는 학교의 구체적인 생활지도계획 및 실행과정을 학부모와 지역사회 인사들에게 알려 주고 도움이 필요할 경우를 대비해 대화의 통로를 마련해야 하며 학생들의 태도, 능력, 홍미 등에 대해 이해할 수 있는 자료를 확보하여 배부함으로써 세대 간 격차를 줄여 나가는 데 노력해야 한다. 뿐만 아니라 학생들에게 영향을 미치는 학교정책, 교육과정, 교육 및 직업 기회에 관한 여러 가지 정보도 알려 주어야 한다. 또한, 학교의 생활지도 담당교사는 지역사회 단위의 청소년지도 활동계획에 참여해야 하며, 교육 및 청소년문제와 관련된 각종 간행물이나 대중매체의 청소년 프로그램 제작에 참여하는 것 등의 여러 활동을 통해 학부모 및 지역사회와 계속적으로 정보를 교환해야 한다.

chapter 12

상담

1. 상담의 이론과 방법

1) 상담의 개념

상담이란 전문적으로 훈련된 상담자와 도움을 필요로 하는 내담자 간의 개별적 인간관계를 통해 새로운 학습이 이루어지는 과정이다. '상담(counseling)'이라는 용어는 라틴어의 'consulere'에서 나왔는데 이것은 '고려하다', '조언받다' 등의 뜻이다. 그러므로 일상적 의미로서의 상담은 충고, 조언, 정보 제공, 위로 등의 활동을 가리키는 것으로 사용하고 있다. 그러나 전문적 활동으로서의 상담은 내담자가 알고자 하는 사항에 대한 정보를 제공하거나 조언을 하거나 단순히 위로를 하는 것 이상의 의미를 지닌다. 전문적 상담에서는 상담자와 내담자 사이에 일어나는 역동적인 상호작용의 인간관계를 통해 내담자의 감정을 수용하고 명료화해 주어 내담자로 하여금 자기 자신과 주변 환경을 더욱 잘 이해하여 자신을 발전적으로 이끌어 가도록 도와주게 된다.

상담의 의미는 그것을 설정하는 과정에서 상담활동의 교육적 의미를 강조하는지, 치료적 의미를 강조하는지에 따라 학자 간에 서로 다른 입장을 취하고 있다. 오늘날의 상담심리학에서는 상담과 심리치료의 개념을 구분하지 않으려는 견해가 지배적이다.

상담에 관한 정의를 어떻게 내리든 간에 상담의 주된 특징은 상담자와 내담자 사이의 상호작용적 인간관계에 있다고 할 수 있다. 상담에서의 인간관계는 일상적인 인간관계와는 질적으로 다른 전문가적인 관계로서 다음과 같은 특징을 지니고 있다.

- 서로 얼굴을 마주 대하는 일대일의 인간관계로 구성된다.
- 언어를 매개로 하는 역동적인 상호작용과정이다.
- 전문적인 조력과정이다.
- 사적이며, 비밀스러운 관계로 구성된다.

2) 상담의 기술

상담의 성공 여부는 인간관계의 질에 해당하는 상담자와 내담자 사이에 형성된 상담관계의 성립과 밀접한 관계가 있다. 상담자와 내담자 사이에 상담관계가 수립되기 위해서는 먼저 상호 간에 인간적인 신뢰감이 형성되어야 한다. 즉, 상담자는 내담자의 자기지도능력을 믿어야 하며, 내담자는 상담자의 전문적 능력과 인격에 대한 신뢰감과 존경심을 가지고 있어야 한다. 상담자와 내담자 사이에 설립된 이러한 관계를 '라포(rapport)'라고 하며, 상담관계의 성립은 이러한 라포가 형성된 경우에 비로소 가능한 것이다. 왜냐하면, 라포가 형성되어야 내담자는 자신의 문제를 솔직하게 있는 그대로 터놓고 말할 수 있으며, 상담자가 내담자의 자율적인 문제해결능력을 침해하지 않게 되기 때문이다. 상담과정의 성공을 좌우하는 라포 형성 시 유의점은 다음과 같다.

- 상담이 시작되면 우선 내담자가 긴장을 풀 수 있도록 우호적인 분위기를 만드는 것이 좋다. 가벼운 유머나 일상적인 화제 등을 먼저 꺼내거나 상담에 임하기까지 망설임에 대해 격려해 준다.
- 상담자는 수용적이고 허용적인 태도로 내담자의 이야기를 들어준다. 내담자의 이야기를 비판하거나 거부 · 비난하는 것이 아니라 내담자의 인간적인 특성과 가치를 인정해 주는 것이 필요하다. 즉, 내담자의 행동에서 긍정적인 측면과 부정적인 측면을 동시에 수용할 수 있는 허용적이고 격려적인 분위기를 형성해야 한다.
- 상담자와 내담자는 서로 상대를 공감적으로 이해할 수 있어야 한다. 특히 상담자는 내담자의 문제에 포함된 감정이나 동기 및 갈등을 공감적으로 이해할 수 있어야 한다. 사회의 일반적인 윤리나 도덕과 같은 외적 준거에 근거하여 내담자의 문제를 인식하고 이해하는 것이 아니라 내담자가 생각하고 느끼는 것처럼 생각하고 느낄 수 있도록 노력해야 한다.
- 상담이 진행되는 과정에서 상담자와 내담자는 내적인 경험과 외적인 경험

이 모순을 이루거나 대립하지 않도록 보다 분명하고 진지하게 상호 의사소통을 수행해야 한다. 상담과정에서 논쟁이나 의견대립이 초래되어서는 안 되며, 내담자의 내면적 경험에 해당하는 심리적 세계와 외적 경험에 해당하는 인식과정이 서로 모순을 이루지 않도록 대화를 이끌어야 한다. 이러한 의사소통과정에서 내담자는 자신의 내 · 외적 경험을 통합할 수 있게 되어 문제의 실마리를 찾게 된다.

- 라포는 상담의 초기단계에 형성하는 것이 가장 좋으며, 형성된 라포가 계속 유지될 수 있도록 주의를 기울여야 한다.

3) 상담이론

상담의 근본적인 목적이 내담자의 자기성장을 도와주는 것이라는 점에 대해서는 대부분 학자가 동의하고 있다. 그러나 구체적으로 상담을 수행하는 방법이나 상담진행 절차에 대해서는 학자들 간의 견해가 서로 다르다. 상담에 관한 대표적인 접근방법들은 다음과 같다.

(1) 이성적 상담(문제중심상담)

이성적 상담의 특성은 인간을 이성적 존재로 보며, 상담을 일종의 교육적 활동으로 보는 데 있다. 이성적 상담의 기본전제는 이성적 존재로서의 인간은 어떤 계획을 세우며, 의사를 결정하는 과정에서 이성을 활용할 수 있다는 것이다. 그러나 상담을 필요로 하는 대부분 내담자는 자신이 지닌 편견과 필요한 정보의 부족으로 문제해결에 어려움을 겪고 있기 때문에 의사결정과정에서 바람직한 방향을 설정할 수 없으므로 남의 도움을 필요로 한다는 것이다.

합리적 상담의 출발은 직업상담에서 나왔으나 오늘날에는 학교상담에서 특히 많이 이용되고 있는 상담의 접근방법이다. 학생의 장래문제나 진로문제, 교육문제, 학교 적응문제 등에 상담자가 적극적으로 참여하여 학생의 문제를 해결하게 되는 것이다. 이러한 합리적 상담은 상담자가 주도적으로 상담을 이끌어 가는 경향이 있으므로 일명 지시적 상담이라고도 한다.

① 상담의 기법

상담자는 탁월한 훈련과 경험 및 정보를 가지고 있어야 하며, 상담과정에서 주로 다음과 같은 기법을 사용한다.

- 타협시킨다.
- 환경을 바꾸도록 권장한다.
- 적절한 환경을 선택하도록 한다.
- 적절한 기술을 학습시킨다.
- 태도를 변화시킨다.

상담자는 위에서 열거한 방법을 사용하여 내담자의 개별 특성에 맞는 직업이나 전공분야의 선택에 도움을 주기도 하고, 문제해결에 필요한 기능이나 태도를 학습하도록 도와주기도 하며, 내담자의 주변 환경에 대한 태도를 부정적 방향에서 긍정적 방향으로 변화시키기도 한다.

② 상담 과정

윌리엄슨(E. G. Williamson)은 이성적 지시적 접근 방법을 창안하였으며 그의 상담이론은 '문제중심의 상담'이라고도 한다. 이성적이고 지시적 접근으로 내담자의 문제를 해결하거나 상담하는 과정에 논리적 · 지적 도구를 주로 사용하는 특징을 가지고 있다. 상담 과정에서 내담자에 대한 객관적 자료를 수집하고 자료를 종합하여 진단하며, 자료에서 결과를 예언하며, 행동 프로그램을 계획한다.

〈표 12-1〉 상담의 과정

분석	상담자는 내담자 또는 내담자의 문제와 관련된 모든 자료를 수집하여 분석한다.
종합	분석단계에서 얻어진 자료를 내담자의 개별 특성과 관련지어 체계적이고 조직적으로 정리한다.
진단	내담자가 지닌 문제의 원인을 파악하고, 그 문제가 앞으로 어떻게 진전될 가능성이 있는지를 예측해 본다.
상담	상담자가 내담자와 일대일의 관계에서 내담자를 직접적으로 도와준다.
추후지도	상담효과를 평가하여 재발 가능성에 대해 계속 조언한다.

(2) 인간중심적 상담

인간중심적 상담이론에서는 인간은 자기실현의 경향성을 가진 존재로, 매 순간 주관적으로 현상을 경험하며 감정을 느끼면서 성장·변화하는 존재라고 본다. 인간은 자기 자신을 바람직한 방향으로 성장·발전시킬 수 있는 잠재능력을 지니고 있으므로 자기 문제를 스스로 해결할 수 있다고 보았다. 상담자는 이러한 인간의 자아실현 의지를 믿기 때문에 내담자를 중심으로 상담을 펼쳐 나가게 된다. 인간중심적 상담은 자아개념을 중요하게 여기는 현상학적 심리학에 기초를 두고 내담자를 중심으로 상담을 진행해 나가기 때문에 비지시적 상담이라고도 불린다.

상담과정에서 상담자가 해야 할 일은 무제한의 허용적인 분위기를 조성하여 내담자로 하여금 자신의 문제를 있는 그대로 자유롭게 이야기하도록 함으로써 자기통찰이 가능하도록 도와주는 것이다. 이를 위해 상담자는 내담자의 현재 상태를 중요하게 여겨야 하며, 내담자로 하여금 자신의 현재 느낌이나 감정 및 불안을 있는 그대로 솔직하게 표현하도록 격려해 주어 감정의 정화와 명료화를 경험할 수 있도록 한다. 이러한 과정을 거치는 동안 내담자는 자신의 문제에 대한 통찰력이 높아지게 되어 문제해결로 나아가게 된다. 왜냐하면, 인간은 그 자신 속에 무한한 자기성장 가능성을 지닌 존재이기 때문이다. 적응에 어려움을 겪고 있는 개인은 자신을 둘러싸고 있는 정서적 장애로 인해 자신의 문제에 대한 해결책을 찾는 데 방해받고 있을 따름이다.

① 상담자의 태도

인간중심적 상담에서는 진단과 처방의 기술이나 다양한 정보의 제공보다는 상담자와 내담자 간의 인간관계가 매우 중요시되며, 문제의 인지적 측면보다는 정서적 측면을 더욱 중요하게 여긴다. 상담진행과정에서 상담자가 지녀야 할 특징적인 태도는 솔직성, 긍정적 존중, 공감적 이해이다.

〈표 12-2〉 상담자가 지녀야 할 특징

솔직성	상담자는 상담과정에서 내담자와 맺은 인간관계에서 느낀 감정과 태도를 솔직하게 표현해야 한다. 상담자가 자신의 긍정적 감정과 부정적 감정을 모두 표현할 수 있고, 내담자가 표현하는 부정적 감정을 모두 수용할 수 있을 때 서로 신뢰하며 거짓이 없는 인간관계를 형성할 수 있다.
긍정적 존중	상담자는 내담자의 자기성장력에 대한 굳건한 신념에 입각해서 내담자의 감정이나 사고 · 행동을 평가하거나 판단하지 않고 내담자를 있는 그대로 받아들이고 독립된 개인으로 수용 · 존중해야 한다.
공감적 이해	상담자는 상담과정에서 나타나는 내담자의 경험과 감정을 함께 느끼고 이해해야 한다. 상담자는 내담자를 동정하는 것이 아니라 내담자의 내면세계를 마치 자신의 내면세계인 것처럼 느끼는 감정이입 상태에 도달해야 한다. 그러나 이때 상담자는 자신의 위치를 벗어나지 않도록 주의를 기울여야 한다.

상담에 대한 이러한 접근법은 주로 임상적 경험을 통해 그 이론이 발전되어 왔으며 오늘날에 이르러 학교와 상담소, 병원 등에서 적응에 어려움을 겪고 있는 개인이나 정서적 장애를 지닌 개인의 치료에 많이 적용하고 있다.

② 상담의 과정

로저스는 인간중심적 상담이 이루어지는 과정을 다음과 같이 12단계로 설명하고 있다.

- 내담자의 방문: 본인 또는 다른 사람의 권유에 의해서 이루어진다.
- 상담에 대한 정의: 상담자는 도움을 주는 존재이며, 내담자는 자신의 문제에

대해서 책임을 지고 스스로 문제를 해결해 나가야 한다는 점을 인식시킨다.

- 라포의 형성: 내담자가 자유롭게 자기감정을 표현할 수 있도록 우호적이고 허용적인 분위기를 마련한다.
- 내담자의 부정적 감정 수용: 내담자의 부정적 감정을 더욱 자유롭게 표출하도록 격려하며, 그것을 수용하고 인정하며 명료화한다.
- 내담자의 긍정적 감정 표출: 내담자의 부정적 감정이 모두 표출된 후 약하긴 하지만 자기성장에 도움이 되는 긍정적 감정 및 충동이 나타나게 된다.
- 내담자의 긍정적 감정 수용: 내담자의 긍정적 감정은 자기이해 및 자기통찰의 계기를 마련해 줄 수 있다는 점에 유의하고, 상담자는 이를 수용하고 인정할 뿐만 아니라 동감할 수 있어야 한다.
- 내담자의 자기통찰 출현: 부정적 감정과 긍정적 감정의 동시 수용을 통해 내담자의 자기이해 및 자기수용이 나타나게 된다.
- 내담자의 의사결정 가능성 출현: 자기문제에 대한 통찰을 기반으로 문제를 해결하려는 의도를 보여 주게 된다. 이때 상담자는 내담자가 가지는 변화에 대한 두려움과 주저를 인정하고 격려해 주어야 한다.
- 내담자의 긍정적 행동 출현: 내담자는 약하고 보잘것없는 수준의 행동변화를 보여 주게 되는데, 이때 상담자가 서두르거나 행동변화를 독촉해서는 안 되고 인내심을 가지고 주시 · 격려해 주어야 한다.
- 내담자의 자기통찰 확대: 내담자의 긍정적 행동변화에 대한 격려를 통해 내담자의 자기통찰을 확대 · 심화시킨다.
- 내담자의 적극적이고 통합된 행동 출현: 내담자는 자신의 결정에 의해서 수행하는 행동에 대해 자신감을 가지게 되며, 의사결정과정에서 더 이상 두려움을 느끼지 않을 뿐만 아니라 상담자와의 유대관계가 더욱 강화된다.
- 상담의 종결: 내담자는 자신의 문제를 불안 없이 혼자 해결할 수 있다는 것을 인식하게 되고, 스스로 상담관계의 종결을 바라게 된다.

(3) 정신분석적 상담

Sigmund Freud
(1856~1939)

정신분석적 상담은 프로이트(Sigmund Freud)의 정신분석학에 기초한 것으로 인간행동에 대한 결정론과 무의식의 개념을 수용하고 있다. 따라서 인간의 모든 행동에는 그것을 일으키게 하는 동기가 있으며, 그 동기는 인간 정신세계의 무의식에 의해 크게 영향을 받는다고 본다. 또한, 현재 한 개인에게 나타나는 부적응의 원인을 어렸을 때의 경험으로 구성된 무의식적 동기나 욕구에서 찾으려는 입장을 취한다. 문제를 지닌 개인은 자신이 알지 못하는 무의식적 동기를 분석하여 우리가 의식할 수 있게 의식으로 끌어올려 동기를 분석해서 치료하게 된다.

① 상담의 기법

정신분석적 상담은 내담자로 하여금 자기통찰을 통해 스스로를 이해하고 불안의 원인을 깨닫게 하는 데 그 목적을 두기 때문에 내담자의 무의식 세계를 이해하기 위해 자유연상, 꿈의 분석, 저항의 해석, 전이의 해석과 같은 기법을 사용해야 한다. 이러한 상담기법을 사용할 때 특히 주의해야 할 점은 자유연상이나 꿈을 통한 경험세계에도 내담자의 의식이 활동하기 때문에 무의식 세계를 차지하고 있는 본능적 욕구가 상징적으로 표현된다는 것이다.

자유연상

상담자는 내담자를 편안한 상태로 눕거나 앉게 한 후, 내담자의 느낌이나 생각을 자유롭게 이야기하도록 권장한다. 자유롭고 편안한 가운데 진술한 내담자의 연상은 과거의 충격적 경험에 대한 재현을 도와주고 과거의 상황에서 느꼈던 여러 감정을 발산하도록 도와주어 자기이해와 자기통찰을 가능하게 한다.

● 꿈의 분석

내담자가 최근에 자주 꾸는 꿈의 내용을 이야기하게 하여 그 내용을 분석하는 것이다. 수면 중에는 자아의 방어기제가 약화되기 때문에 억압된 욕망과 감정이 의식 표면에 떠오르게 된다는 꿈의 특성을 이용한다. 꿈에 나타난 무의식의 세계와 문제에 대한 통찰이 가능하도록 도와준다.

● 저항의 해석

상담진행과정에서 내담자는 자아를 보호하기 위한 무의식적 행동으로 상담자와 상담 자체에 대한 강한 거부감을 나타나게 되는데, 이것을 저항이라고 한다. 저항은 상담의 약속시간을 어긴다거나 상담자를 미워한다거나 상담과정에서 침묵을 고집하는 등의 형태로 나타난다. 상담자는 내담자의 이러한 저항이 내담자의 내적 갈등의 표현임을 지적하고 이해시켜야 한다.

● 전이의 해석

상담과정에서 내담자는 상담자를 아주 미워하거나 좋아하게 되는 것과 같은 강한 정서적 전이현상을 보인다. 이것은 내담자가 자신의 과거 인간관계에서 발생했던 긍정적 · 부정적 감정상태를 상담자에게 나타내는 것이다. 이러한 전이에 대한 해석을 통해 내담자의 정서적 갈등을 해결하는 계기를 마련해 주게 된다.

정신분석 상담은 처음에는 심한 정신질환을 가진 환자를 치료하는 정신의학분야에서 주로 사용한 방법이지만, 오늘날에 이르러 인간의 일반적인 정신현상을 이해하는 데 도움을 주고 있을 뿐만 아니라 학생 개인에 대한 이해와 집단지도에 널리 이용하고 있다.

② 상담의 과정

정신분석적 상담의 일반적인 진행절차는 다음과 같다. 먼저 진단을 내려 내담자로부터 상담활동에 대한 동의를 받는다. 그다음 상담자는 내담자의 성장배경에 관한 자료를 수집하며, 자유연상이나 꿈의 분석을 통해 내담자의 무의식을 파악하여 해석한다. 이때 내담자는 상담자에 대해 정서적 전이현상을 나타내 보이는데, 이것은 내담자가 부모 및 다른 사람들과의 관계에서 발생한 감정적 태도를 상담자에게 전이하는 것이다. 내담자는 마치 상담자가 자신의 부모인 것처럼 여기게 되어 부모에 대한 자신의 긍정적 감정 또는 부정적 감정을 그대로 나타낸다. 이러한 과정을 통해 내담자의 근본적인 정서문제가 표면화될 수 있으므로 자기이해와 통찰이 가능하게 된다. 이러한 전이장면에서 상담자는 내담자의 부정적 감정의 표출에 해당하는 저항을 잘 처리할 수 있어야 한다. 이때 내담자가 상담자에게 나타내는 반항이나 거부현상은 상담자에 대한 감정이 아니라 내담자의 과거 경험세계의 특정 인물에 대한 부정적 감정의 표출이라는 점을 알아야 하며, 이를 잘 처리할 수 있어야 상담이 중단되지 않는다. 상담자는 내담자의 감정적 전이에 대해 수동적이고 중립적인 자세를 취함으로써 내담자의 전이를 유도해야 하며, 전이에 대한 객관적인 해석으로 전이 감정을 해소시켜 줄 수 있다. 그 결과 내담자는 과거의 영향력에서 벗어나게 되며 정서적으로 더욱 성숙하게 된다.

(4) 학습이론적 상담

학습이론적 상담은 학습의 법칙과 원리를 적용하여 개인의 여러 가지 문제행동을 수정하거나 바람직한 행동을 새롭게 획득하게 하는 접근방법이다. 학습이론적 상담에서는 인간의 모든 행동이 조건화, 강화, 모방과 같은 학습과정을 통해 형성된다고 보며, 개인이 지닌 장애행동 역시 이러한 학습의 과정을 거쳐 획득된 것으로 생각한다. 따라서 이 접근법에서는 인간의 행동에 영향을 미치는 환경자극을 체계적으로 조절하고 재배열함으로써 환경자극과 행동 간의 새로운 기능적 관계를 형성하여 개인의 문제해결이나 자기성장을 도와줄 수 있다고 본다.

① 상담의 기법

학습이론적 상담은 특히 학교 학습장면에서 학생이 나타내 보이는 여러 종류의 행동장애를 치료하는 데 크게 효과를 얻고 있는 접근법이다. 즉, 학생의 바람직하지 못한 행동을 고전적 조건형성을 이용한 상호제지법이나 체계적 둔감법 또는 조작적 조건형성에 따른 행동수정법, 사회적 학습이론에 따른 사회적 관찰 학습법으로 치료하는 것이다.

● 상호제지법

한 개인에게 불쾌반응을 일으키는 자극을 쾌반응을 일으키는 자극과 함께 짝지어 제시함으로써 불쾌반응을 감소시켜 나가는 방법이다.

● 체계적 둔감법

먼저 근육의 이완과 긴장을 훈련한 후, 불안 반응을 일으키는 자극을 제시해 주어 내담자가 불안을 덜 느끼게 만드는 방법이다.

● 행동수정법

한 개인의 바람직하지 못한 행동을 강화시켜 주는 자극을 분석하여 그것을 제거하는 방법이다. 예를 들어, 수업시간에 떠드는 학생에게 교사가 시선을 집중하는 것과 같은 행위를 더 이상 계속하지 않고 그냥 무시하는 방법을 채택하는 것이다. 그렇게 할 경우 점차적으로 수업시간에 떠드는 행동이 줄어들어 마침내 그 행동을 하지 않게 된다는 것이다. 이러한 행동수정법에서는 물질적 보상이나 특권 부여와 같은 여러 가지 종류의 정적 강화를 사용하여 학생의 바람직한 행동을 성장 · 촉진시키기도 한다. 행동수정법의 핵심은 체계적인 관찰, 철저한 통제, 수집 자료의 수량화, 반복 시행과 같은 과학적 방법을 강조하여 상담자와 내담자 모두가 볼 수 있고 객관적으로 측정할 수 있는 문제행동만을 다루게 된다는 것이다.

● 사회적 관찰학습법

타인의 행동을 관찰하고 그 행동의 결과로 보상을 대리경험하게 하여 자신의 문제를 해결해 나가도록 도와주는 방법이다.

② 상담의 과정

학습이론적 상담은 학습된 구체적인 부적응행동을 소거시키고, 보다 효과적이고 바람직한 행동을 새롭게 학습시키는 것이 주요 목표이다. 상담목표와 절차를 결정할 때 상담자는 먼저 내담자와 합의를 하는 것이 좋다. 왜냐하면, 상담에 성공하기 위해서는 내담자의 협조와 강한 동기가 필요하기 때문이다. 학습이론 상담의 주요 목표는 아래와 같이 크게 세 가지로 나누어 볼 수 있다.

- 자신의 감정이나 생각 및 희망을 관련된 생활 장면에서 자유로이 표현할 수 있도록 훈련하는 것이다.
- 사회적인 활동을 저해하는 비현실적인 공포를 제거하는 일이다.
- 내담자가 인생에 있어서 중요한 결정을 내리는 데 방해가 되면 내면의 갈등을 해소하도록 도와주는 것이다.

2. 학교상담과 제도

1) 학교상담의 개념

(1) 문제

문제는 다양한 의미를 지닌다. 문제는 풀어야 할 과제, 곤란 혹은 어려움, 불안이나 긴장을 우발하는 사태 등을 지칭한다. 하지만 상담에서 정의하는 문제는 조금은 다른 면이 있다. 상담 장면에서의 문제는 개인이 원하는 무엇이 현실에서 실현되지 않아서 힘들고 고통스러운 상태를 말하며, 학교상담도 이와 유사한 상태를 나타낸다. 아래는 학교상담에서 다루어지는 문제들이다. 각각의 문제를 자세히 살펴보면 문제의 의미가 보다 명확해질 것이다.

① 학교상담에서 제기되는 문제들

- “곧 있으면 중간고사를 봅니다. 집중해서 공부하고 싶은데(원함) 집중이 되지 않고 자꾸 다른 생각이 납니다(현실). 어떻게 하면 좋을까요?”

- "요즘 도무지 사는 게 재미가 없고, 짜증만 나고, 아무것도 하기 싫어요(현실). 재미있고, 활기차게 지내려면(원함) 어떻게 해야 좋을까요?"
- "저는 잘하는 것이 없는 것 같아요(현실). 무엇이라도 잘해서 좀 더 당당해지고 싶은데(원함) 어떻게 해야 할까요?"
- "선생님이 되어 아이들을 가르치는 보람도 느끼고 싶고, 학자가 되어 학문 영역을 발전시키고 싶기도 해요. 마음을 정하고 싶은데(원함), 둘 다 좋아 보여서 목표를 정하지 못하겠어요(현실). 이럴 때는 어떻게 해야 할까요?"

이상 몇 가지 문제에서 살펴본 바와 같이 학교상담에서의 문제도 개인이 원하는 무언가가, 현실에서 충족되지 않은 상태를 의미한다.

(2) 문제해결

문제해결은 원하는 것과 현실의 격차가 해소된 상태를 의미한다. 그런데 학교상담에서의 문제해결은 특별한 형태의 문제해결을 의미한다. 문제해결의 양상은 세 가지 범주에 의해서 구분할 수 있다.

① 문제해결의 방향성

문제해결의 방향성에 따라 생산적 문제해결과 방어적 문제해결로 구분한다. 여기서 생산적 문제해결은 현실이 원함의 방향으로 이동한 형태를 말한다. 예를 들어, 집중해서 공부하고 싶지만(원함) 산만했던(현실) 학생이 공부에 집중할 수 있게 되는 경우를 말한다. 반면에 방어적 문제해결은 원함이 현실의 방향으로 이동한 형태를 말한다. 예컨대, 위의 학생이 "행복은 성적순이 아니잖아요!"라고 말하면서 공부를 포기하게 되는 경우를 말한다는 것이다. 학교상담에서는 방어적 문제해결보다는 생산적 문제해결을 지향한다.

② 개인의 욕구

문제해결 과정에서 고려하는 개인의 욕구 수에 따라서 단편적 문제해결과 종합적 문제해결로 구분한다. 여기서 단편적 문제해결이란 개인이 지금 여기서 즉각적으로 중요하게 생각하는 욕구만을 충족하려는 것을 말한다. 예를 들어, 방과 후에 스마트폰 게임을 하고 싶은 학생이 부모님과의 약속을 지키지 않고 늦게까지 스마트폰 게임을 하고 부모님께는 거짓말을 하는 경우를 예로 들 수 있다. 반면, 종합적 문제해결은 개인이 지금 여기서 즉각적으로 중요하게 생각하는 욕구뿐만 아니라 자신의 잠재의식 속에 있는 다른 욕구까지 동시에 충족하려는 경우를 말한다. 학교상담에서는 단편적 문제해결보다는 종합적인 문제해결을 지향한다.

③ 고려하는 개인 수

문제해결과정에서 고려하는 개인의 수에 따라서 이기적 문제해결과 상호 존중적 문제해결로 구분된다. 여기서 이기적 문제해결이란 개인이 원함을 성취함에 있어서 주변 사람에게 미치는 영향은 고려하지 않고 오로지 자신의 욕구만 충족하려는 경우를 말한다. 예를 들어, 학급에서 생활하는 동안 한 학생이 자신의 가까운 친구와 개인적인 이야기를 하고 싶다고 해 보자. 이때 학생은 자신과 친구와의 대화가 주변인에게 어떤 영향을 미칠지 고려하지 않고 큰 소리로 대화할 수 있는데, 이런 행동은 공부하는 다른 학생을 방해하게 된다. 이기적 문제해결이란 이처럼 자신의 문제해결 행동이 타인에게 미치는 영향을 고려하지 않은 채 오로지 자신의 욕구만을 충족하려는 방식으로 행동하게 하는 경우를 말한다. 반면, 상호 존중적 문제해결은 이와 같은 상황에서 주변 사람들의 욕구를 생각하여 적어도 주변 사람들에게 방해가 되지 않는 방식으로 자신의 욕구를 충족하려는 것을 말한다. 예컨대, 위의 학생이 친구와 이야기하는 것이 다른 학생들의 학습에 방해가 된다는 것을 고려하여 친구와 복도에 나가서 조용히 이야기하는 것이 이에 해당한다. 학교상담에서는 이기적 문제해결보다는 상호 존중적 문제해결을 지향한다.

(3) 조력

상담이란 것을 먼저 이해하기 위해서는 먼저 조력(assistance, support)이라는 용어를 이해할 필요가 있다.

첫째, 조력이라는 용어에는 상담이 내담자의 목표달성이나 욕구 충족을 지원하는 방향으로 이루어져야 함을 내포하고 있다. 상담이 조력활동이라는 점을 분명하게 깨닫지 못하면, 상담자는 개인이 원하는 것을 성취하도록 돕기보다는 개인이 원하는 것을 포기하도록 조장하는 일이 흔히 발생한다. 꿈(목표 혹은 욕구)은 개인에게 노력과 고통을 요구한다. 꿈이 있는 사람은 꿈을 실현하기 위해 쉬지 않고 노력해야 하며, 고통과 위험을 감내해야 한다. 내담자가 고민하고 힘들어하는 것은 바로 그들이 꿈이 있기 때문이다.

사람들은 꿈을 실현하고 싶어 하지만, 편안하게 지내고 싶어 하기도 한다. 또한, 사람은 타인이 고통받는 것을 보고 싶어 하지 않는다. 다른 사람들이 편안한 상태에 있기를 바란다. 이런 이유로 인하여 조력하는 사람은 부지불식간에 내담자로 하여금 꿈을 실현하기 위해서 고통을 감내하도록 안내하기보다는 꿈을 포기하는 방향으로 안내하기도 한다. 즉, 상담자는 내담자가 힘들어할 때 힘들게 하는 꿈을 확인하고 그 꿈을 실현하기 위해서 함께 고민하기보다는 쉽게 "좋게 생각하라. 너무 심각하게 생각하지 마라."라고 말하는 경향이 많다.

어려움에 처한 사람을 돕는 입장에 있는 사람은, 그가 전문상담자든지 일반인이든지에 상관없이, 타인을 돕는 과정에서의 곤란함으로 인하여 상대에게 "좋게 생각하라. 편안하게 생각하라."라고 말하려고 하는 충동을 명확하게 인식하고 조절할 수 있어야 한다.

둘째, 조력이라는 용어에는 상담에서 문제해결의 주체가 누구여야 하는지에 대한 관점을 포함하고 있다. 즉, 상담에서 문제해결의 주체는 내담자이고, 상담자는 내담자의 문제해결을 돕는 조력자의 입장에 있다는 것을 강조하고 있다. 상담할 때 이 점을 분명하게 인식해야 한다. 상담자는 조력자에 불과하다는 것을 명확하게 이해하고 있는 상담자는 문제를 정의하는 과정에서 내담자가 진정으로 원하는 것이 무엇인지를 내담자에게 묻는다.

반면, 이점을 분명하게 인식하지 못하는 상담자는 내담자를 대신하여 내담자가 무엇을 원해야 하는지에 대해서 암시를 주고, 설득하려고 한다. 또한, 상담자는 조력자에 불과하다는 것을 분명하게 이해하고 있는 상담자는 문제해결 과정에서 문제해결 방법을 내담자로 하여금 생각해 보게 한다. 이점을 분명하게 이해하지 못한 상담자는 내담자를 대신하여 문제해결책을 제공해야 한다고 생각하고, 대신 문제를 해결하기 위해서 애쓰게 된다.

문제를 정의하고, 문제해결책을 찾는 과정에서 상담자가 조력자의 입장에 머무는 것은 상담의 목적과 밀접하게 관련되어 있다. 상담의 목적은 상담자가 내담자의 문제를 대신 해결해 주어서 내담자에게 존경과 찬탄을 받으려는 데 있는 것이 아니라 내담자가 스스로 원하는 것을 깨닫고, 그것을 달성하기 위해서 방법을 구안하며, 그것을 실행함으로써 자신이 유능한 문제해결자임을 자각하도록 안내하는 것이다.

이 문제와 관련해 프로이트는 분석가의 역할을 산파로 비유하였다. 이러한 산파는 아이를 낳거나 아이가 무엇이 될 것인지 결정하지 못하듯이, 분석가도 한 영혼을 잉태하거나 변화시킬 수 없다고 하였다. 또한, 인간중심 상담이론의 창시자인 로저스(C, Rogers) 역시 상담자는 내담자가 자신의 문제를 해결하기 위해 상담과 상담자를 활용할 수 있는 분위기를 조성해 주는 것이 중요하다고 하였다.

2) 1차 예방상담: 적극적 상담

(1) 스트레스의 유형과 문제 예측

일상어로 사용하는 '스트레스'와 전문학술 용어로의 '스트레스'는 의미상 중첩되는 부분이 있기는 하지만 서로 차이가 난다. 일상어로 '스트레스'는 과도한 긴장 혹은 부담을 일으키는 상황 혹은 그것으로 인한 불안, 긴장, 피로 등을 느끼는 상태를 지칭한다. 그러나 전문용어가 설명하고 있는 것의 일부분에 지나지 않는다. 전문용어로서의 스트레스는 크게는 유스트레스(eu-stress)와 디스트레스(distress)로 나누어 질 수 있다. 유스트레스는 생활에 활력을 주고 건강을 지켜주고 자신감과 일의 창의력을 높여 우리 몸에 도움을 주는 좋은 스트레스라고 한다. 반대로 몸의 균형을 깨뜨리고 혼란을 주어 병들게 하는 나쁜 스트레스를 디스트레스라고 한다. 본 장은 디스트레스를 중심으로 살펴보고자 한다.

스트레스란 내적 혹은 외적자극(요구)과 개인의 대응 능력의 균형 정도를 기술하는 용어로서, 자극과 대응 능력 사이의 균형 정도와 정신건강, 문제행동, 정서문제, 신체질환 등의 관계를 탐색하기 위한 용어이다. 여기서 내적자극이란, 무언가를 알고 싶어 하는 호기심, 무언가를 이루고 싶은 성취욕구, 개인에게 중요한 가치를 지키려는 동기, 무언가에 대한 불안이나 죄책감에서 벗어나려는 욕구 등을 의미한다. 다시 말해 내적 자극이란 개인의 내부에서 발생하는 자극으로서 개인에게 대응을 요구하는 사건을 말한다.

대응능력이란 호기심을 해결하기 위한 지적 능력, 성취욕구를 만족시키는 데 필요한 목표설정 능력, 인내력, 외부의 소음에도 신체적 평형성을 유지할 수 있는 능력 등 다양한 능력을 말한다. 다시 말해서, 대응능력이란 내적 혹은 외적 자극을 처리하기 위한 개인의 인지적 · 정서적 · 행동적 반응과 반응과정을 말한다.

특정한 순간에 주어지는 자극과 대응 능력의 균형 정도에 따라서 개인은 다양한 생리적 · 정서적 · 인지적 반응을 보인다. 자극과 대응 능력이 균형을 이루는 경우 개인은 몰입, 의욕, 활력 등을 느낀다(a). 반면 대응 능력에 비해 자극이 너무 클 때 부담, 긴장 등을 경험한다(b). 그리고 대응 능력에 비해 자극이 너무 작으면 지루함, 멍함, 색다른 것을 해 보고 싶은 충동 등을 경험한다(c). 이때 (a)와 같은 상태를 유스트레스(eu-stress), (b)와 같은 상태를 디스트레스(distress)라고 할 수 있고, (c)와 같은 상태를 '스트레스 없는 스트레스'라고 할 수 있다. 학생들이 문제를 경험하는 상황은 디스트레스(distress)상황과 '스트레스 없는 스트레스' 상황이다.

(2) 문제해결능력의 육성

① 문제해결능력의 핵심요소

학생이 장차 직면할 문제를 보다 효과적이고 성공적으로 해결하기 위해서는 다음과 같은 다섯 가지 요소를 탐색할 수 있어야 한다.

- 문제를 해결하기 위해서는 무엇보다도 문제 상황에 대한 정보가 필요하다. 그 문제 상황에서 자신이 원하는 바는 무엇인지, 자신이 원하는 것이 무엇에 의해서 위협을 받고 있는지, 문제 상황에서 주변 사람들은 자신에게 무엇을 기대하는지 등 관련 정보를 알아야 한다. 문제 상황에 대한 정확한 정보는 개인으로 하여금 그와 같은 상황에 직면했을 때 어떻게 대처할지에 대한 인지적 예행연습을 하게 하며, 인지적 예행연습은 문제 상황에 대해서 보다 기능적으로 대처하게 한다고 추측된다. 따라서 문제해결능력을 증진시키는 프로그램은 개인이 직면하는 문제 상황에 대해서 구체적이고 정확한 정보를 제공하는 것을 포함하여야 한다.
- 문제해결을 위해서는 문제를 해결할 수 있다는 믿음과 자신이 원하는 것을 성취할 수 있다는 믿음이 중요하다(최해림, 장석숙, 2008). 즉, 자신이 원하는 것이 지금은 방해받고 있지만 실현될 수 있다는 믿음이 필요하다. 인간이 직면한 문제는 그 문제가 무엇이든지 때로는 실제로, 또 때로는 심리적으로 해결할 수 있다. 따라서 문제해결능력 증진 프로그램에는 문제를 해결할 수 있는 신념을 고양하는 요소가 포함되어야 한다.
- 개인이 문제를 해결하기 위해서는 자신이 원하는 것을 성취하기 위한 방법을 구성할 수 있어야 한다. 이성 친구를 사귀고 싶으면 자신이 원하는 이성 친구의 상을 확인하고, 그런 이성을 찾아 접근하는 일련의 해결방안을 구성할 수 있어야 한다. 공부에 집중하기 위해서는 그러한 방법을 구성할 수 있어야 하며, 일 년 동안 보다 열심히 공부하기 위해서는 자신의 그런 결심을 유지하는 방법을 구성할 수 있어야 한다.

- 문제를 해결하기 위해서는 구성한 문제해결 행동의 불확실성에도 불구하고 그 행동을 수행해 보는 것이 필요하다. 구성된 문제해결 행동을 실행하는 것이 항상 성공적인 해결을 보장하지는 않는다. 어떤 경우에는 자신이 구성한 문제해결 행동이 타당하고 적합한 것인지에 대해서 확신이 서지 않는 경우가 있다. 예를 들어, 이성 친구를 사귀고 싶을 때 이성 친구에게 부담 없는 선물을 하겠다는 방안을 찾았다고 하자. 그런데 그 부담 없는 선물을 하는 것이 자신이 원하는 결과를 가져올지는 확신이 서지 않을 수 있다. 문제해결을 위해서는 개인이 실행 과정에서 겪는 불안과 불확실성의 문제를 극복해야 한다는 것이다. 불확실성의 문제를 극복하는 효과적인 방법은 불확실함에도 불구하고 실천해 보는 것과 실천하지 않는 것의 결과를 비교해 보는 것이다. 우리가 구성한 문제해결책이 성공을 가져온다는 확실한 보장이 없을 때, 우리는 그것 때문에 주저할 수도 있고, 불확실하더라도 실천해 볼 수도 있다. 그리고 각각의 행동은 그에 따른 결과를 초래한다. 주저하는 경우에는 구성한 문제해결책이 어떤 결과를 초래할 수 있는지에 대해서 직접 경험할 수 없다. 하지만 불확실하지만 실천해 보는 경우에는 구성한 문제해결책이 초래할 수 있는 결과를 직접 체험할 수 있다. 그리고 부족한 부분에 대해서 보완하기 위한 작업을 가능하게 한다.
- 스트레스와 사회적 지지의 관계에 대한 연구들은 사회적 지지가 스트레스를 감소시키고, 적응적 행동의 증가와 관련이 있음을 보여 주었다. 사회적 지지는 부가적인 대응기술을 제공하고, 새로운 접근을 시도하는 데 필요한 안정감과 자기 확신감을 제공한다(김은정 외, 2001).

② 문제해결능력의 육성방법

필자는 그동안 학생들이 장차 직면할 문제를 해결하는 능력을 육성하기 위한 다양한 방법을 실험해 왔다.

우리 교육 현장의 현실에 적합한 몇 가지 방법을 소개하면 다음과 같다.

- 독서치료 방법이다. 독서치료는 학생들에게 앞에서 언급한 문제해결능력의 요소들이 포함된 글을 읽게 하는 방법이다. 독서치료의 자료는 신문기사, 자기관리 및 자기계발 관련 책, 문학 전집 등에서 찾을 수 있다.
- 훈화상담의 방법이다. 학교에서 조례 및 종례시간에 훈화를 통해 학생에게 직면하게 될 문제를 소개하고, 과거에 그 문제와 유사한 문제를 어떻게 해결하려고 노력하였고, 그 결과는 어떠했는지를 생각해 보게 한다. 그런 후에 교사가 알고 있는 보다 체계적인 문제해결 방법을 제공한다. 이런 과정을 통해서 학생은 앞에서 언급한 문제해결능력의 요소를 경험할 수 있게 된다.
- 학급 단위의 단회 집단상담이다. 학급 단위 단회 집단상담은 문제해결능력 요소를 체계적으로 경험할 수 있도록 안내하는 상담방법이다. 학급 단위 단회 집단상담에 대한 보다 자세한 내용은 이재규(2007)를 참고하기 바란다. 여기서는 진행 절차를 〈표 12-1〉에 제시하였다.

〈표 12-3〉 3월 초 학습의욕 다지기와 유지하기 프로그램

단계	상담자의 과제	시기(시간)
마음준비 시키기	요구조사를 통한 분위기 조성하기	집단상담 진행 1~2주 전
	예습 과제 부여하기	
	숙제 검사를 하고, 숙제를 완성하도록 독려하기	
집단상담 진행	모둠 편성(수업시작 전까지 완료)	구조화(3분), 수업시간 (45분) 활용
	사례분석과 자기 탐색에 대한 토론 및 발표(35분)	
	집단상담 마무리(12분)	
추수 상담	웹상에서 소감 나누기	프로그램 적용 후 일정 기간
	웹상에서 과제 수행을 통해 나누기	
	추수상담	

출처: 이재규(2007). 한국적 3차원 학교상담. 서울: 학지사

3) 2차 예방상담: 조기발견과 조기 개입상담

2차 예방상담은 문제에 직면한 학생을 4주 이내에 발견하고, 문제를 조속히 해결할 수 있도록 안내하는 상담 모형이다.

사례 1

대구의 한 중학교에서 있었던 일이다. 6월경에 교외 영어마을로 1박 2일 체험을 나갔을 때, 체험마을에서 몇몇 학생이 따로 개별 활동을 하면서 벌어진 일이다. 개별활동을 하던 학생들이 수업시간에 수업에 참석하지 않고, 마을의 빈 체험장에서 스마트폰으로 음란동영상을 보며, 음란행위를 하였다. 그 자리에 있었던 학생 중 한 명이 자신들이 한 일탈행동을 또래들에게 자랑처럼 이야기(수업을 빼먹고 상상할 수도 없는 곳에서 음란동영상을 시청하고 음란행위를 한 것을)를 하기 시작하였다. 체험을 다녀온 후 이러한 이야기가 학생들 사이에 조금씩 퍼졌고, 이런 이야기가 퍼질수록 일탈행위를 한 학생들이 또래들 사이에서 더욱 우쭐해 하며 생활을 하였다. 그러나 평소에 학생들에게 관심이 많던 상담교사가 개별활동을 했던 학생들이 학교에서 너무 우쭐해 하는 모습을 의아해 생각하였고, 평소에 라포관계가 좋은 학생에게 그 학생들이 왜 그렇게 행동하는지에 대한 대답을 듣게 되었다. 이러한 이야기를 들은 상담교사는 동료상담교사와 회의를 통해 그 학생들을 방치해 두었다간 바람직하지 않은 행동들이 더욱 심해질 것이라는 결론을 내리게 되었다. 그래서 그 학생들을 차례로 불러 그러한 행동에 대해서 우쭐해 해야 할 것이 아니라 부끄럽고, 잘못된 행동이라는 사실을 자각시켜 주었고, 그곳에서 한 일탈행동이 더 이상 우상화되는 것을 사전에 미리 차단하였다. 이러한 상담이 있은 후 학생들 사이에서도 더 이상 지난번에 있었던 일이 대단하고 용감했던 일이 아니었다는 사실이 돌게 되었다. 각 학급의 담임들에게도 체험활동에 있어 학생들의 관리에도 좀 더 신경을 쓰는 계기로 작용하였고, 또한 학생들이 올바른 성인지를 가질 수 있도록 성교육 및 올바른 스마트폰 사용법에도 신경을 쓰게 되었다.

(1) 조기발견

① 출석 부르기

수업시간에 출석을 부를 때 학생의 이름을 부르고 난 다음 학사 일정이나 학생들이 당면한 중요한 사안을 고려하여 다음과 같은 질문을 한다.

- 평상시: '지금 기분은 어떠니?'
- 시험 치르기 전: ○○야, 요즘 시험 준비는 어떻게 하고 있니?
- 체육대회를 앞두고: ○○야, 체육대회 준비는 잘되고 있니?
- 시험이 끝난 뒤: ○○야, 오늘은 좀 우울해 보이는구나!

출석부에 잘 지내는 학생은 'ㅇ' 당분간 관찰을 필요로 하는 학생은 '△' 신속한 도움을 필요로 하는 학생은 '☆' 등의 기호를 사용하여 표기를 해 둔다. 그리고 신속한 도움을 필요로 하는 학생을 면담함으로써, 문제를 겪고 있는 학생을 조기에 발견할 수 있다.

② 일상생활에서의 행동 관찰

출결과 지각, 조례 및 종례 행동, 수업 중 행동, 점심시간의 행동 등을 체계적으로 관찰하고 기록해 두면, 문제를 겪고 있는 학생을 쉽게 발견할 수 있다.

③ 행사와 사건 평가회

반장 선거, 체육대회, 소풍, 시험 등과 같은 학교 혹은 학급의 행사, 물품 도난, 따돌림 사건, 전출 혹은 전입 사건 후 등 행사와 사건이 미치는 긍정적인 영향과 부정적인 영향을 확인한다. 이 과정을 통해서 곤란을 겪는 학생을 발견할 수 있다.

(2) 조기 개입방법 1: 즉각적 지도상담

사례 2

중학교에서 근무하는 최 선생님은 평소에도 학생들과 잘 지내고, 아이들 사이에서도 인기가 좋은 선생님으로 통한다. 그런데 어느 날 평소처럼 수업에 들어가서 수업을 하던 중에 한 학생이 수업시간 내내 태도도 좋지 않고 평소와는 다르게 대답도 잘 하지 않고, 급기야 수업시간 중에 엎드려 자기까지 하였다. 이를 이상하게 생각한 최 선생님은 그 학생을 불러 그 자리에 세웠고, 이야기가 오가던 중에 큰소리까지 오고 가게 되었다. 평소에도 학생들과 관계가 좋았고, 오늘 불러 세운 학생도 관계가 크게 나쁘지 않았다고 생각한 최 선생님은 학생의 행동에 적잖이 당황하게 되었다. 이 상태로 계속 대화를 하다간 좋지 않은 일이 생길 것 같아 불러 세운 학생을 일단 자리에 앉히고, 수업이 끝나고 잠깐 보자는 말과 함께 상황을 마무리 짓는 듯했다. 수업시간이 끝나고 불려 온 학생에게 왜 그런 행동을 보였는지에 대해서 물었고, 그 학생이 최 선생님을 오해하고 있는 부분이 있음을 발견하였다. 따라서 최 선생님은 학생이 오해하고 있는 부분을 이해시키게 되었고, 학생도 자신의 행동을 반성하며 선생님께 사과를 하였다.

① 의미

수업 중, 쉬는 시간, 조례 혹은 종례 시간, 정문지도 시간, 방과 후 거리에서 학생의 문제행동을 발견하였을 때, 5~30초 동안의 짧은 시간을 통해서 긍정적인 행동을 유도하거나 정식 상담을 위해 관계를 형성해 두는 것을 말한다.

② 절차

● 1단계: 문제행동의 발견

이 단계는 학생의 문제행동을 발견하는 단계이다. 교사가 수업 장면이나 조례 혹은 종례 장면, 자율학습 장면에서 발견할 수 있는 학생의 문제행동으로는 멍한 행동, 짝과 이야기하는 행동, 자거나 조는 행동, 맥락에 맞지 않는 질문을 하는 행동, 교실에서 침을 뱉는 행동 등이 있다.

● 2단계: 잠시 멈추기

교사가 수업 중이나 조례 혹은 종례 중에 학생이 문제행동을 하는 것을 보게 되면 좌절, 분노 등과 같은 부정적인 감정을 경험하게 된다. 그러나 이처럼 부정적인 감정 상태에서 학생들을 지도하면 교사의 의도와 상관없이 표정, 눈빛, 말투에서 부정적인 감정이 전달되어 전문적인 개입을 할 수 없게 된다. 따라서 문제행동을 발견했을 때 바로 개입하기보다는 자신의 감정을 다스리는 시간을 잠시 갖도록 노력해야 한다. 예컨대, 수업을 계속하면서 마음을 가다듬는다든지, 잠시 수업을 중단하고 10초 정도 창밖을 바라본다든지 하는 것이 잠시 멈추는 유용한 방법이다.

● 3단계: 생각하기

이 단계에서는, 첫째 학생의 문제행동이 교사가 개입해야 할 문제인지, 그렇지 않으면 교사의 과민반응인지에 대해서 판단해야 한다. 학생이 수업시간에 잠깐씩 멍하게 있는 것은 흔히 있는 일이다. 대부분의 학생은 잠시 멍하게 있다가 다시 수업에 집중할 수 있다. 그럼에도 불구하고 교사는 학생이 멍하게 있는 행동이 유독 거슬릴 수 있다. 그렇기 때문에 학생이 문제행동을 보이는 경우, 그냥 넘어갈 정도의 수준임에도 불구하고 그날 교사의 기분에 따라서 그 행동이 매우 거슬리는지 아니면 개입할 만한 문제인지를 따져 볼 필요가 있다. 학생의 문제행동이 개입할 만한 것인지 아니면 교사의 과민반응 때문인지를 정확하게 판단하기 위해서는 평소에 교사 자신이 어떤 상태나 상황에서 민감하게 반응하는지를 정확하게 인식하고 있어야 한다.

둘째, 즉각적 지도상담에서 가능한 두 유형의 개입 방향 중 어떤 유형을 선택할 것인지를 판단해야 한다. 교육적 개입 목표는 즉각적으로 문제행동 대신에 긍정적인 행동을 하도록 촉구하는 것이고, 다른 하나는 정식 상담을 위한 관계 형성을 해 두는 것이다. 판단 과정에서 중요한 것은 정식 상담을 위해 관계를 형성해야 하는 학생에게 섣불리 긍정적인 행동을 요구해서는 안 된다는 것이다.

셋째, 적절한 개입방법에 대해 생각해 보아야 한다. 긍정적인 행동을 요구하는 방법 중 한 가지는 '나-메시지'이다. '나-메시지'는 학생의 행동이 교사에게 미치는 영향을 말하면서 교사의 바람을 말하는 표현 양식을 말한다. 예컨대, "○○가 졸고 있으니까 선생님이 맥이 빠지는구나. ○○가 집중해 준다면 선생님이 훨씬 더 신이 나서 수업을 할 수 있을 것 같아. 선생님을 도와줄 수 있지?"라고 말할 수 있다. '나-메시지'를 좀 더 강력하게 활용하기 위해서는 학생에게 다가가 어깨를 감싸 안아 주면서 이야기하는 것이다. 정식 상담을 위한 관계 형성을 위해서는 학생에 대한 관심과 염려를 표현해 주는 것이 필요하다. 예컨대, "○○야, 요즘 많이 힘들어 보이는구나. 수업 후에 잠시 이야기를 나누고 싶은데."라고 말한다. 이렇게 학생에게 관심과 염려를 표현한 후에 학생에게 긍정적인 행동을 요청한다면 학생은 그렇게 할 수도 있다.

- 4단계: 실행하기

구상한 방법을 언어적·행동적으로 표현하는 단계다.

- 5단계: 지켜보고 고마움 전하기

이처럼 교사가 학생을 인격적으로 대하면 학생은 교사의 요청에 순응하게 된다. 이때 교사가 그것을 지켜보다가 학생에게 고마움을 전하면 학생은 긍정적인 행동을 더욱 오랫동안 지속할 수 있다.

(3) 조기 개입방법 2: 생태학적 상담

사례 3

고등학교 2학년 초기에 일본에서 유학 생활을 하던 여학생이 전학을 오게 되었다. 조그마하고 예쁜 얼굴을 한 그 여학생은 남학생들 사이에서는 폭발적인 큰 관심의 대상이 되었으나, 또래 여학생들에게는 시기와 질투의 대상이 되었다. 남학생들은 큰 관심을 가지기는 했지만, 너무 예쁜 얼굴 탓인지 선뜻 가깝게 지내는 학생은 없었다. 여학생들도 시기와 질투로 가깝게 지내는 학생이 없어 외톨이 아닌 외톨이가 되었고, 체육시간, 등하굣길, 생활 활동에 있어서도 혼자 지내는 시간이 많았다. 이를 안쓰럽게 지켜보던 담임선생님이 어떻게 도와주어야 하는지에 대해서 큰 고민을 가지게 되었다. 이러한 고민을 학교 상담교사에게 자문을 구하였고, 같이 고민하던 차에 그 여학생이 피아노를 매우 잘 친다는 사실을 알게 되었고 피아노 선생님께 그 학생이 정말 잘 친다면, 음악시간에 반주자 역할을 할 수 있도록 부탁하였다. 그 결과 그 학생의 피아노 수준은 놀라울 만큼 잘하는 수준이었고, 음악선생님은 그 학생을 음악부장이라는 역할과 동시에 한 학기 내내 반주를 맡겼다. 그 결과 많은 여학생들이 문제의 학생과 접촉하는 시간이 많아지게 되었고, 그 문제의 학생이 외모만 예쁜 것이 아니라 정서적인 면도 예쁘다는 것을 알게 된 여학생들은 자연스럽게 친하게 잘 지낼 수 있는 계기로 작용하였다. 이처럼 담임선생님이 그 학생의 어려운 점을 알아차리지 못하고 그 상황을 그대로 두었다면 아마 문제의 여학생은 학교생활 내내 어려웠을 것이다. 그러나 담임선생님이 그 사실을 예민하게 알아차리고, 학생이 가진 능력을 발견하여, 학교의 음악부장이라는 역할을 통해 학교생활을 잘할 수 있는 계기를 만들어 준 덕분에 무사히 학교생활을 잘할 수 있었다.

① 의미

생태학적 상담이란 훈화로써 학생의 생각과 행동을 변화시키기보다는 학생의 생각과 행동을 변화시키는 데 유익한 지위나 역할을 부여하거나 활동을 하게 함으로써 혹은 주변 환경을 변화시켜서 학생의 문제를 해결하는 상담을 말한다.

② 절차

● 1단계: 문제의 발견

이 단계에서는 뭔가로 인해 어려움을 겪고 있어서 교사의 조력을 필요로 하는 학생을 발견하기 위해서 학생의 문제를 예측해 본다. 문제는 학생의 생활에 모종의 변화가 발생할 때 유발된다. 예컨대, 3월 초에 짝이 바뀐다든지, 담임선생님이 바뀐다든지, 배워야 할 교과서가 바뀔 때 학생은 어려움을 겪을 수 있다. 또한, 일상적인 학습에서 평가가 이루어지는 시험 준비 기간 혹은 시험 결과를 발표할 때 학생은 스트레스를 받을 수 있다. 문제를 발견하는 방법으로, '출석 부르기'를 활용할 수 있다. 통상적인 출석 부르기는 빈자리를 확인하기 위한 것이다. 하지만 한 달에 한 번 정도는 약 30분에 걸쳐 특별한 방식으로 출석을 부른다. 예컨대, 선생님이 학생의 이름을 부르고 "지금 기분이 어때?"라고 질문하면 학생은 자신의 기분을 말한다. 이렇게 출석을 부르면 선생님은 학생의 안색을 세세하게 살필 수 있고, 학생의 기분을 통해서 학생에 대해서 많은 정보를 얻을 수 있다. 이런 과정을 통해서 의기소침한 학생이나 안색이 좋지 않은 학생에 대해 추가적인 면담을 한다면 학생의 고민을 좀 더 잘 파악할 수 있다.

● 2단계: 문제와 학생에 대한 사전 조사

어려움을 겪고 있는 학생을 발견한 후에는 학생과 학생이 겪고 있는 문제에 대해 사전 조사할 필요가 있다. 여기서 학생을 조사한다는 것은 학생의 가정, 학교생활, 성적, 성격, 특기 등을 알아보는 것이며, 학생의 문제를 조사한다는 것은 학생이 겪고 있는 문제가 발생하는 원인과 그런 문제를 개선하기 위해 활용하는 방안 등에 대해 조사하는 것을 말한다.

● 3단계: 개입방법 및 활용할 자원의 선정

학생과 문제에 대해 어느 정도 조사하였으면, 학생이 문제행동 혹은 어려움을 극복하도록 돕는 방법을 선정하고, 또한 그 방법을 적용할 때 활용할 수 있는 자원을 선정한다. 앞서 언급한 사례에서 담임선생님은 전학생이 다른 학생들과 상호작용하는 것을 촉진하기 위해 학생들과의 접촉이 빈번한 음악부장을 맡겼다. 또한, 선생님은 전학생에게 음악부장을 맡기기 전에 그 학생이 음악적 재능이 탁월하다는 점과 다른 학생들과 상호 교류할 수 있는 능력이 있다는 점을 미리 고려했을 것이다. 만약 앞서 언급한 사례의 여학생이 사람들과 교류하는 데 어려움이 있거나, 음악부장의 역할에 어려움이 있었다면, 선생님의 시도는 다른 결과를 가져왔을 것이라는 추측을 하는 것은 어렵지 않다.

③ 시행

구상한 전략을 적용하는 과정이다.

④ 평가

적용한 전략이 목적했던 바를 어느 정도 달성하였는지 평가하는 과정이다.

4) 3차 예방상담: 문제행동 교정상담

3차 예방상담(문제행동 교정상담)은 직면한 문제행동(부적응 행동이나 비행행동)을 통해서 대처하는 학생을 돕는 방법이다. 즉, 그들이 문제행동을 통해서 달성하고자 하는 목적이나 욕구를 찾아서 그것을 대한 행동을 통하여 달성하도록 안내하는 상담 모형이다. 문제해동의 교정이 성공적으로 이루어진다면, 이후의 다른 문제행동을 예방하는 효과까지 있다.

사례 4

헌순이는 중학교 3학년 남학생이다. 헌순이는 등교하기를 거부하고 있다. 이러한 이유는 하루빨리 학교를 그만두고 자기가 좋아하는 요리사가 되기 위해 요리실습 학원을 가기 위해서이다. 부모님은 어떻게 해서든지 학교를 보내려고 아침에 학교까지 차를 태워서 교문을 들어가게끔 해 주어도 결국에는 학교에는 가지 않고, PC방, 공원, 놀이터에서 방황을 한다. 이러한 상황을 보다 못해 부모님은 헌순이를 붙잡고 애원을 하기도 하였지만, 오히려 반대로 헌순이가 부모님을 붙잡고 학교를 가지 않게 해달라고 애원을 한다. 이렇게 답답한 행동을 참다못해 연구소의 진로상담 선생님께 상담을 부탁하였고, 헌순이와 진로상담선생님이 만나게 되었다. 진로상담 선생님은 헌순이의 진로 발달이 어느 정도에 이르렀는지에 대해서 같이 알아보자고 이야기를 하였고, 헌순이가 이를 흔쾌히 동의하여 진로발달검사를 하게 되었다. 그 결과 헌순이는 진로의사결정이 끝이 났고, 헌순이가 하고 싶은 일에 대한 탐색도 충분히 이루어져 있다는 것도 결과로 나타났다. 따라서 진로상담 선생님은 헌순이에게 일찍 꿈을 찾은 부분에 대해서는 매우 큰 칭찬을 해 주었다. 그러나 현실적인 부분에 약간 부족하다는 이야기를 통해서 헌순이가 잘못된 생각으로부터 나오는 문제행동에 대해서 설명해 주었다. 그 결과 헌순이는 학교의 필요성에 대해서 다시 느끼게 되었고, 헌순이는 고등학교까지 학업을 병행하면서 요리실습학원을 열심히 다닌다는 약속을 하게 되었다.

(1) 문제행동에 대한 두 가지 관점

문제행동의 의미는 어떤 입장에서 보는지에 따라서 전혀 다른 의미를 가진다. 다시 말해서, 관찰자의 입장(이하 '관찰자관점'이라 칭함)에서 문제행동을 볼 때와 행위자 입장(이하 '공감적관점'이라 칭함)에서 문제행동을 볼 때, 그 의미는 달라진다. 관찰자관점과 공감적관점에서는 문제행동의 의미가 달라지기 때문에 문제행동 교정상담의 의미도 어떤 입장에서 접근하는지에 따라서 달라진다.

(2) 문제행동 교정상담에 대한 관찰자관점

관찰자관점에서 봤을 때, 문제행동은 바람직성의 기준에서 벗어난 행동이다(박성수, 1994). 바람직성의 기준은 매우 다양할 수 있다. 바람직성의 기준은 때로는 법이 될 수도 있고, 도덕성이 될 수도 있으며, 성숙성이 될 수도 있고, 교칙이나 학생다움이 될 수도 있다.

관찰자의 관점에서 볼 때, 문제행동 중 비행행동은 타인에게 부정적인 영향을 미치는 행동, 침해하는 행동, 방해하는 행동이다. 예를 들어, 시험 부정행위를 저지르지 않는 학생의 입장에서 볼 때 부정행위는 자신의 노력을 비웃는 행동이며, 자신이 얻을 수 있는 등수를 빼앗는 행동이다. 절도행위 역시 피해자의 입장에서 볼 때는 자신의 소중한 물건이나 돈을 빼앗는 행동이다. 문제행동 중 부적응 행동은 행위자 자신의 건강, 성정, 안녕에 손상을 초래하는 행동이다. 예를 들어, 학습태만 행동은 자신의 성장을 저해하는 행동이고, 스마트폰 및 인터넷 게임 과다행동은 자신의 성장을 저해하고 건강상의 위험을 초래하는 행동이다.

관찰자의 관점에서 볼 때, 비행행동은 타인에게 손상을 초래하고, 부적응행동은 자신에게 손상을 초래하는 행동이기 때문에, 이 관점에서 문제행동 교정상담을 접근하면, 교사는 문제행동의 중단 혹은 제거에 초점을 맞추게 된다. 물론 문제행동을 중단 혹은 감소시키려는 방법은 다양할 수 있다. 설득이나 훈계, 어르기나 달래기, 때로는 처벌 등이 있을 수 있다.

예를 들어, 시험부정행위를 생각해 보자. 어떤 선생님은 부정행위를 저지른 학생에게 그것은 결국 발각될 수 있고, 발각되면 더 큰 불이익을 당하게 된다는 점을 설명해 줌으로써 부정행위를 중단시키려고 할 것이다. 또 다른 선생님은 부정행위는 타인의 노력을 비웃는 행동이며, 타인이 정당한 노력을 통해서 성취할 수 있는 등수를 빼앗는 행동이기 때문에 나쁜 행동이라고 설명할 것이다. 어떤 선생님은 부정행위자를 처벌하여 다시는 그런 행동을 하지 못하도록 할 수도 있다. 또 다른 선생님은 부정행위를 한 학생은 내버려 둔 채로 부정행위를 저지르지 않은 학생을 칭찬할 수도 있다. 그리고 부정행위를 하는 학생에게 은근하게 부정행위를 하면 무시를 당하며, 부정행위를 하지 않으면 칭찬을 받을 수 있다는 메시지를 전달한다.

방법상의 차이는 있지만, 문제행동은 나쁜 행동이며, 해서는 안 된다는 것을 전달하는 공통점이 있다. 억제나 제거지향적 문제행동 교정상담은 때에 따라 효과적이다. 하지만 그 효과는 비논리적이고 우연적이다. 억제 혹은 제거지향적 문제행동 교정상담은 일시적으로 효과적인 경우가 많다. 하지만 장기적으로 볼 때는 문제행동을 악화시키고, 파생적인 문제행동을 일으키는 경우가 많다. 특히 행위자와 상담자의 관계를 악화시킬 수 있다. 앞의 '사례'에서 부모가 헌순이의 행동을 단순히 학교에 가지 않으려는 행위로 보고 그 행위를 중단하도록 했을 때 그 행동은 일시적으로 줄어들 수도 있지만 결과적으로 악화시킨다는 것이다.

(3) 문제행동 교정상담에 대한 공감적 관점

공감적 관점(행위자의 관점)에서 보면, 문제행동은 목적달성 혹은 욕구충족 혹은 문제해결을 위한 행동이다. 몇 가지 예를 들어 이 점에 대해서 생각해 보자. 시험 부정행위는 학생이 기대하는 정도의 점수와 등수에 도달하고자 하는 행동이다. 돈을 훔치는 행동은 친구들의 오락비를 대 주어서 친구들의 인정과 관심을 받고자 하는 행동이거나 생필품을 사는 데 필요한 돈을 마련하기 위한 행동이다. 싸움은 자신이 중요하게 여기는 그 무언가를 지키거나 얻기 위한 행동이다. 폭력은 자신이 원하는 것을 얻고자 힘을 활용하는 행위이다.

그렇다면 학습의욕 상실에 따른 행동, 학습태만행동 등은 어떤 행동인가? 이런 행동을 보임으로써 학생은 아무것도 얻지 못하는 거처럼 보인다. 오히려 무언가를 잃는 것처럼 보인다. 하지만, 열심히 공부했으나 성적이 좋지 않은 경우와 별로 공부하지 않았을 때 성적이 좋지 않은 경우에 어떤 상황에서 실망감이 적을지 생각한다면 답은 분명하다. 열심히 했는데 성적이 좋지 않은 경우보다 공부를 별로 하지 않아서 성적이 좋은 않은 경우가 훨씬 실망감이 덜하다. 이런 것까지 고려해 볼 때 학습의욕상실에 따른 행동이나 학습태만행동은 좌절감이나 실망감을 덜 느끼기 위한 행동이라고 할 수 있다.

헌순이의 사례를 보면 헌순이가 등교를 거부하고 있는데 단순히 거부행동이라는 문제행위를 비난할 것이 아니라, 그렇게 행동하는 문제의 원인이 무엇인지를 인지하고, 문제의 인정을 바탕으로 현실적인 이야기를 충분히 해준 뒤에 학교를 잘 가기 위한 방안을 찾아보자고 권유하였을 때 행동이 근본적으로 변화되었다.

5) 전문상담교사 자격제도

(1) 자격제도의 변화

상담이론에서는 상담을 상담자 개인과 내담자 개인 간의 상호작용으로 본다. 그러나 상담은 법과 제도의 틀 안에서 유지되어 왔고, 그 과정은 다음과 같다. 전문상담교사의 자격제도인 교도주임제도는 1990년 초 진로교육의 영향으로 '진로상담주임'으로 잠시 동안 명칭의 변화를 겪었으며, 1998년에 '전문상담교사' 제도가 도입 · 실시되기 시작하면서 학교현장에서 큰 변화를 겪게 된다. 정부에서는 1997년 말에 「초 · 중등교육법」을 개정하였는데, 새로 '전문상담교사' 라는 자격증을 신설하여 기존의 교도교사 자격증을 신설된 전문상담교사 자격증으로 대치한다는 내용이었다. 가장 큰 변화는 우선 양성방식에서 찾을 수 있다. 교도주임연수는 방학기간을 이용한 단기 연수회 방식을 사용한 반면에 전문상담교사는 교육대학원에서 1년(2학기) 동안에 18학점(9개 과목)을 이수하여 자격을 취득하도록 규정하였다. 단, 전문상담교사는 현직 교사로서 소정의 교사경력(3년 이상)을 가져야만 연수를 받을 수 있도록 규정하였기 때문에 현직 교사가 아닌 사람은 전문교사 자격증을 취득할 수 없었다.

전문상담교사 제도를 규정한 법률에 의하면 초등학교 교사 및 특수교육 교사도 전문상담교사가 될 수 있도록 되어 있다. 이는 획기적인 변화로 평가된다. 이전의 교도교사는 중 · 고등학교에만 있었다. 이를 계기로 초등학교 교사들 간에 상담교육에 대한 관심이 높아지고 초등교사들만의 연구회를 구성하여 전문성 향상을 도모하는 노력이 시작되었다. 또 다른 큰 변화는 학교조직에서 교도주임제도가 없어진 것이다. 당시에는 교도주임으로 임명되려면 반드시 교도교사 연수를 받은 교도교사 자격증 소지자여야 가능했다. 그런데 제도가 바뀌면서 전문상담교사가 자격증 없이 교도부장, 상담부장, 생활지도부장 등의 직책을 맡을 수 있는 학교가 생기기 시작하였다. 이 점은 전문상담교사 자격증을 가진 교사들에게 사기를 떨어뜨리는 결과를 야기하였다고 평가되고 있다. 참고로 통계청의 교육통계 자료에 의하면 2013년도 전문상담교원 자격증 발급 현황은 1천2백여 명 이상이 전문상담교사 자격을 취득한 것으로 되어 있다.

(2) 전문상담교사 자격제도

전문상담교사 제도는 2004년에 '전문상담순회교사'가 생기고 2006년에는 '전문상담교사 2급'이 신설되면서 다시 변화를 겪었다. 이 두 자격증은 학교폭력 문제에 대한 해법이 될 수 있다는 기대를 가지고 정책적으로 마련된 것이다. 우선 전문상담순회교사는 전문상담교사 자격증 소지자 중에서 교과수업을 하지 않고 순회상담만을 전담하고자 하는 교사들이며, 지역 교육청에 배치되어 해당 지역의 학교를 순회하면서 상담활동을 한다. 한 순회교사가 담당하는 학교 수는 약 40여개로 매우 많은 편이다. 이런 문제점 때문에 전문상담순회교사 제도를 처음 실시한 2005년에 원래는 182개 지역 교육청에 308명의 순회교사를 배치할 계획이었으나 약 2/3인 201명만 충원되는 결과를 낳기도 하였다. 이런 문제점에도 불구하고 전문상담순회교사는 해당 교육청에서 다른 전문상담원들과 함께 학교폭력 예방사업을 비롯한 상담업무를 수행하고 있다.

2006년에는 전문상담교사 '2급' 자격이 신설되었다. 따라서 기존의 전문상담교사는 '1급'으로 재분류되었다. 1급과 2급의 근본적 차이는 교사경력에 있다. 기존의 1급 전문상담교사는 최소 3년의 교사 경력이 있는 현직교사가 교육대학원에서 연수를 받아서 자격을 취득하도록 되어 있다. 그러나 2급은 교사 자격증을 소지한 사람 중에서 소정의 교육을 이수한 사람이 자격을 취득하게 된 것이다. 청소년학, 심리학, 상담학 등의 학과를 졸업한 학사학위 소지자로서 교사자격을 취득한 사람에게 2급 전문상담교사 자격을 주도록 교정되어 있다. 따라서 2급 자격을 소지한 사람은 교육청에서 시행하는 교사임용고시에 응시하여 합격해야만 교사 임용이 가능하다.

chapter

13

학교와 인성

1. 인성교육

1) 인성교육의 개념과 필요성

(1) 인성교육의 개념

인성이란 말은 추상적이고 포괄적인 의미를 가지고 있기 때문에 한마디로 정의하기가 어렵다. 일반적으로 심리학과 철학분야에서는 인성이란 말을 다소 다른 의미로 사용하고 있다. 심리학의 관점에서는 인성이란 말이 가치 중립어로서 '성격(personality)'을 의미하지만, 철학적 입장에서는 가치어로 '인격(character)'과 같은 의미로 사용하고 있다. 인성이라는 개념은 학문에 따라 혹은 학자에 따라 다양하게 정의되고 있지만 일반적으로 인간을 기르는 교육이라 할 수 있다. 인성교육이나 인간교육, 가치교육, 도덕교육은 모두 인간다운 인간을 기르는 교육을 포함하는 개념이라고 할 수 있다. 따라서 인성교육은 유아기 때부터 가정과 교육기관, 사회가 연계하여 수행할 때 더욱 효과적이라고 할 수 있다.

다양한 인성의 개념적 정의는 다음과 같다.

학자	정의
아리스토텔레스 (Aristoteles)	인성이란 자신뿐만 아니라 다른 사람과의 관계에서 바르고 옳은 행동을 하며 살아가는 것이다.
존 로크 (J. Loke)	인성이란 어떤 사람이 자신의 욕구와 기분을 억제하고 이성의 명령에 따르는 것이다.
올포트 (F. H. Allport)	인성이란 환경에 대한 개인의 독특한 적응을 결정하는 정신적 · 물질적 모든 체계의 역동적 조직이다.
노박 (M. Novak)	인성이란 종교적 전통과 문학 속의 이야기와 역사 속의 현인과 상식을 가진 사람들이 확인해 준 모든 미덕의 혼합물이다.
옥스퍼드 영어사전	인성이란 동질적인 전체성에 비추어 개인이나 종족이 구별되는 도덕적 · 정신적 자질의 총체이다.
한국교육학회 (1998)	인성교육이란 기존의 인지적으로 편중된 교육상황에서는 별로 다루지 않는 정의적 측면 및 인간의 본성과 관련한 것으로, 학습자로 하여금 건강하고 전인적인 민주시민으로 성장하고 생태적인 본성을 실현함으로써 보다 풍부하고 자유로운 삶을 살 수 있도록 하기 위한 교육적 경험을 제공해 주는 것이다.

(2) 인성교육의 필요성

예부터 우리나라는 '동방예의지국'이라는 찬사를 받아왔다. 그러나 정보화, 세계화, 개방화 등에 따른 사회구조의 급격한 변화와 가치관의 혼란으로 여러 가지 사회문제가 발생하고 있다. 각종 범죄, 약물과 알코올 중독, 이혼, 높은 자살률, 집단 따돌림, 청소년 성매매, 공직자의 부정부패, 그 밖에 물질주의와 집단이기주의 확산으로 인한 많은 사회적 병리현상을 겪고 있다. 이러한 현상은 우리 사회의 타락된 모습을 보여 주는 한 예가 될 것이다.

사회적 병리현상은 사회뿐만 아니라 교육현장에서도 나타나고 있다. 이러한 병리현상은 그동안 우리나라 교육이 지식 위주의 '시험선수'양성을 위한 인지적 영역에 치중하여 이러한 결과를 초래한 것이 아닌지 반성해 볼 필요가 있다. 인간의 바람직한 가치관 형성, 신념, 태도, 인성에 대한 정의적 영역의 교육에는 무관심했던 것이 사실이기 때문에 실천 위주의 인성교육이 필요하다는 계기로 작용하였다.

듀이는 인성교육에 대하여 "최상의 그러면서도 가장 심오한 도덕교육은 다른 사람과 적절한 인간관계를 갖는 것이다. 현 교육체제가 이러한 조화를 파괴하거나 등한시하는 한, 순수하면서도 정상적인 도덕교육의 역할을 하기는 어렵거나 불가능할 것이다."라고 했다. 다시 말해 인성교육의 부재나 실패는 위험한 인간, 위험한 공동체를 형성하는 지름길인 것이다. 우리는 자신뿐만 아니라 수많은 인간관계 속에서 이러한 위험성에 노출되어 있다. 소위 머리만 좋은 사람은 자신이 가지고 있는 지식을 사적인 이익이나 부, 명예나 권력을 위하여 사용하고 공동체의 선을 위하여 사용하는 데에는 인색하다는 것이다 .

따라서 영유아의 기본생활습관은 인성 형성과 사회성 발달에 중요한 역할을 하며 초 · 중학교와 같은 상급 학교교육과 연계되어 어린이가 건전한 민주 시민으로 성장하게 한다. 이 시기는 부모와 교사가 유아 인성교육의 모델임을 인식하고 가정과 유치원에서 언행의 모범을 보여야 한다. 인성교육의 최고 교수법은 도덕적으로 살아가는 모습을 보이는 것이기 때문이다. 영유아기 인성교육의 필요성에 따라 인성교육을 강화해야 하는 이유는 다음과 같다.

① 발달심리학적 측면

영유아기의 인성은 다양한 사회 환경과의 상호작용에 의해서 형성된다. 특히 영유아가 성장하는 과정에서는 여러 가지 경험의 축척물이 쌓여 인성이 형성된다. 따라서 인성은 어린 시절에 어떤 경험을 하는지에 따라 달라지고 개인의 삶의 방향과 도덕적 행동의 수준을 결정하게 된다. 그래서 영유아기에 보다 바람직한 도덕적 경험을 할 수 있도록 실천 위주의 인성교육이 필요하다.

② 개인적 측면

인간은 자기 자신을 존중하고 타인을 존중할 때 행복감과 소속감을 느낄 수 있다. 어린 시절부터 유아에게 타인의 입장을 고려하고 예절과 질서를 지키며 서로 더불어 살아가는 존재라는 것을 가르쳐 주어야 한다. 즉, 자신의 감정을 조절하고 타인의 감정을 이해하여 원만한 대인관계를 유지하는 경험을 유아 수준에서 얻도록 해야 한다.

③ 사회국가적 측면

선진국이 될수록 국민은 자기 나라 고유의 정신적 가치를 소중히 여기고 자부심을 가지고 살아간다. 21세기의 주인공인 영유아는 우리의 꿈이며 희망이다. 지식이 폭발적으로 증가하고 국경이 사라지는 시대를 살아가야 하는 영유아는 더욱 바른 인성의 소유자여야 한다. 세계화 · 개방화가 될수록 우리 고유의 어른에 대한 예절과 공경정신은 우리의 공동체 의식을 높여 줄 것이며, 따라서 영유아시기의 인성교육을 강화하는 것은 국가경쟁력의 중요한 요소가 될 것이다.

2) 인성교육의 내용과 목적

(1) 인성교육의 내용

인성교육을 지(知), 정(情), 의(意)의 바른 발달을 도모하는 것으로 보든 그것들의 온전한 통합으로 보든, 궁극적으로는 공동체 안에서 제대로 적응하고 자신과 공동체를 보다 나은 상태로 변화시키는 데 기여할 수 있는, 그야말로 사람다운 사람으로서 성장하도록 돕는 것이 인성교육의 핵심적인 목표임을 알 수 있다. 한국교육학회(1998)는 인성교육을 전인적인 인간교육의 필수적인 과정으로 인식함으로써 인성교육이 다루어야 할 구체적 내용을 다음과 같이 정리하고 있다.

- 자신의 본성이나 본질에 대한 정확한 탐색과 인식
- 자기이해
- 도덕적 함양
- 자기수용
- 가치관 확립
- 자기개방
- 사회성 함양
- 인간관계

이러한 내용은 결국 자신을 바로 알기, 바르고 좋은 자신 되기, 다른 이들과 잘 더불어 살기, 즉 자기 인식, 도덕성 실현, 사회성 함양으로 요약할 수 있다.

(2) 인성교육의 목적

인성교육은 궁극적으로 인간다운 인간을 기르고 가르치는 일을 목적으로 삼을 수밖에 없다.

한국교육학회(1998)는 인성교육의 목적을 다음과 같이 정리하였다.

- 무엇보다도 자기 자신을 바르고 정확하게 이해하도록 하는 일이다. 자기 자신을 올바르게 이해하는 사람은 가장 합리적이고 현실적인 행동을 선택하고 실행할 수 있기 때문이다.
- 자기 자신을 존중하고 수용하게 하는 일이다. 이는 이기적인 품성과는 전혀 다른 성질의 것이다. 자기 존중이 없으면 자신을 비하하거나 학대하게 되고 반사회적인 행동을 나타내기도 한다.
- 자기 자신의 일시적인 감정이나 행동을 통제하고 조절할 수 있는 능력을 함양시키는 일이다. 바람직한 인성의 소유자는 자신의 본능적인 행동이나 감정을 생산적이고 창의적인 방식으로 승화시켜 표현할 줄 안다.
- 올바른 현실감각을 길러주는 일이다. 이상이나 기대를 지나치게 앞세운 나머지 현실을 무시하고 행동하는 것은 타인과의 원만한 인간관계를 방해하나 자신의 환경을 이해하는 현실에 기초한 사고는 건전한 인성의 필수적인 요소가 된다.
- 자기 자신뿐만 아니라 타인에 대한 공감적 이해와 존중의 자세를 함양하는 일이다. 공감이란 타인의 감정을 공유하는 것으로 상대방의 입장을 이해하면서도 결코 자신을 잃지 않는 것을 말한다.

이와 같이 인성교육의 목적은 우리 공동체 안에서 인간다운 인간, 인간다움의 향기를 가진 인간을 기르는 것에 있다. 즉, 인간다운 인간은 결국 부드럽고 따스한 감성을 지니고 부끄러워하며, 고마워하고, 너그러운 성품의 바탕 위에서 마음 안의 세계이든 마음 밖의 사실이든 하나하나 차분히 따져서 진리에 이르고자 하며, 가능한 한 아름다운 생각과 말, 행위를 하고, 나아가 전체 속에 자신이 있고 자신 속에 전체가 있음을 확연히 보고 깨닫는 사람이다. 인성교육의 목적은 위에서 설명한 사람을 더욱 많이 존재하게 하는 데 있다.

2. 학교교육

1) 학교의 기원과 발달

학교는 일정한 연령과 발달수준에 도달한 아동 및 청소년을 정해진 행정조직 안에 모아놓고 사전에 계획된 일정에 따라 교육하는 제도적 기관이다. 이처럼 학교는 시설물, 학생, 교원, 교재의 네 가지 요소에 의해서 성립된다. 학교, 즉 '스쿨(school)'은 라틴어의 '스콜라(schola)'에서 그 어원을 찾을 수 있다. 이는 다시 희랍어의 '스콜레(schole)'에서 유래 되었는데, 그 뜻은 '한가(閑暇)'를 의미한다. 이러한 스쿨의 어원으로 미루어 보면 원래 학교란 생산노동이나 외적 방어의 의무를 지지 않은 상류층 지배계급의 자녀들이 한가하게 놀면서 담소하고 때로는 교양이나 체육활동을 하던 공동 놀이터의 역할을 하던 곳으로부터 시작되었음을 알 수 있다.

고대 그리스의 학교 종류였던 디다스칼리움(Didascalium)이 '글자 읽기'라는 의미고, 유럽중세에 있었던 베르나쿨라(Vernacular school)는 모국어 학교였다. 종교개혁기에는 역시 민중의 자녀에게 주기도문이나 찬송가를 가르치는 문답학교(catechumenal school), 산업혁명기에는 주로 빈민 자녀의 복지를 위한 자선학교(charity and philanthropic school), 현대에는 국민적 자질 육성을 목적으로 모든 국민의 자녀가 의무적으로 취학하게 강제된 초등학교(Volks schule)의 모습 등으로 발전하면서 오늘에 이르고 있다.

중학교의 원형은 그리스에서 나온 김나시온(Gymnasion)이었다. 김나시온은 원래 16세에서 18세까지의 생도를 대상으로 군사훈련의 예비 단계인 체육과 문법 주로 가르치는 학교였다. 그러나 체육이나 문법만을 가르치지 않고 장차 국가의 지도자가 되는 데 필요한 여러 가지 교양을 갖추게 했다. 동시에 상급단계의 학교, 즉 고등교육기관에 입학할 수 있게 학문적 준비를 시켰다. 이들 중학교가 오늘날에도 준비학교로도 불리는 이유가 여기에 있다.

고등교육기관인 대학은 플라톤(Platon)이 귀족청년을 훈련시켜 장차 국정에 공헌할 인물을 배출하려는 목적으로 세운 아카데미(Academia, B.C. 387)에서 보다 높은 학문과 지도자적 자질을 함양하는 것으로부터 출발되었다. 그러나 실제로 오늘날의 개념에 접근한 대학이 나타난 것은 중세 말인 12~13세기경부터였다. 그것은 의식의 발달에 따라 종교와 정치, 경제와 생활에 대한 규모와 가치가 변하면서 자연히 수준 높은 학문과 문자, 이론과 기술이 필요했기 때문에 당연한 것이었다.

한국에서의 학교 발생은 고구려 때 태학(太學)을 최초로 통일신라 때 국학(國學), 고려 때의 국자감(國子監), 조선시대의 성균관(成均館)으로 이들 모두 인간으로서의 인격배양보다는 특수계급과 국가나 계층사회의 보존을 위한 윤리질서를 강력하게 고수하는 것을 목적으로 한 학교였다. 한국에서 개인은 물론 국가사회 발전에 유능한 지식과 기술, 그리고 국민정신을 배양하려는 목적을 가진 학교가 발생하기 시작한 것은 19세기 말에서 20세기 초에 해당하는 개화기 시기였다.

이때의 정치의 부패와 경제의 파탄, 윤리의 타락을 딛고 일어나 기울어져 가는 국가 운명을 바로 세우는 데는 근대화된 교육밖에 없다고 선각자들은 절실하게 느꼈던 것이다. 그래서 1883년 원산 주변의 덕원 군민들에 의하여 세워진 원산학교는 우리나라 최초의 근대학교였다. 이와 더불어 홍화학교(민영환, 1895), 점진학교(안창호, 1899), 현산학교(남궁 억, 1906), 오산학교(이승훈, 1907)를 비롯한 민족 선각자들의 학교와 이화학당(1886), 배재학당(1886)을 비롯한 기독교주의 학교, 같은 시기에 정부 공립학교가 크게 성행하였다.

그러나 오늘날의 6.3.3.4제를 기간학제로 한 현대 학교제도는 1945년 광복 이후 우리의 헌법과 교육법 등 관계법령이 마련되면서부터 시작되었다.

2) 학교의 중요성

학교는 인류사회의 계속적인 변화와 지식의 발달에 따라 문화자원의 축적이 많아지고 질적으로 복잡해짐에 따라 이의 체계적 전달을 위한 사회적 필요에 의하여 오늘날과 같은 규모와 내용으로 발전하게 되었다. 더구나 현대사회의 특성에 의하여 전통적인 가정, 지역사회, 교회, 사찰 등에 의한 교육적 기능이 약화됨에 따라 자연히 강력한 학교교육에 대한 기대가 점점 높아지고 있는 것이 사실이다. 그리고 교육을 고유한 목적으로 하는 제도적 · 계획적 · 형식적 · 의도적 교육기관으로서의 학교는 현대 사회구조 자체의 요구와 민족국가의 형성에 더욱 중요한 역할을 하며 개인 · 가족 · 사회가 자신을 보존하고 발전시키기 위한 수단으로 간주되어 더욱 확충되지 않을 수 없고 이로 인하여 학교는 현대사회의 특징 때문에 다음과 같은 중요성이 더욱 강조되고 있다.

(1) 생활의 진보

현대생활이 급격하게 변하며 직업이 전문적으로 분화해 가는 오늘날에는 옛날처럼 단순한 모방식 생활교육 정도로 삶에 필요한 지식과 기술을 충분히 습득하기가 불가능하다.

(2) 사회의 영속성

사회는 변화 · 발전되어야 하지만 성원의 조직적인 교육을 통해서 유지 · 계승된 문화의 기반 없이는 불가능하다.

(3) 생활유산의 누적화

인간이 생활 속에서 생산한 것 중에 비교적 일반성 · 객관성을 띤 것은 집단 공동의 이익을 위하여 문자 · 기호 · 형상(文字 · 記號 · 形象) 등을 통해서 다음 세대에 적극적으로 계승되어야 한다.

(4) 현대적 국가의 형성

근대에 이르러 통일적인 국가가 성립됨에 따라 일정한 교육기관(즉, 학교)에 의하여 다음 세대에게 국민으로서 필요한 자질과 지식, 기능을 조직적으로 교육할 필요가 모든 국가정보에 의하여 인식되었다.

오늘날 비형식교육의 급격한 영향으로 학교교육의 한계가 차츰 노출됨으로써 학교의 개혁을 주장하는 사람들의 소리가 높아지고 있다. 그러나 아무리 개혁을 주장할지라도 역사적으로 계승된 학교의 중요성을 전적으로 부정할 수는 없을 것이다. 다만 모순과 불합리성을 개선하거나 개혁을 통해서 학교의 본질을 더욱 부각시키는 것이 시급하다. 따라서 학교의 가정화, 학교의 사회화를 향한 여러 프로그램이 학교를 중심으로 강화되어야 하고 나아가 학교의 평생교육기관화를 꾀하여야 할 것이다.

3) 현대학교의 기능

듀이는 학교란 문화유산을 조직적으로 계승 · 발전시키기 위한 특수한 경험을 제공하는 '특수한 환경(special environment)'이라 보고 학교의 본질적 기능을 다음 세 가지로 제시한 바 있다.

- 학교는 학생에게 이해할 수 있는 정도의 경험이나 지식의 범위에서 기본적인 사회활동을 선택한 후, 이것을 곤란도의 순서로 세우고, 가르치는 과정에서 한층 복잡한 사태에 대한 통찰력을 기를 수 있도록 단순한 환경으로 조직하여 제공하는 것이다.
- 학교는 학생의 심리 상태에 영향을 미치는 현재의 환경 속에서 그들에게 무익한 부분을 제거함으로써 나쁜 감정과 습관을 타파할 수 있는 순수한 행동 매체를 마련하는 곳이다.
- 학교는 사회 환경의 여러 요소와 균형을 유지하고 각 개인으로 하여금 타고

난 사회집단의 제한에서 벗어나, 보다 넓은 환경과 생동적인 관련을 맺도록 광범위한 환경과의 접촉을 마련하는 곳이다.

듀이의 교육 · 철학적 정의는 학교가 본질적으로 지녀야 할 조직적 교육성 · 환경 조정성 · 생활 확충성에 역점을 둔 정의이다.

현대적인 학교교육이 감당해야 할 의무 중에서 사회존중 태도는 특별히 중요하다. 왜냐하면, 오늘날의 사회가 더욱 복잡해지고, 문화가 발달함에 따라 현대인은 과거와 같이 단순한 모방이나 견습 정도로는 적응하기가 힘들기 때문이다. 따라서 교육적 적응을 하며 발전적 영향을 받기 위해서는 각종 사회의 적응할 수 있는 계획적 · 조직적인 교육내용을 광범위하게 필요로 한다. 이 필요에 기대를 저버릴 수 없는 문화적 사회기구가 바로 학교인 것이다.

4) 현대 학교에 대한 기대와 과제

확실히 학교는 일반적 사회기관과는 다른 특징을 가지고 있다. 즉, 학교는 다른 사회기관과 특별히 다른 가치, 신념체계, 행동양식에 따라 운영될 때 그 존재를 정당화할 수 있다. 따라서 학교는 바람직한 지적 · 도덕적 토대를 가져야 하며, 추구하고 보유해야 할 가치는 일반적인 사회적 관행과 분리되어야 한다. 그리고 학교는 다른 사회기관의 영향에서 벗어나 자율성을 가져야 한다. 그러나 제도화된 학교교육만을 교육으로 생각하여 학교의 수업과 기타 학교의 실제만이 교육이라는 생각은 아니다.

오히려 현대사회의 학교는 현실사회와 밀접한 관련을 맺어야 한다. 학생은 학교의 구성원인 동시에 사회의 구성원이며, 학교는 사회 내에 존재하는 기관이기 때문에 사회의 요구와 기대 등을 고려하여 학생의 생활 향상에 조력하도록 해야 하기 때문이다. 특히 현대의 민주사회에서의 학교는 어떤 특정의 지역사회, 특정의 집단과 개인의 이익에만 기여하는 곳이 아니라, 민주사회의 이상실현에 기여하는 기관이 되어야 한다. 또한, 학교가 사회의 축소판이라는 말은 학교생활과 사회생활의 연계를 강조하는 의미로 쓰이고 있다. 즉, 학생이 성인이 되었을 때 직면할 문제와 유사한 문제를 해결할 경험을 제공하기 위해 학교에서 실제의 사회생활을 재생시켜야 한다는 기대를 담고 있다. 이처럼 학교는 학생에게 문화유산을 조직적 · 체계적으로 계승시키는 곳이자 각자가 적성을 발견하고 이것을 키워 개성을 실현하며, 나아가는 사회인으로서의 자질을 갖추어 나가도록 도움을 주는 기관이어야 한다.

그런데 현대의 학교가 문화와 사회의 급격한 변화에 새로운 자세를 정립하지 못하고 그 본질적 기능 면에서 흔들리고 있다. 그러기에 전통적 학교로 돌아가야 한다는 입장이 있는가 하면, 아예 '학교교육 무용론'까지 등장하고 있는 실정이다. 전자의 입장에서는 흔들리는 사회를 바로잡을 수 있는 것은 옛날 학교교육처럼 억압되고 통제되어야 한다는 것이고, 후자의 입장에서는 현재의 학교교육 자체가 전통적 사회나 특정한 틀의 사회에 다음 세대를 길들여 넣는 곳이기에 부도덕적이라는 것이다.

현대 학교에 대한 극단적 비판주의에 서 있는 일리지(I. Illich)는 현대의 교육제도가 인간성의 파괴를 촉진하고 근대화 속의 빈곤을 조장하고 있다고 하면서 탈학교론까지 주장하기도 했다. 그러나 그러한 극단적인 비판도 학교제도 자체를 폐지하자는 것이 아니라 이상적인 사회를 조성할 수 있는 인간성의 회복을 위한 학교로서의 본질적 기능으로 되돌아가야 한다는 주장에 지나지 않는다. 왜냐하면, 현대사회의 특성상 학교교육의 확대가 필연적이기 때문이다.

즉, 현대사회는 개인의 능력을 획기적으로 개발할 수 있는 환경으로서 학교의 확대를 요구하고 있다. 따라서 학교는 사회 환경 가운데 개발하기를 원하는 경향성의 요소를 단순화 · 조직화하고, 현존하는 사회관습을 순화 · 이상화하며, 더 광범위하고 균형적인 환경을 학교환경의 특성으로 갖추어야 한다. 결국, 학교는 현대사회가 요구하는 민주적 목적과 공동체 의식을 길러낼 수 있는 독특한 기관이 되어야 할 것이다. 물론 시대와 상황에 따라 학교의 성격과 기능에 대한 강조점이 다를 수 있다. 그러나 학교는 지식, 기술의 전달과 함께 지적 능력을 향상시키는 특수기업이라는 성격과 이상적 인간과 이상적 사회를 추구하기 위해 인격적 · 도덕적 · 사회적 가치를 실현하는 특수기업의 성격을 함께 기대하고 있다는 점에서도 그 가치를 포기할 수 없다.

학교는 사회와 개인의 발전과 이익을 위하여 기여하는 제도적 기관이다. 그리고 학교는 형식화되고 제도적으로 확립된 교육계획을 갖고 있는 하나의 공적사회기관으로 존재한다. 학교는 넓은 의미의 교육의 장 가운데서 형식을 갖춘 좁은 의미의 교육을 수행하는 기관이다. 따라서 학교교육은 교육의 한 부분에 불과하며, 의도적 교육과 무의도적 교육, 형식적 교육과 비형식적 교육의 적절한 균형과 통합을 기하는 일을 성공적으로 수행할 수 있을 때 그 중요성과 그 존재가치가 더욱 높아지게 된다.

(1) 현대 학교교육의 문제점

① 현대 학교교육의 실패

현대 학교가 인간교육에 실패하고 있다는 주장이다. 사회의 질을 과학기술의 발달 정도로 규정하려는 일반 경향을 추종하는 학교교육이 교육 본래의 목표인 인간다운 인간 양성에 소홀히 하고 있기 때문이다. 기술과 직업, 물질과 출세만을 추구하는 일부 학교교육 경향이 전통교육에 비하여 도덕이나 윤리 또는 인간교육을 소홀히 취급하고 있음을 느끼게 하고 있다.

② 현대 학교가 기존 사회체제 보존에 이용

현대 학교가 기존 사회 보존에 지나치게 이용당하고 있다는 주장이다. 근대 국가 성립 이후 소위 국가이념이나 국민정신의 필요성을 강조하면서 기존 질서 유지를 위한 획일적인 통제의 경향이 두드러지고 있다. 아직 민주국가로서 완성되지 못했거나 독재성이 강한 통치자에 의해서 이용당하는 경향 때문에 그렇다. 이것은 교육의 정치적 중립성이나 교육의 자율성이 올바로 유지되지 못하는 근본 원인이 된다.

③ 사회계층의 고정화

사회계층의 순환보다 고정화에 학교가 앞장서고 있다는 주장이다. 이것은 이미 경제력이나 권력을 갖고 있는 계층의 자녀가 그렇지 못한 자녀보다 유리한 입장에서 고등교육을 받을 수 있는 사회구조 때문에, 그렇지 못한 자녀가 타고난 능력과 관계없이 하급사회에 머물게 되는 비인도적 모순이 존재하기 때문이다.

따라서 학교는 서민 대중을 위한 교육적 기회 확대를 위하여 보다 과감하고 양심적인 국가정책에 의해서 시정되어 나가야 한다. 그리고 학교와 교육자가 돈과 권력에서 뒤떨어진 계층의 출신 청소년을 보다 적극적으로 보호・육성하는 교육적 양심에 의해서 해결할 수 있을 것이다. 그럼에도 불구하고 일부 비민주적 국가와 일부 비교육적 학교 또는 일부 무능한 교육자가 이 점에 관한 노력이 부족하다는 것이다. 한국의 경우 학력이 인간의 질을 결정하고, 학벌이 같은 학력의 인간의 질을 다시 규정하는 것으로 착각하고 있다. 이러한 모순 현상 때문에 소외계층으로부터 학교교육의 무용론을 불러일으키게 하였다.

④ 교원에 대한 기대 저하

학교교육의 성패를 좌우하는 핵심 구성원인 교원에 대한 기대가 저하되고 있다는 주장이다. 교원이 선생 또는 스승으로서 아동과 청소년뿐만 아니라 학부모와 지역사회의 지도자로서 존경을 받을 수 있을 만한 인간 품위를 받아야 함은 교육적 성공을 위해 필수적 조건이다. 그러나 사회의 변화와 가치관의 혼돈에 의하여 교직에 대한 매력이 점점 낮아지고 있다. 학력과 인격 면에서 단연코 최우수한 위치에 놓여 있어야 할 교원의 신분이 한갓 보통의 직업인 수준으로 저하되고 있다면, 학교교육에 의한 인간 개조나 사회발전은 기대할 수 없다는 당연한 논리가 학교교육의 무용론으로 나타나게 된다.

(2) 한국 학교교육의 과제

① 학교와 가정의 긴밀한 협력관계 유지

학교교육과 가정교육과의 긴밀한 유대와 협력관계의 유지가 필요하다. 학교교육은 슬기로운 가정교육의 협력 없이는 불가능에 가깝다. 이러한 이유로 인해 페스탈로치는 “인간교육에 필요한 모든 정신을 파악하지 않고, 또 가정에서의 전체 생활 위에 건설되지 않는 학교교육은 학생을 억지로 위축시키는 방법 이외에 아무것도 아니다. 그러므로 가장 바른 인간교육은 안방에 있는 어머니의 눈에 매일, 매시 그 자녀들의 마음 상태 변화를 올바르게 그들의 눈 · 입 · 얼굴에서 읽어 낸 것을 이용해야 한다.”라고 하였다.

학생은 하루의 대부분 중에 학교에 있는 7~8시간을 제외한 나머지 시간은 모두 가정에서 생활한다. 그리고 학교에서 배운 것을 생활화시키는 곳이 가정이다. 따라서 학교와 가정은 긴밀한 유대관계를 가져야 한다. 그럼에도 불구하고 교육은 가정과 관계없이 학교에서 독자적으로 성립되는 것이라고 생각하는 것은 학교교육의 성패에 걸림돌이 된다.

② 교육기회의 균등

교육의 기회균등 실현이다. 한국의 헌법에는 교육의 기회균등의 이념이 명시되어 있다. 그러나 이런 이념이 잘 실현되지 않고 있다. 도시와 농어촌 교육시설의 상향평준화, 과밀학급과 과소학급의 존재로 인한 교육기회 불균형 현상의 시정, 경제적 · 신체적 · 정신적 불우환경에 처해 있는 아동과 청소년에게 교육적인 특별 배려가 보다 효율적으로 이루어져야 한다.

③ 진학제도의 개혁

진학제도의 합리적 개혁이다. 한국의 입시제도는 많은 문제점을 지니고 있어서, 민주적으로 교육의 목적이 제대로 구현되지 못하고 있다. 각급 학교의 입시제도는 최소한 교육기회의 확대, 사회의 요구 반영, 능력과 적성에 맞는 학교의 선택, 교육내용의 다양화, 교육과정의 정상적 운영이 되도록 합리적으로 개선되어야 할 것이다. 가장 시급한 것은 고등학교와 대학 입시제도의 개선이다.

④ 교육내용과 방법

교육내용과 방법의 혁신이다. 내용 면으로는 인류가 공통적으로 풀어야 할 과제가 많다. 인구문제 · 환경문제, 산업사회와 정보사회로 진보 · 변화하여 가는 과정에서 필요한 첨단 과학지식의 함양, 전자계산기의 원리 및 모든 직업에 필요한 기본적 기술 등이 신속하게 학교교육 내용에 투입되어야 한다. 방법 면에서 전 교과 담임제 · 일 학급, 일 담임제 등의 단점을 극복하기 위하여 복수교사의 협력담임제(teamteaching), 연령단계별 학년 조직의 문제점을 제거하기 위하여 생긴 무학년제(nongraded system) 등이 실행되어야 한다.

⑤ 학교제도의 창출

한국 사정에 알맞은 학제의 창출이다. 학교제도는 교육의 기회균등 이념, 사회의 요구, 국력의 수준, 인간 능력 개발의 효율성 등을 기하도록 제정되어야 한다. 현행 한국의 학제는 충분한 교육철학과 교육재정의 준비 없이, 광복 직후 미군정 시대의 미국교육고문단의 자문에 의하여 그대로 받아들이게 된 것이다. 이론상 가장 민주적인 단선형 학교제도임에도 불구하고, 역사와 전통을 달리하는 우리나라에서는 큰 시련을 겪고 있다. 따라서 한국 교육 사정에 맞는 새로운 학교제도의 연구가 더 많이 이루어져야 할 것이다.

chapter

14

사회의 교육과 평생학습

1. 사회의 교육

1) 사회교육의 본질

한국의 경우 국가가 맡은 교육의 의무는 중학교까지로 되어 있으나 교육에 대한 국민의 요구는 더 높고, 더 넓어지고 있다. 이처럼 교육에 대한 시민의 기대도 시대에 따라 달라진다는 사실을 감안할 때 앞으로 우리는 교육의 의미를 시대적 요청에 맞도록 새로 정립하여야 할 것이다. 따라서 지금까지 교육이라고 하면 학교, 가정, 특수집단 등과 같이 제한된 공간에서 일정한 연령층이나 일부 사회계층을 상대로 하였던 제도적 · 집단적 교육을 생각하였지만, 이제는 그러한 공간과 대상자의 한계를 의식하는 교육의 개념은 현실적으로 맞지 않는다. 한정된 공간과 목적만을 강조하는 가정교육이든 학교교육이든 그 가정과 학교를 내포하고 있는 현대사회의 복잡한 변화 현상을 도외시하고는 교육의 참다운 목적을 성취할 수 없다는 말이다. 더구나 사회적 영향이 점점 다면적으로 심화되어 가고, 빠른 변화와 적응을 요청받고 있다. 따라서 가정교육과 학교교육 이상으로 사회교육에 관한 관심이 점점 높아가고 있음은 당연한 현상이다. 그런데 사회교육이라는 개념 속에는 성인교육, 일반교육, 평생교육, 대중교육, 시민교육, 정치교육, 사상교육 등의 의미를 포함하는 것이 일반적인 경향이다.

(1) 사회교육의 개념

사회교육 개념에 관한 교육학적 정립은 아직 완전하지 않다. 그러나 사회를 엄연한 교육의 한 장으로 인식하고 있는 현대사회에서는 사회교육에 대해 일반적으로 다음과 같은 세 가지 입장으로 파악하고 있다.

첫째, 교육체제의 관점에서 사회교육을 정의하는 입장이다. 즉, 사회교육은 정규학교 이외의 상황이나 현장에서 일어나는 모든 교육활동을 말한다. 둘째, 학습방법론의 입장에서 사회교육을 논의하는 입장이다. 즉, 학습자의 자유의사에 의해 시간 · 공간적인 제한을 받지 않고 스스로 자기를 교육하는 행위로서의 학습 방법을 강조한 교육행위를 말한다. 셋째, 학습대상자의 종류와 특성을 중심으로 정리하는 입장이다. 즉, 일반 성인을 대상으로 전개하는 보충적인 재교육적 활동이 사회교육이라 보는 것이다.

이처럼 사회교육을 교육대상자 중심, 교육방법 중심, 교육체제 중심 등 강조점에 따라 다르게 파악하는 것보다는 위와 같은 세 가지 입장이 포괄된 정의가 되어야 할 것이다. 따라서 사회교육은 직접적인 법률적 강요나 특수 분야의 전공에 구애받음 없이, 특정 교육장소를 불문하고, 학습자 개인이 자기 발전을 위해 자발적으로 탐구 · 전개하는 합목적인 교육적 노력이라고 정의되어야 한다.

또한, 사회교육은 교육체제의 형식 · 비형식성이나 학습방법의 정형 · 비정형성, 학습자의 연령이나 배경의 유사성이나 차이를 고려하지 않은 교육행위다. 사회교육은 어떤 사회의 구성원 전체를 대상으로 하여 바람직한 사회변화를 위한 교육으로서 학교 외의 사회적 기관이나 사회적 모체가 행하는 교육적 문화활동이다. 한국은 「사회교육법」 제2조에서 사회교육이란 '학교교육을 제외하고 국민의 평생교육을 위한 조직적 교육활동'이라고 규정하고 있으며, 그 시행령에서 사회교육의 영역을 다음과 같이 규정해 놓았다.

- 국민생활에 필요한 기초교육과 교양교육
- 직업 · 기술 및 전문교육
- 건강 및 보건교육
- 가족생활교육
- 지역사회교육 및 새마을교육
- 여가교육
- 국제이해교육
- 국민독서교육
- 전통문화이해교육
- 기타 학교교육 이외의 조직적인 교육활동

(2) 사회교육의 기능

① 학교교육의 보충

학교는 학생의 모든 사회생활을 지도해야 할 것이지만 시간, 경비, 시설, 전문가 등의 부족 때문에 현실적으로는 어려움이 많다. 따라서 부족한 교육활동은 사회교육에 기대하기 마련이다. 예를 들어, 학생조직의 활용, 사회학습시설의 활용, 문화 활동의 참여 등을 총칭하는 말이다.

② 학교교육의 확장

학교교육을 받지 못한 사람에게 학교를 개방하거나, 고도의 지식 · 기술에 접하고자 하는 시민에게 대학을 개방하거나, 사회의 교육 현장에 학교의 교직원이 적극적으로 참가하거나, 현직을 가지고 근무하는 사람들을 위하여 대학 내에 사회교육시설을 두거나 혹은 회사 · 공장 내에 학교교육에 준하는 교육시설을 두고 계속적으로 자질 향상을 추구하는 활동이다. 그 속에는 학교시설의 개방, 현직교수를 활용한 학교 기능의 확산, 시국 또는 교양 강연의 실시, 특수 대학원 운영, 통신대학의 설치 · 운영, 직장학교의 운영 등을 포함한다.

③ 평생교육 또는 생애교육으로서의 기능

평생교육(lifelong education)이란 문자 그대로 일생동안 즉, 요람에서 무덤까지 평생을 통하여 계속된 교육을 받아야 함을 의미한다. 이는 급격히 변화하는 현대 사회의 환경 속에서 단절과 불균형의 현상을 극복하고 개인과 사회의 계속적인 자기발전과 갱신을 위한 교육이라는 점에서 생애교육(education permanent)이다.

여기서 말하는 평생교육의 이념은 다음과 같다.

- 전인교육을 위한 학습사회의 건설이다.
- 현대사회의 인격 분열현상을 평생교육을 통해 극복하자는 것이다.
- 현재의 불평등, 차별이 지배하는 학교교육의 한계를 평생교육으로 극복하

고자 하는 것이다.

- 문화의 민주화를 기하자는 것이다.

④ 대중교육 또는 대량교육(mass education)으로서의 기능

현대사회는 다양하고 규모가 큰 변화를 급속하게 진전시키고 있다. 또한, 지구가 하나의 작은 촌 같은 개념으로 축소될 정도로 교통과 통신이 초고속으로 발달하였다. 이와 같은 상황에서 차분하게 학교에서 전달받은 지식과 소식만 가지고는 이에 적응하며 살 수 없을 뿐 아니라, 한 번 배운 지식이나 기술의 활용주기도 점점 짧아지고 있다. 특히 변화하는 지식과 기술, 일어나는 사건과 문제를 가장 많은 사람에게, 가장 빠르게 가르치고 전달하는 일은 학교의 체제와 방법으로는 감당하기 어렵게 되었다. 따라서 신문과 잡지 라디오와 TV, 영화와 사진 등이 사회교육의 매체로 위와 같은 기능을 감당할 수 있어야 한다.

2) 사회교육의 대상

사회교육의 대상은 교육의 내용과 목적에 따라 다양하게 분류할 수 있다. 극단적으로는 모든 집단(가족, 이웃, 친구, 학교, 직장, 지역사회, 국가사회, 국제사회)의 사람이 사회교육의 대상이 된다고 볼 수 있다. 또한, 사회교육의 대상을 유아, 청소년, 성인, 노인으로 볼 수 있는가 하면 학생, 비학생, 직장인, 비직장인, 부녀자 같이 다양하게 분류할 수 있다. 그러므로 사회교육의 내용도 그들의 형편과 필요에 따라서 교양, 취미, 지식, 기술, 직업, 오락, 시민사회, 가정생활 등 다양한 영역에 걸쳐 있다. 이러한 사회교육의 대상을 정리하면 다음과 같다.

(1) 유아 사회교육

유아는 간접적으로 사회교육의 대상이 된다. 간접적이라 함은 유아교육이 여성교육이나 어머니 교육을 통하여 이루어지기 때문이다. 근대적 사회교육이 이루어지는 장소를 놓고 볼 때, 법적 규제 아래 이루어지는 것이지만 가정교육은 법적 대상으로 삼을 수 없기 때문에 교육대상이라는 각도에서 생각하더라도 유아를 직접 대상으로 다룰 수는 없는 것이다. 이 시기의 교육시설로서 어린이집과 탁아소도 유아사회교육기관의 범주에 든다.

(2) 청소년 사회교육

사회교육 대상 청소년은 사회학적으로 생활 · 교육 · 업무 등의 관계에 따라 다음 세 가지 유형으로 나눌 수 있다.

- 대부분 학교교육과정 속에 있는 청소년으로, 초등학교부터 대학에 재학하는 학생시기이다. 이들은 원칙적으로 정규 학교교육의 대상이기는 하지만 그들의 생활공간이 학교만이 아니기 때문에 사회교육의 대상으로도 파악할 수 있다.
- 실생활 무대현장에서 일하는 근로청소년이다. 보통의 경우에 있어서 사회교육의 대상으로 되는 청소년이란 주로 근로청소년이 대부분이다.
- 학교교육과정이나 근로 현장에도 포함되지 않는 청소년이 있다. 여기에는 학교교육을 받을 수 있는 연령이지만 지적능력 · 신체조건 · 경제적능력 · 심리적 문제로 학교사회에서 제외된 청소년이 있는가 하면, 근로를 원하지만 기회를 잡지 못한 청소년, 학업과 근로를 스스로 포기한 청소년 등이 있다.

오늘날 청소년비행 문제가 점점 증가하고 있다. 따라서 이와 같은 청소년층이 일으키는 개인적 · 사회적 부적응이나 불량행위가 주종을 이루고 있기 때문에 이들이야말로 청소년 사회교육의 주된 대상이 된다.

(3) 성인 사회교육

성인의 개념은 신체적 발육을 끝낸 24~25세 이상의 사람이라고 볼 수도 있으나 그보다 정신적 · 경제적으로도 독립한 개인으로 볼 수 있는 사람이다. 오늘날 성인으로서 각종 직업에 종사할 경우, 그 직무 수행을 위한 직업적 사회교육은 물론 가정이나 국가 사회생활을 위한 가치의식이나 생활교양의 확립을 위한 교육 프로그램도 점점 증가하고 있는 경향이다.

(4) 노인 사회교육

의 · 약학의 발달과 영양 및 운동생활의 보급으로 인하여 인간 수명이 점점 길어져 가는 추세에 따라 노인 사회교육도 필수 불가결한 분야가 되고 있다. 넓어져 가는 세대 간격으로 상호 이해와 협조의 자세를 배워야 하며, 남은 생애를 개인적 · 국가사회적으로 보람 있게 지낼 수 있는 기능도 중요한 노인 사회교육이 담당해야 할 내용이 되고 있다.

(5) 부녀 사회교육

일반 성인들 속에서 특히 부녀자들을 대상으로 생각하는 편의상의 개념이다. 부녀교육의 목적으로 삼는 것은 인권의식의 각성, 부녀 지위의 실질적 향상, 자주적 학습활동의 촉진, 가정 또는 자녀교육의 주체자로서의 자질, 취미와 정보, 생활의 향상, 가족관계의 의해, 직장 진출을 위한 지혜와 정보의 수집 등이라 할 수 있다.

이렇게 사회교육의 대상은 넓고 다양하다. 자연적으로 발생했으나 오랜 세월을 거쳐 형성된 생활양식과 생활 습관이 인간의 현재 생활에 뿌리를 내리고 있는 현상은 헤아릴 수 없이 많다. 이런 것들이 교육활동 속에 의식적으로 다루어지는 한 그것은 모두 사회교육의 내용이 된다.

이러한 사회교육이 효율적으로 이루어지기 위해서는 민주적 교육이념이 민중

속에 널리 인식되어야 한다. 또 민중이 손쉽게 만나고 배우고, 사귈 수 있는 여건, 즉 건전한 대중매체, 교통 통신수단, 시청각 기재의 보급 등의 여건도 갖추어져야 한다. 그리고 좁게는 지역사회에 애착을 가지며, 넓게는 민족 · 국가의 현재와 미래에 대하여 깊은 관심을 갖는 공동운명체 의식이 널리 발휘되어야 한다. 국가는 민중의 소리와 요구를 꾸준히 진지하게 청취하며, 그들을 위한 양심적인 사회교육의 기회와 시설을 확장해야 할 것이다.

2. 평생학습

1) 평생교육의 개념

우리나라 「평생교육법」 2조 1항에 따르면 평생교육은 '학교교육을 제외한 모든 형태의 조직적인 교육활동'으로 정의되어 있다. 평생교육을 넓은 의미로 보면 태교에서부터 노인교육에 이르기까지 수직적으로 통합한 교육과 가정교육, 사회교육 및 학교교육을 수평적으로 통합한 교육을 포괄한 것이다. 좁은 의미의 평생교육은 정규 학교교육에 대비되는 학교 외 교육, 즉 종전의 사회교육 개념과 동일개념으로 사용되고 있으며 따라서 「평생교육법」상의 평생교육은 좁은 의미의 개념으로 사용되고 있다고 볼 수 있다(교육인적자원부 1999).

데이브(R. M. Dave)는 평생교육의 개념을 다음과 같이 20가지로 구분하여 정의하였다.

- 평생교육은 생(life), 평생(lifelong), 교육(education)이라는 세 가지 기본 단어로 구성되어 있다.
- 교육은 학교교육으로 끝나는 것이 아니라 평생을 통한 과정이다.
- 평생교육은 성인교육에만 한정되어 있는 것이 아니라 유아교육, 초등교육, 중등교육, 고등교육과 그 밖의 모든 단계의 교육을 통합하는 체계이다. 즉,

평생교육은 교육을 하나의 전체 구조로 파악하는 개념이다.

- 평생교육은 형식적인 학교교육과 비형식적인 학교 외 교육을 포함하는 동시에 조직적인 학습이나 비조직적인 학습을 포함한다.
- 평생교육에 있어서 가장 기초가 되는 교육의 장은 가정이다. 가정이 바로 개인의 평생교육에 결정적인 역할을 한다.
- 평생교육체제에 있어서 지역사회 역시 중요한 역할을 한다.
- 평생교육체제에 있어서 학교나 대학 또는 여러 형태의 훈련기관도 중요하지만 이들은 각각 전체 평생교육기관의 하나로서 중요성을 가진다. 즉, 이제는 학교가 교육을 독점하는 기관이 될 수 없다는 것이다.
- 평생교육은 교육의 수직적 · 횡적 측면에서 상호연계성을 추구해야 한다.
- 평생교육은 모든 발달단계에서 수평적 · 심층적인 통합을 도모하려고 하는 것이다.
- 평생교육은 엘리트를 위한 교육형태가 아니라 보편적이고 민주주의적인 것이다.
- 평생교육은 학습내용, 방법, 학습시간의 융통성과 다양성을 최대한 보장한다.
- 평생교육은 새로운 사회적 욕구에 즉각적으로 대응할 수 있는 역동적인 교육과정이다.
- 평생교육은 학습자의 요구수준에 맞는 다양한 형태와 방법을 추구한다.
- 평생교육은 개인과 사회의 적응기능과 혁신기능을 충족시킨다.
- 평생교육은 교양교육과 직업교육으로 구성되어 있으며 두 가지 영역이 상호보충적인 역할을 한다.
- 평생교육의 궁극적인 목표는 개인의 삶의 질을 향상시키는 데 있다.
- 평생교육은 기존의 교육적 결함을 보완하는 교정적인 기능을 수행한다.
- 평생교육에는 기회, 동기, 교육가능성이 중요한 전제조건이다.
- 평생교육의 형태는 교육을 포함하는 조직원리이다.
- 평생교육은 모든 교육의 전체적 체계를 마련해 주는 실천적 단계이다.

이상의 것을 종합하여 볼 때 평생교육은 인간의 삶의 질을 향상시키고 자아실현과 사회발전을 위해 태교에서부터 유아기, 아동기, 청년기, 성년기, 노년기, 삶을 마칠 때까지 지속적으로 학습할 수 있는 기회를 제공하는 학교와 학교 이외의 가정, 사회, 조직 등의 형식적 · 비형식적 · 무형식적 교육을 포함하는 것이라고 할 수 있다.

2) 평생교육의 필요성

평생교육은 1965년 유네스코가 개최한 성인교육 추진위원회에서 랑그랑(P. Lengrand)이 처음 주장한 개념으로 1970년대 그의 지서 『평생교육입문(*education-per manente*)』에서 구체화되었다. 평생교육은 1972년 동경에서 개최된 세계 성인교육회의를 거치면서 국제적인 용어로 알려졌고, 우리나라에서는 1973년 '평생교육발전 세미나'에서 평생교육의 개념정립과 발전방향을 제시하였다.

랑그랑은 평생교육의 필요성을 다음과 같이 제시하였다.

- 현대의 급속한 사회구조의 변화
- 인구의 증가와 평균수명의 연장
- 과학기술의 발달
- 민주화를 통한 정치의 변화
- 각종 매스컴의 발달과 정보의 급증
- 경제적 수준의 향상
- 전문화 · 분업화로 인한 여가시간의 증대
- 생활양식과 인간관계의 위기
- 이데올로기의 위기에 의한 가치관의 혼란

이상의 평생교육의 개념에 대해서 랑그랑은 "평생교육이란 모든 국민에게 평생을 통하여 각 개인이 가진 다양한 소질을 계속적으로 계발하고 사회발전에 적극적으로 참여할 수 있도록 하는 교육"이라고 했다. 유네스코 한국위원회에서는 평생교육을 급격히 변화하는 사회에 있어서 개인과 집단이 지속적으로 자기 갱신과 사회적 적응을 추구하게 하기 위한 것이며 학교의 사회화와 사회의 교육화를 이룩하려는 일종의 새로운 교육적 노력이라 하겠다.

3) 평생교육의 과제

(1) 학습하는 사회 건설

우리 사회구성원 전체가 학습자가 되는 사회를 건설해야 한다. 우리는 요람에서 무덤까지 배워야 하는 존재임을 깨닫고 학습하는 사회를 건설하기 위한 범국민적 교육활동이 생활화되어야 한다. 즉, 우리 사회를 술 권하는 사회에서 책 권하는 사회로 만들어야 한다. 이를 위하여 기성세대부터 책을 가까이하는 습관을 가져야 청소년도 평생 학습하는 사회 건설에 동참하게 될 것이다.

(2) 소외계층에 대한 교육기회의 균등한 부여

여러 가지 사정으로 교육의 혜택을 받지 못한 소외계층에 대해서 평생교육의 기회가 확대되어야 한다. 특히 사회 경제적 이유나 신체적 결함 등으로 정규 학교교육의 기회를 놓친 사람들이나 중도 탈락한 사람들에게 교육의 기회를 주어야 한다. 왜냐하면, 평생교육은 모든 인간을 대상으로 하며 삶의 질을 향상하는 것이 궁극적인 목적이기 때문이다.

(3) 재취업 교육의 강화

여러 가지 사정으로 직장을 그만두게 된 사람에게 일정 기간 동안의 교육을 통해 새로운 직장에 재취업할 수 있는 평생교육 프로그램이 강화되어야 한다. 특히 최근 극심한 취업난으로 인하여 청·장년층 실업자 문제는 심각한 수준이다. 형식적인 교육이 아니라 시간이 걸리더라도 실제로 재취업하여 새로운 삶을 살아갈 수 있도록 돕는 교육이 이루어져야 한다. 이 문제는 정부 차원에서 적극적으로 추진해야 하며 중앙정부와 관련기관 및 대학들이 긴밀한 협력체제를 유지하여 엄격하게 관리 · 교육하면 많은 효과가 있을 것으로 기대된다.

(4) 노인 교육 강화

우리 사회도 이미 고령화 사회로 접어들었다. 따라서 노인이 은퇴 후의 삶을 보람 있게 보낼 수 있는 다양한 평생교육 프로그램이 개발되어야 한다. 정부는 노인을 위한 실제적인 프로그램 개발에 적극적인 투자를 해야 한다. 예를 들어, 노인이 실제로 필요로 하는 건강관리, 금전관리, 유산처리 방법 등이 그들의 일상생활에 적용할 수 있는 교육이다. 이러한 교육을 위해서는 정부와 노인관련단체, 대학이 공동으로 참여하는 노인을 위한 평생교육 프로그램 개발팀을 구성하여 운영해야 할 것이다.

(5) 다문화 가정을 위한 프로그램 개발

최근 우리 사회에서는 외국인 여성을 자신의 배우자로 맞아 결혼하는 국제결혼이 급증하고 있다. 주로 여성 결혼 이민자와 한국인 남성, 그들 사이에 태어난 2세로 이루어진 다문화 가정의 출현은 우리 사회가 단일민족이라는 고정관념을 깨고 개방성과 다양성을 인정해야 할 필요성이 높아지게 되었음을 의미한다. 이 과정에서 결혼 이민자가 겪는 문화적 차이, 의사소통의 어려움, 가정폭력과 이혼, 경제적 불안정, 자녀교육 등에 대한 문제를 종합적으로 해결할 수 있는 방안을 중앙정부와 지자체, 대학이 공동으로 마련해야 할 것이다.

(6) 평생학습도시

평생학습도시는 시민 개인의 자아실현은 물론 도시 전체의 경쟁력 향상을 통한 시민들의 삶의 질을 향상하기 위해 모든 시민이 언제, 어디서, 어떤 학습을 원하든지 그들의 지적 호기심을 충족시켜 주는 학습 공동체를 만들어 주는 것이다. 각 지자체들이 평생학습도시로 지정받기 위해 많은 예산을 투자하여 평생교육체제를 구축하려는 노력은 바람직하다. 모든 지자체들이 평생학습도시로 선정되면 그만큼 우리 국민의 삶의 질도 향상할 것이다.

4) 평생교육기관

(1) 평생교육기관의 정의

평생교육기관은 다양한 영역에서 실제 프로그램을 운영하는 기관이라고 정의할 수 있다. 이 기관들은 영리를 추구하는 교육기업은 물론 지방자치단체가 직접 운영하는 공공기관 등 다양한 형태로 존재할 수 있다. 그렇지만 현실적으로 평생교육 6대 영역의 교육프로그램을 운영하는 기관의 유형을 모두 평생교육기관이라고 부르기에는 난점이 많다. 해당 기관이 스스로를 평생교육기관이라고 정체성을 부여하지 않을 가능성도 크기 때문이다. 가령 최근 사회복지관에서 성인 문해교육 프로그램을 개설하는 경우가 많지만 모든 사회복지관이 스스로를 평생교육기관으로 부르지 않을 수 있다. 마찬가지로 박물관, 미술관, 공연장 등에서도 다양한 문화예술교육 프로그램을 운영하지만 그 기관들이 평생교육기관으로 자기 정체성을 부여하지 않을 수 있다. 따라서 각 기관 나름의 정체성 부여 여부와는 관계없이 학습자가 실제로 평생교육 프로그램을 수강할 수 있다면 어느 기관이든 평생교육기관이라고 볼 수 있다.

(2) 평생교육기관의 유형

현행「평생교육법」은 평생교육기관을 다음의 네 가지 유형으로 구분하고 있다.

① 각급학교

「초 · 중등교육법」과「고등교육법」에 따른 각급학교가 있다. 이 경우는 학교의 정규교육과정 운영은 물론 평생교육의 범주에 포함되지는 않으나, 각급학교의 장이 학교의 여건을 고려하여 학생, 학부모, 지역주민을 대상으로 하는 평생교육을 직접 실시하거나 그 운영을 영리를 추구하지 않는 법인이나 단체에 위탁할 수 있도록 하고 있다. 시 · 도 교육감은 성인을 위한 문해교육 프로그램을 운영하는 학교를 지정 운영하고 있다. 각급학교는 방과 후 프로그램을 활용해 주민을 대상으로 하는 평생교육 프로그램을 운영하기도 한다. 교육과학기술부와 시 · 도교육청에서는 '학교와 함께하는 평생교육사업'을 진행하기도 했다. 대학부설 박물관이나 미술관에서는 지역주민을 위한 문화예술교육 프로그램을 실시하는 경우가 많다. 또 최고경영자과정 등 각종 전문분야의 계속교육 프로그램도 대학이 직접 운영하는 경우 평생교육이라고 할 수 있다.

② 평생학습관

평생학습관은 시 · 도교육감 혹은 시장, 군수, 구청장이 설치 · 지정 · 운영하는 곳이다.「평생교육법」은 시 · 도 교육감의 평생학습관 설치 지정을 의무화하고 있지만 기초자치단체장에게는 그 의무가 없다. 그러나 평생학습도시를 비롯해 많은 기초자치단체에서는 평생학습관을 직접 운영하고 있다. 평생학습관에서는 저렴한 비용으로 주민에게 다양한 프로그램을 제공한다.

③ 법인 또는 단체

「평생교육법」에 따라 인가 · 등록 · 신고된 시설, 법인 또는 단체가 있다.「평생교육법」은 이를 대학 평생교육원 등 학교부설 평생교육시설, 고등공민학교 등 학교형태 평생교육시설, 고용주가 비용을 부담하여 설치해 대학 수준의 교육을 회사 내에서 실시하는 사내대학, 원격대학, 사업장 부설 평생교육시설, 시민사회 단체 부설 평생교육시설, 언론기관 부설 평생교육시설, 지식인력개발 관련 평생교육시설 등으로 나열하고 있다.

④ 기타

「평생교육법」에 근거하지 않은 유형들로 학원의 설립·운영 및 과외교습에 관한 법률에 따른 학원 중 학교교과교습 학원을 제외한 평생직업 교육을 실시하는 학원과 그 밖에 다른 법령에 따라 평생교육을 주된 목적으로 하는 시설, 법인 또는 단체이다. 이러한 기관의 설립 근거가 「평생교육법」이 아니더라도 그 목적이나 사업의 내용에 평생교육 프로그램 제공을 밝히고 있다면 평생교육기관으로 볼 수 있다.

참고문헌

참고문헌

강갑원, 박영진, 안병환, 이경희(2006). 교육학개론. 파주: 교육과학사.

강대중(2009). 평생교육법의 한계와 재구조 방향 탐색. 평생학습사회, 5(2), 1-20.

강진령, 유형근(2009). 고등학생을 위한 학교상담 프로그램. 서울: 학지사.

강희돈(1990). 한국사회에서 사회이동과 학교교육 역할탐색을 위한 변인 추출. 교육사회학연구, 1(1), 115-124.

고벽진, 이인학, 윤선오, 이위환, 이경혜, 안현주(2005). 최신교육학의 이해. 파주: 교육과학사.

고벽진, 이인학, 이미연, 이경혜, 이춘옥(2006). 신 교육시회학. 파주: 교육과학사.

교육공학용어사전 편찬위원회(2005). 교육공학 용어사전. 서울: 교육과학사.

교육부(2000). 교육정보백서. 세종: 교육부.

구광현, 이정윤, 이재규, 이병임, 은혁기(2005). 학교상담이론과 실제. 서울: 학지사.

권건일, 송경애(2007). 교육학개론. 파주: 양서원.

서재복, 권정숙, 김청자, 이석열, 이정원(2010). 교육학개론. 서울: 태영출판사.

권창길, 김혼숙, 이기영(2000). 교육학개론. 서울: 학지사.

김경식, 안상헌, 윤주국, 이병환, 장홍재(2007). 교육사회학. 파주: 교육과학사.

김경희, 안영후, 손영환, 정태근(1999). 교육학. 서울: 학지사.

김계현(2009). 학교상담과 생활지도(2판). 서울: 학지사.

김계현, 김동일, 김봉환, 김창대, 김혜숙, 남상인, 조한익(2009). 학교상담과 생활지도(2판). 서울: 학지사.

김구호, 김영우, 문헌상(2008). 최신 교육사회. 서울: 동문사.

김규태, 방경곤, 이병환, 권민석(2013). 새로운 초중등 교육임용시험을 위한 논술과 면접. 파주: 양서원.

김기수, 조수남(2002). 교육철학탐구. 파주: 교육과학사.

Ivan Illich(1979). 교육사회에서의 탈출. (김남석 번역). 서울: 범조사.

김대연, 김석우(2006). 교육과정 및 교육평가(개정 2판). 서울: 학지사.

김두정(2002). 한국학교 교육과정의 탐구. 서울: 학지사.

김범준, 구병두(2007). 교육학개론. 경기: 공동체.

김병무(2001). 현대 사회학의 이해. 서울: 청목출판사.

김병성(2004). 교육과 사회. 서울: 학지사.

김병욱(2007). 교육사회학. 서울: 학지사.

김서규(2009). 현장교사를 위한 학교상담 12가지 사례. 서울: 학지사.

김세곤(2000). 인간행동의 이해를 위한 심리적 탐구. 서울: 양서원.

김수동, 김준권, 서의경, 이기룡, 이범석(2011). 새로운 교육철학 및 교육사. 파주: 양서원.

김신일, 박부권(2005). 학습사회의 교육학. 서울: 학지사.

김영화(2000). 한국의 교육과 사회. 파주: 교육과학사.

김용선, 이혜림, 훈령병(2004). 현대교육의 이해. 파주: 양서원.

김의석, 이우언, 정석환(2007). 최신 교육학개론. 파주: 양서원.

김정일, 김창곤, 김진한(2000). 교육학개론. 서울: 학지사.

김준권, 김정일, 김종한, 김의석, 이기룡, 이범석(2011). 교육학개론. 파주: 양서원.

김호권, 이성진, 이상주 엮음(2002). 학교가 무너지면 미래는 없다. 파주: 교육과학사.

남궁용권(1984). 한국개화기의 사회교육. 중앙대학교 대학원 박사학위논문.

남궁용권, 김남근, 김노연(2005). 알기 쉬운 교육학개론. 파주: 양서원.

노상우(2004). 교육의 역사와 사상. 파주: 교육과학사.

노성덕(2010). 전문상담교사와 학교상담. 서울: 학지사.

목영해, 이향재, 양진건, 한규원(2004). 교육의 역사와 철학. 파주: 교육과학사.

문선모(2010). 교육심리학의 이해. 파주: 양서원.

박도순(1995). 교육평가분야 연구의 최근 동향과 수행평가의 문제. 교육진흥, 7(3), 중앙교육진흥연구소.

박도순, 김영복(1988). 목표지향 평가의 올바른 활용을 위한 적극적 · 부정적 논의. 교육공학연구, 4(1), 한국교육공학연구회.

박도순, 홍후조(2006). 교육과정과 교육평가. 서울: 문음사.

박성수(1994). 가정교육과 청소년비행의 관계분석. 서울: 학술진흥재단.

박성익, 임철일, 이재경, 최정임(2011). 교육방법의 교육공학적 이해(제4판). 서울: 교육과학사.

박영진, 조건덕, 장성화(2010). 교육학개론. 서울: 동문사.

박은혜(2004). 유아교사론. 파주: 양서원.

백영균, 박주성, 한승록, 김정겸, 최명숙, 변호승, 박정환, 강신천, 김보경 (2010).교육방법 및 교육공학. 파주: 학지사.

신차균, 안경식, 유재봉(2006). 교육철학 및 교육사의 이해. 서울: 학지사.

신창호(2005). 교육학개설. 서울: 서현사.

안우환(2000). 학생의 사회계층에 따른 교사 효율성 지각과 학업성취와의 관계. 경북대학교 대학원 석사학위논문.

안우환(2004). 가족 내 사회적 자본과 학업성취와의 관계. 경북대학교 대학원 박사학위논문.

오성심(2011). 교육학개론. 파주: 양서원.

오욱환(2001). 한국 사회학의 토대 강화를 위한 이론과 주제의 확대. 교육사회학연구, 11(3), 79-103.

오욱환(2003). 교육사회학의 이해와 탐구. 파주: 교육과학사.

윤건호, 김봉석(2005). 교육학개론. 서울: 창지사.

윤정일, 허형(2003). 훌륭한 교사가 되는 길. 파주: 교육과학사.

윤정일, 허형, 이성호, 이용남, 박철홍, 박인우(2002). 신교육의 이해. 서울: 학지사.

이계학(1991). 인격교육론. 서울: 성원사.

이규민(1992). 학력주의 사회의 형성 조건에 관한 연구. 연세대학교 대학원 석사학위논문.

이돈희(2003). 세기의 전환과 교육학적 성찰. 파주: 교육과학사.

이명기, 홍재호, 이영재, 한승록, 이달우, 임연기, 양병찬, 이병승, 이재규, 최준렬, 우종하, 김영복 (2011). 교육학개론(2판). 서울: 학지사.

이병승, 우영효(2001). 테마로 읽는 교육학. 서울: 양서원.

이병진(2003). 새로운 교육의 패러다임 교육리더십. 서울: 학지사.

이병환, 장기풍, 김규태(2012). 교육행정 및 교육경영. 서울: 태영출판사.

이상욱(2006). 21C 유아교사론. 서울: 창지사.

이숙종(2006). 코메니우스의 교육사상. 파주: 교육과학사.

이영덕, 정원식(1994). 생활지도. 서울: 교육과학사.

이장호, 정남운, 조성호(2005). 상담심리학의 기초. 서울: 학지사.

이재규(2005). 학교에서 집단상담: 실제와 연구. 서울: 교육과학사.

이재규(2007). 한국적 3차원 학교상담. 서울: 학지사.

이종각(2012). Basic+ 교육사회학. 서울: 태영출판사.

이종숙, 이옥형, 강태훈(2000). 교육학의 이해. 서울: 학이당.

이형행(1988). 교육학개론. 서울: 양서원.

이형행(2007). 교육학개론. 파주: 양서원.

이형행(2011). 교육학개론. 파주: 양서원.

이형행, 권영성(2010). 교육학개론. 경기: 공동체.

이화여자대학교 교육공학과(2004). 교육공학. 서울: 교육과학사.

이희동(1999). 교육학개론. 서울: 홍익출판사.

장상현, 계보경(2007). 증강현실(Augmented Reality) 콘텐츠의 교육적 적용. 한국콘텐츠학회, 5(3).

장선주, 정찬주, 이영자, 설재풍(2009). 교육학개론. 서울: 태영출판사.

정미경(2012). 심리학개론. 파주: 양서원.

정확실(2007). 대학수학. 파주: 교육과학사.

조경원, 김미환, 최양미, 장선희, 정광희(2004). 서양교육의 이해. 파주: 교육과학사.

조수환(2002). 교육학개론. 파주: 교육과학사.

조용일(2000). 교육학개론. 서울: 형설출판사.

주영흠, 박진규, 오만록(2002). 신세대를 위한 교육학개론. 서울: 학지사.

최철용, 이병양, 정선혜, 김진호, 서범석(2009). 교육학개론. 파주: 양서원.

한국교육학회(1998). 인성교육. 서울: 문음사.

한상길, 김응래, 박선환, 박숙희, 정미경, 조금주(2010). 교육학개론. 서울: 공동체.

한상효, 유평수, 서재목(2006). 교육학개론. 파주: 교육과학사.

한숭희(2009). 학습사회를 위한 평생교육론(3판). 서울: 학지사.

홍기원, 최영안, 이종택(2013). 알기 쉬운 심리학개론. 파주: 양서원.

홍은숙(2007). 교육의 개념. 파주: 교육과학사.

황정규, 이돈희, 김신일(2003). 교육학개론. 파주: 교육과학사.

Anderson, E. A.(1987). Preoperative preparation for cardiac surgery facilitates recovery, reduces psychological distress, and reduce the incidence of acute postoperative hypertension. *Journal Consulting and Clinic Psychology, 55*, 513-520.

Bestor, A.(1956). *The restoration of learning*. New York: Alfred A. Knopf. Inco.

Biehler, R. F.(1979). *Psychology applied to teaching*. Boston: Houghton Mifflin, Company.

Blais, J.(2000). Book Expo talk technology. (http://www.usatoday.com/life/cyber/tech/cti019.htm,Accessed; April 27, 2001)

Block, J. H.(1971). Criterionreferenced measurements: Potential. *School Review*, 79(2).

Bruner, J. S.(1960). *The process of education*. Cambridge, Mass.: Harvard

Bruner, J. S.(1966). *Toward a theorise of instruction*. Cambridge, MA: Belknap.

Christopher Day(2007). 열정으로 가르치기. (박은혜, 이진화, 위수경, 조혜선 공역). 서울: 파란마음.

D. Schultz(2007). 성장심리학.(이혜성 번역). 서울: 이화여자대학교 출판부.

Rogers, C. R.(2001). 칼 로저스의 카운슬링의 이론과 실제. (한승호, 한성열 번역). 서울 :학지사.

Decker, F. W. 외 공저(1993). 교육과정과 목적. (허숙 번역). 서울: 교육과학사.

Dewey, J.(1944). *Democray and education*. New York: The Free Press.

Eisner, E. W.(1974). *Educational imagination*. New York: Macmillan Publishing Co.

Gagn, R. M.(Ed).(1987). *Instructional technology: Foundation*. Hillsdale, NJ: Erlbaum.

Gagn, R. M., Briggs, L. J., & Wager, W. W.(1998). *Principle of instructional design*(3rd ed). Fort Worth, TX: Holt, Rinehart and Winston.

Gentry, C. G.(1995). *Educational technology: A question of meaning*. In G. Anglin(Ed), Instructional technology: Past, Present, and future(2nd ed., pp.1-10). Englewood, CO: Libraries Unlimited.

Gerard Egan(2003). 유능한 상담자. (제석봉, 유계식, 박은영 공역). 서울: 학지사.

Glaser, R.(1962). *Training research and education*. New York: John Wiley & Son.

Hutchins, R. M.(1936). *The higher learning in america*. Conn. : Yale University Press.

Irvin, D. Yalom, Molyn Leszcz(2008). 집단상담치료의 이론과 실제. (이재규, 장영숙 공역). 서울: 하나의학사.

Kim K-H(2011). Toward a science of preventive counseling. *Journal of Asia Pacitic Counseling, 1*, 13-28.

L. S. Goldstein(2001). 사랑으로 가르치기: 유아교육에 대한 페미니티스트 접근. (염지숙 번역). 서울: 창지사.

McNeil, J. D.(1981). Evaluating the curriculum. H. A. Giroux et al. (eds)., *Curriculum and Instruction*. Bekeley: McCutchan Publishing Co.

Ornstein, A. C., & Talmage. H.(1977). The rhetoric and realities of accountability. H. F. Clarizio et. al. (eds). *Contemporary issues in educational psychology*. Boston: Allyn & Bacon, Inc.

Eggen, P. D., & Kauchak, D.(2006). 교육심리학. (신종호, 김동민, 김정섭, 김종백, 도승이, 김지현, 서양석 공역). 서울: 학지사.

Popham, W. J.(1975). *Educational evaluation*. Englewood Cliffs, NJ: PrenticeHall

Riser, R. A.(2002). *What field did you say you were in? Trends and models: An overview of their current status*. Hillsdale, NJ: Erlbaum.

Sarason, I. G., Sarason, B. R.(2001). 이상심리학. (김은정, 김향구, 황순택 공역). 서울: 학지사.

Seels, B. B., & Richey, R. C.(1994). *Instruction technology: The definition and domains of the field*. Blooming, IN: AECT.

Stufflebeam, D. L., Foley, W. J., Gephart, W. J., Guba, E. G., Hammond, R. L., Merriman, H. O., & Provus, M. M.(1971). *Educational evaluation and decision making*. Itasca: P. E. Peacook Publishers, Inc.

Tyler, R.(1949). *Basic principle df curriculum and instruction*. Chicago: University of Chicago Press.

Tyler, R. (1949). Basic Principle df Curriculum and Instruction. Chicago: University of Chicago Press.

University Press(1963). 인간발달과 교육. (이홍우 번역). 서울: 배영사.

http://tuttitalia.tistory.com/m/post/95

위키백과 https://commons.wikimedia.org/wiki/File:Maccari-Cicero.jpg

https://ko.wikipedia.org/wiki/로마_제국

저자 소개

김도진

교육학박사(교육심리전공)
한국복지사이버대학 복지경영학과 교수

송성순

교육학박사(교육심리전공), 심리상담전문가
계명원격사이버대학교수
대구보건대학교 교수
동몽심리상담연구소 소장

최헌철

교육학박사(교육심리전공), 심리상담전문가
동국대학교(경주) 교육역량개발원 연구교수
동몽심리상담연구소 부소장

개정)
교육학개론

초판 1쇄 발행 2015년 9월 3일
개정 1쇄 발행 2019년 2월 25일

지 은 이 | 김도진 · 송성순 · 최헌철
펴 낸 이 | 김기섭
편 집 인 | 이혜란
펴 낸 곳 | 창지사 www.changjisa.com
153-802 서울시 금천구 가산디지털 1로 83 파트너스타워1차 9층
전화 (02) 719-2211~3
팩스 (02) 701-9386
등 록 | 1977년 4월 28일 · 제1-421호

ISBN 978-89-426-1208-6 (93370)

값 19,000원

이 도서의 국립중앙도서관 출판예정도서목록(CIP)은 서지정보유통지원시스템 홈페이지(http://seoji.nl.go.kr)와 국가자료공동목록시스템(http://www.nl.go.kr/kolisnet)에서 이용하실 수 있습니다.(CIP제어번호:2019005057)